高等学校城市轨道交通系列教材

城市轨道交通卓越工程师

教育培养计划系列教材

轨道交通信息系统与数据处理

主　编　丁小兵

副主编　胡　华　朱海燕

中国铁道出版社有限公司

2021年·北　京

图书在版编目(CIP)数据

轨道交通信息系统与数据处理/丁小兵主编. —北京：中国铁道出版社，2018. 12(2021. 1 重印)
高等学校城市轨道交通系列教材　城市轨道交通卓越工程师教育培养计划系列教材
ISBN 978-7-113-25124-6

Ⅰ. ①轨…　Ⅱ. ①丁…　Ⅲ. ①城市铁路-轨道交通-交通信息系统-高等学校-教材　Ⅳ. ①U495

中国版本图书馆 CIP 数据核字(2018)第 255853 号

书　　名： 高等学校城市轨道交通系列教材
城市轨道交通卓越工程师教育培养计划系列教材
轨道交通信息系统与数据处理
作　　者： 丁小兵

策　　划： 徐　清
责任编辑： 徐　清　　**编辑部电话：** (010) 51873147　　**电子信箱：** 357716058@qq. com
封面设计： 陈东山　崔丽芳
责任校对： 王　杰
责任印制： 高春晓

出版发行： 中国铁道出版社有限公司 (100054，北京市西城区右安门西街 8 号)
网　　址： http://www. tdpress. com
印　　刷： 北京富资园科技发展有限公司
版　　次： 2018 年 12 月第 1 版　2021 年 1 月第 3 次印刷
开　　本： 710 mm×1 000 mm　1/16　印张：15　字数：278 千
书　　号： ISBN 978-7-113-25124-6
定　　价： 42. 00 元

前　言

近年来，随着我国城市轨道交通的迅速发展，运量日益增加，各种列车运营延误或中断事故等问题引发公众的重视，城市轨道交通系统的安全性和可靠性受到严重考验，成为我们必须面对的重要问题。信息技术的飞速发展，为城市轨道交通实现信息化提供了有力的手段，同时也对轨道交通的建设工作提出了更高的要求。轨道交通信息系统是依托多媒体技术，以计算机系统为核心，大屏幕显示终端为媒介向乘客及运营企业提供信息服务的系统；是实现以人为本、进一步提高为乘客服务质量、加快各种信息传递的重要设施。

有关信息系统与数据处理方面的书目前在市场上有一定的占比，但介绍城市轨道交通信息系统与数据处理方面的书比较少。本书结合城市轨道交通系统介绍信息系统和数据处理的基础，从数据库系统基础、轨道交通信息系统设计、轨道交通信息系统分析、城市轨道交通信息系统开发设计等角度结合上机实训构建出轨道信息系统开发框架，同时进行信息安全系统可靠性建设。

本书具有以下特点：第一，涉及面广，结合案例讲解全面。不仅详细讲述信息技术基础理论知识及数据处理技术，还详细介绍多种已使用轨道交通信息系统，包括轨道交通乘客信息系统、站点信息系统等，每种系统都具体讲述了其子系统组成及主要功能等，供读者学习。第二，思路新颖，结构完整。将轨道交通与信息技术及数据处理技术结合，除了体系化地讲授本门课程的基本内容之外，还穿插引用资料或案例加以分析。第三，实践操作性强，本书除了理论上介绍了轨道交通信息系统，还结合数据库、Dreamweaver、Photoshop 等进行上机操作讲解，为理论结合实践奠定基础。

本书在编写过程中，参考了大量近年来出版的相关技术资料，吸取了许多同仁和专家的宝贵经验，在此深表谢意！

由于编写时间仓促、水平有限，书中难免出现错误或不妥之处，我们诚恳地希望读者和同行批评指正。

丁小兵

2018 年 7 月

目　录

第 1 章　信息与信息系统

信息加快了沟通速度，扩大了交流空间，提高了全社会物质财富创造效率。人类正步入信息时代，信息技术的发展日新月异，已经渗透到社会的各个领域并发挥着越来越重要的作用。信息在各国经济活动中起着越来越重要的作用，全球正掀起一场以信息技术为主导的技术革命新浪潮。

1.1　信息系统概述

人类社会发展的三大资源是物质、能源和信息。工业革命使人类在开发、利用前两种资源上取得巨大成功，其结果是创造了工业时代。当今，随着以计算机技术、通信技术、网络技术为代表的现代信息技术的飞速发展，人们越来越重视对信息资源的开发和利用。信息化水平的高低已经成为衡量一个国家、一个地区现代化水平和综合国力的重要标志。

什么是信息化？信息化是由工业社会向信息社会前进的动态过程，它反映了从有形的可触摸的物质产品起主导作用的社会到无形的难以触摸的信息产品起主导作用的社会演化和转型。

20 世纪 90 年代以后，国际信息化浪潮一浪高过一浪。自 1993 年美国提出国家信息基础设施 NII（通常称为“信息高速公路”）计划之后。日、英、法、德等国家也纷纷提出各自的类似计划，发达国家之间就此展开了激烈竞争，都想抢占制高点。发展中国家如韩国、新加坡也都制订了本国的信息化计划。1995 年西方七国集团首脑会议提出了建设全球信息社会的目标。1999 年美国又进一步推出“21 世纪信息技术计划”，加大了对关键信息技术的研究投入。从而，兴起于美、日等少数发达国家的信息化建设浪潮，已波及世界各地。

信息化对国民经济的推动主要表现为在科学计算、生产控制、管理三个方面推广应用信息技术，如图 1.1 所示。

其中，计算机在管理方面的应用占到全部应用的 70%，由此可见“管理信息系统”的重要性。我国自 1983 年大力推广微型计算机应用以来，“管理信息系统”在理论和实践上发展迅速。1986 年 2 月国务院批准建设了国家经济信息系统；1993 年成立了全国电子信息系统推广办公室；1994 年组成由 24 个部委局参加的国家信息化联席会议，统一领导与组织全国信息化及重点工程建设；“八五”期间国家开

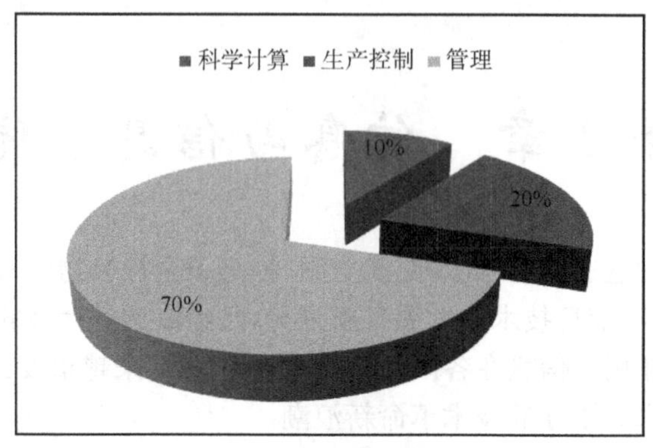

图 1.1 计算机应用比例

发了一批大型信息系统，其中有：国家经济信息系统、电子数据交换系统、银行电子化业务管理系统、铁路运输系统、公安信息系统等。

《国务院关于印发"十三五"国家信息化规划的通知》是为贯彻执行《"十三五"国家信息化规划》印发的通知。由国务院于 2016 年 12 月 15 日印发并实施。"十三五"时期是信息化引领全面创新、构筑国家竞争新优势的重要战略机遇期，是我国从网络大国迈向网络强国、成长为全球互联网引领者的关键窗口期，是信息技术从跟跑、并跑到领跑、抢占战略制高点的激烈竞逐期，也是信息化与经济社会深度融合、新旧动能充分释放的协同迸发期。我们必须认清形势，树立全球视野，保持战略定力，增强忧患意识，加强统筹谋划，着力补齐短板，主动顺应和引领新一轮信息革命浪潮，务求在未来五到十年取得重大突破、重大进展和重大成果，在新的历史起点上开创信息化发展新局面。

1.2 信息基本概念

信息，指音讯、消息、通信系统传输和处理的对象，泛指人类社会传播的一切内容。人通过获得、识别自然界和社会的不同信息来区别不同事物，得以认识和改造世界。在一切通信和控制系统中，信息是一种普遍联系的形式。1948 年，数学家香农在题为"通讯的数学理论"的论文中指出："信息是用来消除随机不定性的东西"，创建一切宇宙万物的最基本万能单位是信息。

信息主要起到传递作用，在远古、近代和现代有着不同的作用，处于不同的地位，见表 1.1。

表 1.1 不同时代信息的作用

时代划分	远　古	古　代	近　代	现　代	当　代
信息传递方式	口耳相传或借助器物	靠驿差长途跋涉	依靠交通工具的邮政系统	电报、电话	计算机网络

续上表

时代划分	远古	古代	近代	现代	当代
信息传递特点	信息传递速度慢、不精确	信息传递速度慢、信息形式单一	信息传递速度相对快一些、距离远相对就慢,且费用高	速度快、信息单一文字	传递的信息量大、信息多样化,传递速度极快、不受地域阻碍

信息反应事物内部属性、状态、结构、相互联系以及与外部环境的互动关系,减少事物的不确定性。

信息是关于客观事实的可通信的知识,是客观世界各种事物特征的反映。如:气温——自然信息;遗传密码——生物信息;企业报表——管理信息;事物不停变化(时间、地点、程度、方法)。

数据(Data,又称资料)是对客观事物记录下来的,可以鉴别的符号。这些符号不仅指数字,而且包括字符、文字、图形,等等。数据经过处理仍然是数据,只有经过解释,数据才有意义,才成为信息。

有一句话是这么说的:"数据是爆炸了,信息却很贫乏",那么数据与信息之间到底有什么关系呢?数据是反映客观事物属性的记录,是信息的具体表现形式。数据经过加工处理之后,就成为信息;而信息需要经过数字化转变成数据才能存储和传输。那么,数据是否就是指可以存储和传输的信息呢?从信息论的观点来看,描述信源的数据是信息和数据冗余之和,即:数据=信息+数据冗余,如图 1.2 所示。

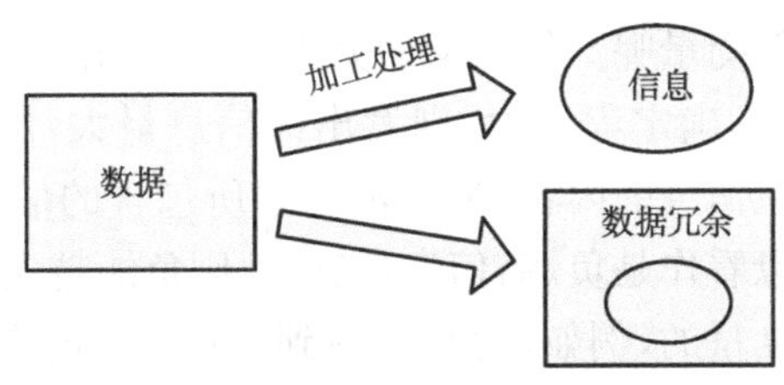

图 1.2 数据与信息关系图

数据是数据采集时提供的,信息是从采集的数据中获取的有用信息。由此可见,信息可以简单理解为数据中包含的有用的内容。通俗讲:"不知道的东西,你知道了,就获得了一个信息。"

信息广泛存在于自然界、生物界和人类社会。信息是多种多样,多方面、多层次的,信息的类型亦可根据不同的角度来分。对信息进行分类有助于我们加深对信息内涵及其特征的认识,丰富信息检索的知识,可以从如下四个层面进行分类:

按照管理的层次分为战略信息、战术信息和作业信息。

按照应用领域分为管理信息、社会信息和科技信息等。

按照加工顺序分为一次信息、二次信息和三次信息等。

按照反映形式分为数字信息、图像信息和声音信息等。

信息是事物间相互反映着的一切特征差异及其变化，而一般认识论意义上的信息则是在人类的实践领域反映出的事物间的特征差异及其变化。人类对信息认识和利用的演化进程表明，客观物质信息从自然状态进入到人的精神世界是一个由分散无序到高度集成有序的演进过程。不同形态信息的性质都具有自身的特点，人化世界之外的原生态信息与人化态信息存在着巨大差异，信息主要有 6 个特征：

(1)事实性，真实的信息才是有价值的；

(2)时效性，指从信息源发送信息到利用的时间间隔及其效率，时间间隔越短，使用信息越及时，使用程度越高，时效性越强；

(3)不完全性，关于客观事实的信息是不可能全部得到的，要运用已有的知识进行分析和判断，只有舍弃无用和次要的信息，才能正确地使用信息；

(4)等级性，通常把管理信息分为战略级、战术级和作业级；

(5)变换性，可以由不同的方法和不同的载体来存储，这一特性在多媒体时代尤为重要；

(6)价值性，信息是劳动创造的，是一种资源，因而是有价值的。

1.3 信息的度量

信息量的大小如何衡量呢？信息量的大小取决于信息内容能消除人们认识的不确定的程度，消除的不确定程度大，则发出的信息量大，反之发出的信息量小。如果事先就确切地知道消息的内容，那么消息中所包含的信息量就等于零。信息在系统运动过程中可以看作是负熵，信息量越大，则负熵越大。

信息实际是可以度量的，例如，现在某甲到 1 000 人的学校去找某乙，某乙所处的可能性空间是该学校的 1 000 人。当传达室告诉他："这个人是管理系的"，而管理系有 100 人，那么，他获得的信息为 100 /1 000＝1/10，也就是可能性空间缩小到原来的 1/10。通常，我们不直接用 1/10 来表示信息量，而用 1/10 的负对数来表示，即：$-\log_2(\frac{1}{10})=\log_2(10)$。

信息量的单位是比特(bit，是二进位制数字 Binary digit 的缩写)。1 bit 的信息量是指含有两个独立均等概率状态的事件所具有的不确定性，能被全部消除所需要的信息。

信息量的定义公式可写成：

$$H(x)=-\sum P(X_i)\log_2 P(X_i)(i=1,2,3,\cdots,n)$$

式中 X_i——第 i 个状态(总共有 n 个状态);

$P(X_i)$——第 i 个状态的概率;

$H(x)$——用以消除这个系统不确定性所需的信息量。

例如:硬币下落可能有正反两种状态,出现这两种状态的概率都是 1/2,即:

$P(X_i)=0.5$ 时:

$H(x)=-[P(X_1)\log_2 P(X_1)+P(X_2)\log_2 P(X_2)]=-(-0.5-0.5)=1\ \text{bit}$。

1.4 信息系统的概念及其发展

系统(system)一词来源于古代希腊文,其意义为由部分组成的整体。一般系统论创始人贝塔朗菲定义:“系统是相互联系相互作用的诸元素的综合体”。这个定义强调元素间的相互作用以及系统对元素的整合作用。可以表述为如果对象集 S 满足两个条件,S 中至少包含两个不同元素且 S 中的元素按一定方式相互联系,则称 S 为一个系统,S 的元素为系统的组分。该定义指出了系统的三个特性:

一是多元性,系统是多样性的统一,差异性的统一;

二是相关性,系统不存在孤立元素组分,所有元素或组分间相互依存、相互作用、相互制约;

三是整体性,系统是所有元素构成的复合统一整体。

系统是由处于一定的环境中相互联系和相互作用的、若干组成部分结合而成的,为达到整体目的而存在的集合。通常可分为:自然系统、复合系统、人造系统三部分,相互之间存在着交叉关系,如图 1.3 所示。

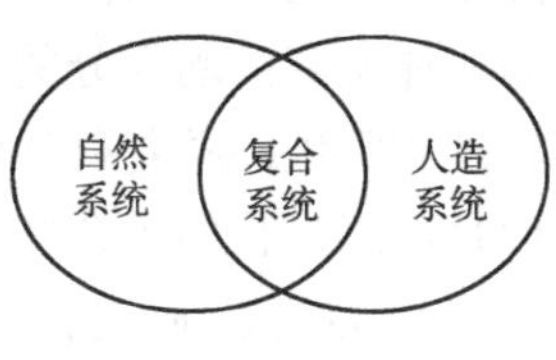

图 1.3 系统的关系

1. 自然系统与人造系统

自然系统相比人工系统来说有更强的弹性和可塑性,能够在很大程度上消解人为破坏的影响并最终恢复功能。如河流在它的运行过程中虽然会受到人为的干扰,但它还是能够完成水的运输和生态服务功能。而人工建造的由管道、阀门和泵站等所组成的供水系统则是一个非常脆弱的体系,一旦其中任何一个环节出了问题,整个系统就会瞬间瘫痪。

人造系统往往只是为了实现单一功能,服务一种目的,大多各自为政、互不相干,是一个线性的非循环体系,是通过单项系统运行的。如:供水→厨房水龙头→排水管→下水道→河流→湖泊或海洋,或:食物→超市→厨房→餐厅→垃圾场,以此类推;而在自然系统中,物质和能量流动是一个头尾相接的闭合循环体系,大自然没有废物,每一个健康的自然系统,都有一个完善的食物、营养和原料链。

自然系统:太阳系、森林系统、大气系统……

人造系统:轨道交通系统、银行系统、工程技术系统……

2. 实体系统与概念系统

实体系统,是指以物理状态的存在作为组成要素的系统,这些实体占有一定空间,如自然界的矿物、生物,生产部门的机械设备、原始材料等。如森林系统、生物圈等实体物质组成的属于实体系统。

概念系统相对应的是抽象概念系统,是由概念、原理、假说、方法、计划、制度、程序等非物质实体构成的系统,如管理系统、法制、教育、文化系统等。近年来,逐渐将概念系统称之为软科学系统,并日益受到重视。如教育系统、法律系统等概念、原理、原则、方法组成的系统属于概念系统。

两类系统在实际中常结合在一起,以实现一定功能。实体系统是概念系统的基础,而概念系统又往往对实体系统提供指导和服务。例如,为实现某项工程实体,需提供计划,设计方案和目标分解,对复杂系统还要用数学模型或其他模型进行仿真,以便抽象出系统的主要因素,并进行多个方案分析,最终付诸实施。在这一过程中,计划、设计、仿真和方案分析等都属于概念系统。

3. 动态系统与静态系统

系统的静和动是相对的。可以认为在宏观上没有活动部分的结构系统或相对静止的结构系统为静态系统,例如大桥、公路、房屋等。而动态系统指的是既有静态实体又有活动部分的系统,例如学校就是一个动态系统,它不仅有建筑物,还有教师和学生。随着科学的发展和人类的进步,认识到世界不是恒定事物的集合体,而是动态过程的集合体,运动是永恒的。宇宙是一个动态系统,静态是相对的。

4. 封闭系统与开放系统

封闭系统是一个与外界无明显联系的系统,环境仅仅为系统提供了一个边界,不管外部环境有什么变化,封闭系统仍表现为其内部稳定的均衡特性。封闭系统的一个实例就是密闭罐中的化学反应,在一定初始条件下,不同反应物在罐中经化学反应达到一个平衡态。

开放系统是指在系统边界上与环境有信息、物质和能量交互作用的系统。例如商业系统生产系统或生态系统,都是开放系统。在环境发生变化时,开放系统通过系统中要素与环境的交互作用以及系统本身的调节作用,使系统达到某一稳定状态。因此,开放系统常是自调整或自适应的系统。

系统是一个有机的统一体,其具有四种基本特征:整体性、目的性、相关性和环境适应性。这四个特征决定系统主要功能的精准实现。

信息系统通常是一个人造系统,由人、硬件、软件和数据资源组成,目的是及时、正确地收集、加工、存储、传递和提供信息,实现组织中各项活动(物流、资金流、事务流、信息流)的管理、调节和控制。信息系统(Information system)定义为由计算机硬件、网络和通信设备、计算机软件、信息资源、信息用户和规章制度组成的以处理信息流为目的的人机一体化系统。

从信息系统的发展和系统特点来看,可分为五种类型:

(1)数据处理系统(Data Processing System,DPS)

(2)管理信息系统(Management Information System,MIS)

(3)决策支持系统(Decision Sustainment System,DSS)

(4)专家系统(人工智能的一个子集)

(5)虚拟办公室(Office Automation,OA)

信息系统的功能包括对信息进行采集、处理、存储、管理、检索和传输,并且能向有关人员提供有用的信息。信息收集是把分散的、零散的数据或信息收集起来并加以记录、整理;将收集到的数据或信息转换成为系统要求的格式,作为系统的输入。只有经过加工的数据才能成为信息,信息处理就是对输入的数据进行加工处理的过程。信息处理的方式一般包括排序、分类、归并、查询、统计、预测、模拟以及各种数学运算。数据经过加工处理成为信息以后,需要由信息系统负责存储保存,信息存储包括物理存储和逻辑组织两个方面,物理存储是将信息存储在适当的介质上;逻辑组织是指按信息的内在联系组织和使用数据,把大量的信息组织成合理的数据结构。在数据收集完成以后,需要将数据传送给信息处理系统;在数据加工成信息后,也需要将信息传送给用户。开发信息系统的目的就是为管理人员做出决策提供依据。信息系统的输出结果应当易读易懂,尽量符合用户的习惯。信息输出的格式可以多种多样。

1.5　信息系统的开发

信息系统的开发涉及计算机技术基础与运行环境:包括计算机硬件技术、计算机软件技术、计算机网络技术和数据库技术。

1. 计算机硬件技术

硬件基础设施包括网络平台、计算机主机和外部设备。计算机硬件系统是信息系统的运行平台。其中,网络平台是信息传递的载体和用户接入的基础。

2. 计算机软件技术

软件分为系统软件和应用软件。

系统软件是指为管理、控制和维护计算机及外设,以及提供计算机与用户界面的软件。各种语言和它们的汇编或解释、编译程序、计算机的监控管理程序(Monitor)、调试程序(Debug)、故障检查和诊断程序、程序库、数据库管理程序、操作系统(OS)。

应用软件是安装在系统软件上的应用类软件，如：Office、SQL-Sever、Photoshop 等。

3. 计算机网络技术

计算机网络是用通信介质把分布在不同地理位置的计算机、计算机系统和其他网络设备连接起来，以功能完善的网络软件实现信息互通和网络资源共享的系统。计算机网络包括网络介质、协议、节点、链路。

计算机网络拓扑结构：网络的链路和节点在地理上所形成的几何结构，并用以表示网络的整体结构外貌，同时也反映各个模块之间的结构关系。按照通信系统的传输方式，计算机网络的拓扑结构可分为点对点传输结构和广播传输结构两大类。计算机网络根据通信距离可分为局域网和广域网两种。

4. 数据库技术

数据库系统包括数据集合、硬件、软件和用户层次模型(Hierarchical Model)、网状模型(Network Model)数据库系统、关系型(Relation Model)数据库系统。

实体联系模型(E-R 模型)是对现实世界的一种抽象，它抽取客观事物中人们所关心的信息，忽略非本质的细节，并对这些信息进行精确描述。

信息系统的开发方式有自行开发、委托开发、联合开发、购买现成软件包进行二次开发几种形式。一般来说根据企业的技术力量、资源及外部环境而定。

完整实用的文档资料是成功信息系统的标志。科学的开发过程从可行性研究开始，经过系统分析、系统设计、系统实施等主要阶段。每一个阶段都应有文档资料，并且在开发过程中不断完善和充实。使用的开发方法有以下两种：

瀑布模型(生命周期方法)，结构分析、结构设计，结构程序设计(简称 SA—SD—SP 方法)用瀑布模型来模拟。各阶段的工作自顶向下、从抽象到具体顺序进行。瀑布模型意味着在生命周期各阶段间存在着严格的顺序且相互依存。瀑布模型是早期 MIS 设计的主要手段。

快速原型法(面向对象方法)，针对(SA—SD—SP)的缺陷提出的设计新途径，是适应当前计算机技术的进步及对软件需求的极大增长而出现的，是一种快速、灵活、交互式的软件开发方法学。其核心是用交互的、快速建立起来的原型取代了形式的、僵硬的(不易修改的)、大块的规格说明，用户通过在计算机上实际运行和试用原型而向开发者提供真实的反馈意见。快速原型法的实现基础之一是可视化的第四代语言的出现。

两种方法可以结合，使用面向对象方法开发信息系统时，工作重点在生命周期中的分析阶段。分析阶段得到的各种对象模型也适用于设计阶段和实现阶段。实践证明两种方法的结合是一种切实可行的有效方法。

1.6 信息系统与决策支持

自从20世纪70年代决策支持系统概念被提出以来，决策支持系统已经得到很大的发展。1980年Sprague提出了决策支持系统三部件结构（对话部件、数据部件、模型部件），明确了决策支持系统的基本组成，极大地推动了决策支持系统的发展。20世纪80年代末90年代初，决策支持系统开始与专家系统（Expert System，ES）相结合，形成智能决策支持系统（Intelligent Decision Support System，IDSS）。智能决策支持系统充分发挥了专家系统以知识推理形式解决定性分析问题的特点，又发挥了决策支持系统以模型计算为核心的解决定量分析问题的特点，充分做到了定性分析和定量分析的有机结合，使得解决问题的能力和范围得到了一个大的发展。智能决策支持系统是决策支持系统发展的一个新阶段。20世纪90年代中期出现了数据仓库（Data Warehouse，DW）、联机分析处理（On-Line Analysis Processing，OLAP）和数据挖掘（Data Mining，DM）新技术，DW＋OLAP＋DM逐渐形成新决策支持系统的概念，为此，将智能决策支持系统称为传统决策支持系统。

智能决策支持系统是人工智能（AI，Artificial Intelligence）和DSS相结合，应用专家系统（ES，Expert System）技术，使DSS能够更充分地应用人类的知识，如关于决策问题的描述性知识，决策过程中的过程性知识，求解问题的推理性知识，通过逻辑推理来帮助解决复杂的决策问题的辅助决策系统。2017年9月，智能决策支持系统的DSS结构在传统三库DSS的基础上又增设知识库与推理机，在人机对话子系统加入自然语言处理系统（LS），与四库之间插入问题处理系统（PSS）而构成了四库系统结构。使智能决策系统更加完善，功能更加强大，是今后的主流发展方向。

新决策支持系统的特点是从数据中获取辅助决策信息和知识，完全不同于传统决策支持系统用模型和知识辅助决策。传统决策支持系统和新决策支持系统是两种不同的辅助决策方式，两者不能相互代替，更应该是互相结合。把数据仓库、联机分析处理、数据挖掘、模型库、数据库、知识库结合起来形成的决策支持系统，即将传统决策支持系统和新决策支持系统结合起来的决策支持系统是更高级形式的决策支持系统，成为综合决策支持系统（Synthetic Decision Support System，SDSS）。综合决策支持系统发挥了传统决策支持系统和新决策支持系统的辅助决策优势，实现更有效的辅助决策。综合决策支持系统是今后的发展方向。

由于Internet的普及，网络环境的决策支持系统将以新的结构形式出现。决策支持系统的决策资源，如数据资源、模型资源、知识资源，将作为共享资源，以服务器的形式在网络上提供并发共享服务，为决策支持系统开辟一条新路。网络环境的决策支持系统是决策支持系统的发展方向。

知识经济时代的管理——知识管理(Knowledge Management,KM)与新一代Internet技术——网格计算,都与决策支持系统有一定的关系。知识管理系统强调知识共享,网格计算强调资源共享。决策支持系统是利用共享的决策资源(数据、模型、知识)辅助解决各类决策问题,基于数据仓库的新决策支持系统是知识管理的应用技术基础。在网络环境下的综合决策支持系统将建立在网格计算的基础上,充分利用网格上的共享决策资源,达到随需应变的决策支持。

决策是人们为达到一定目的而进行的有意识、有选择的活动。在一定的人力、设备、材料、技术、资金和时间因素的制约下,人们为了实现特定目标,可从多种可供选择的策略中作出决断,以求得最优或较好效果的过程就是决策过程。决策过程分为四个阶段,如图1.4所示。

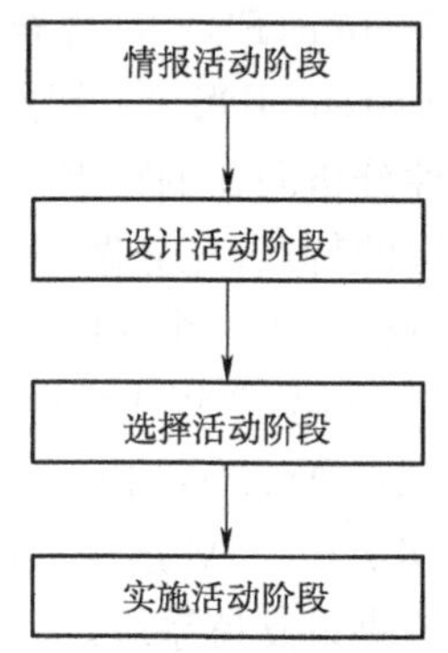

图1.4 决策过程四阶段

情报活动阶段用于收集信息、调查环境,并定义要决策的事件和条件,获取决策所需要的有关信息。在决策目标的制定过程中,自始至终都需要进行数据、信息的收集和调查研究工作,决策所需要的条件和环境往往存在着一些目前不能确定的因素,还要根据已搜集到的数据和信息进行预测。

设计活动阶段用于设计方案,在一般情况下,实现目标的方案不应是一个,而应是两个或更多个。为了探索可供选择的方案,有时需要研究与实现目标有关的限制性因素。所谓限制性因素,指的是对完成所追求目标有妨碍的因素,例如资金缺乏、能源缺乏等。在其他因素不变情况下,如果改变这些限制性因素,就能实现期望的目标。把注意力放到如何克服这些限制因素上去,就可能探索出更多的比较方案。面对复杂的决策问题,有时需要依靠有关业务部门或参谋——决策机构,汇集各方面的专家,一起制订方案。

选择活动阶段用于选择方案,从各种可能的备选方案中,针对决策目标,选出最合理的方案,是决策成功或失败的关键阶段。通常这个阶段包括方案论证和决策形成两个步骤。方案论证是对备选方案进行定量和定性的分析、比较和择优研究,为决策者最后选择进行初选,并把经过优化选择的可行方案提供给决策者。决策形成指决策者对经过论证的方案进行最后的抉择。

实施活动阶段用于实施方案,选定方案后,即可付诸实施。在实施过程中还要收集实施过程中的情报。根据这些情报来进一步作出继续实施、停止实施或修改后继续实施的决定。

传统的决策依靠决策者个人的经验,凭直觉判断,决策问题不仅数量多,而且复杂程度高、难度大。心理学家的研究表明,在制定决策时,若要求决策者本人同时考虑10个以上的变动因素或相互矛盾的因素，或者20～80个以上的单项因素，决策者就已经感到十分困难，而在实际的生产活动中，经常需要根据几百个，甚至几千个因素和相互间的关系进行决策。

目前决策科学化正在向以下一些方向发展：用信息系统支持和辅助决策，随着决策支持系统与人工智能相结合，出现了智能决策支持系统（IDSS），DSS与计算机网络相结合，出现了群体决策支持系统（GDSS）；定性决策向定量与定性相结合的决策发展，定量的数学方法与信息技术相结合能代替人的创造性思维，用计算机进行定量分析必须与人的创造性形象思维与利相结合；单目标决策向多目标综合决策发展，决策活动的目标本身也构成一个难以确定的庞大系统。现代决策活动的目标不是单一的，这不仅指以经济利益为核心的目标是多目标，而且还包括更广阔的社会的和非经济领域的目标；战略决策向更远的未来决策发展，决策是对未来实践的方向、原则、目标和方法等所做的决定，所以决策从本质上说乃是对应于未来的。为了避免远期可能出现的破坏造成的亏损抵消甚至超过近期的利益，要求战略决策在时域上向更遥远的未来延伸。

决策问题的范围很广，计划、调度命令、政策、法规、发展战略、体制结构、系统目标等都属于决策范畴。但它们的结构化程度不同。按问题的结构化程度不同可将决策划分为三种类型。

（1）结构化决策：简单、直接、有固定的规律可循。

结构化决策，是指对某一决策过程的环境及规则，能用确定的模型或语言描述，以适当的方法产生决策方案，并能从多种方案中选择最优的决策。通过计算机语言来编制相应的程序，就可以在计算机上面处理这些信息。结构化决策完全可以用计算机来代替；结构化决策问题相对比较简单、直接，其决策过程和决策方法有固定的规律可以遵循，能用明确的语言和模型加以描述，并可依据一定的通用模型和决策规则实现其决策过程的基本自动化。早期的多数管理信息系统，能够求解这类问题，如应用解析方法，运筹学方法等求解资源优化问题。

（2）非结构化决策：复杂、没有固定规律可循。

非结构化决策问题是指那些决策过程复杂，其决策过程和决策方法没有固定的规律可以遵循，没有固定的决策规则和通用模型可依，决策者的主观行为（学识、经验、直觉、判断力、洞察力、个人偏好和决策风格等）对各阶段的决策效果有相当影响。往往是决策者根据掌握的情况和数据临时做出决定。

（3）半结构化决策：介于上述两类之间。可适当建立模型，但无法确定最优方案。

在决策过程中所涉及的数据不确定或不完整，虽有一定的决策准则，也可以建立适当的模型来产生决策方案，但决策准则因决策者的不同而不同，不能从这些决策方案中得到最优化的解，只能得到相对优化的解，这类决策称为半结构化决策。

1.7 轨道交通与信息集成

1.7.1 我国轨道交通现状

近年来,我国轨道交通发展速度非常快。现在,发展轨道交通的必要性、重要性已经成为人们的共识。研究的重点已转向技术、管理等具体领域。目前,轨道交通建设进入技术网络化、多样化的新阶段,如已经开通的重庆单轨、武汉轻轨以及广州采用的线性电机驱动系统,首都机场三期工程采用的自动导向系统等。目前,除了中低速磁悬浮与悬挂式之外,各种城轨的制式在中国各地发达城市都已出现了。

"十三五"期间全国地铁和有轨电车的通车里程数显著上升,为促进城市的提升和组合发展,"十三五"规划将推动我国打造全新的轨道交通系统。"十三五"期间我国的地铁和有轨电车的通车与规划里程数将会显著上升,到 2020 年,全国地铁通车里程将达到 9 226.7 km,有轨电车通车里程将达到 1 059 km。

随着以上海、江苏、浙江为代表的长三角地区的城市轨道交通、城际轨道交通的快速发展,长三角已经成为中国城市轨道交通的重要市场。为了加强轨道交通网络化建设,国务院采取了先批网络规划再立工程项目的审批规划方案。今后,我国的轨道交通发展将会进入到一个需要理性思考的成熟期。鉴于此,有必要对轨道交通建设中的技术发展战略,特别是信息化、数字化、网络化、智能化(新四化)及系统集成予以更多的关注和思考。

我国轨道交通的发展虽然只有约 50 年的历史(我国第一条地铁线路为北京地铁 1 号线,1969 年 9 月 20 日运营),但是,发展速度很快,大有后来居上之势。与发达国家 100 多年的历史相比,我国在设计、施工的许多技术方面并不落后,比如盖挖法、明挖法、盾构法和沉埋法等技术都已达到了国际先进水平,平顶直墙暗挖法和大跨度暗挖法也接近了国际领先水平。但在综合交通规划与设计及一些关键技术设备和运营管理水平等方面,我国与西方发达国家相比尚有较大差距。

(1)我国轨道交通的机械施工与国际先进水平存在一定差距,轨道交通用的盾构机目前多靠进口。

(2)轨道交通用的技术设备需要进一步研制更新,尤其是通信及信号控制系统尚有差距。

(3)轨道交通的技术管理水平与发达国家相比也存在差距。这突出地表现为系统集成能力不强,缺乏具有对工程项目管理、设计咨询、施工、运行进行全过程管理的国际型工程公司。同时,受技术因素影响很大的运营管理方面,我国与发达国家的差距也较大，这主要表现在我国人工较多，自动化、信息化水平较低：国外先进国家轨道交通管理人员小于 50 人/km，而我国则达到 100～300 人/km。

(4)受大铁路检修工艺思路的影响，当前车辆段检修工艺设计较为落后，车辆段工艺流程不合理，确定的工艺、设备往往不能满足要求，造成资源的浪费。

除了上述不足外，我国轨道交通的技术创新动力也显不足，尤其在新型交通系统研究与开发方面。目前，世界各国根据城市特点相继开发了轮轨系统、直线电机系统、跨座式单轨系统、无人驾驶新交通、磁悬浮系统、空中客车等制式，并在国际市场中占有一定比例。而我国的轨道交通系统制式仍以大运量的轮轨交通为主，相关新技术的研发开展得比较缓慢。

1.7.2　信息集成要素

信息与集成技术要素总共有 4 点，即“现代四化”——智能化、数字化、网络化、信息化。

(1)智能化。用系统集成方法，将计算机技术、通信技术、信息技术与建筑艺术有机结合，通过对设备的自动监控，对信息资源的管理和对使用者的信息服务及其与建筑优化组合，所获得的投资合理，适合信息社会需要，并且具有安全、高效、舒适、便利和灵活等特点。

(2)数字化。指包含一个工程施工所需的全部信息的数据集合。数字化是一种以直接方式表达设计信息的数据体，可以用不同层次的形态模型和活动模型通过一定的关系组织起来以表示。形态模型能够完备地描述各构件的几何信息及拓扑信息，具备精确描述构件的属性信息(如材料、力学特性)的能力，而活动模型则能方便地描述设计和施工活动的能力。

(3)网络化。这个概念最早由美国 Cisco 公司在 2003 年提出，认为所有建筑均可以网络化。思科的 Net Building(网络化建筑)技术是一种全新的、利用网络构造未来智能化建筑的创新方法，它是网络技术、IT 技术相结合的产物，可以更好地帮助开发商进行建设。

(4)信息化。指利用网络、计算机、通信等现代信息技术，通过对信息资源的深度开发和广泛利用，不断提高生产、经营、管理、决策效率和水平，从而提高经济效益和核心竞争力的过程。

1.7.3　中国轨道交通系统管理

轨道交通从技术研发、装备到管理运营应当视作一个完整的系统工程。在这个系统过程中，无论是技术的国产化，还是技术的信息化智能化等等，都摆脱不了相关主体的管理。轨道交通技术的发展需要管理制度的支持和协调，以期能制订出科学合理的远近期相结合的技术发展与管理战略，从而能进行有效的技术开发。目前，国际上针对轨道交通技术的管理已经有了突飞猛进的发展，制造资源计划、企业资源计划、准时生产、精益生产、敏捷制造等管理手段的使用也比较广泛。相比之下，中国的技术管理制度虽然经过几十年长足发展，但整体制度仍然不够健全，明显落后于美国、英国和德国等国家。从整体上看，管理制度的不完善已经成为制约当前轨道交通技术创新与发展的原因之一，轨道交通技术的发展对管理提出了更高的要求。因此，中国轨道交通的某些管理环节中的某些制度需要得以强化与完善。

(1)轨道交通的管理部门应当会同规划、技术、运营等部门，协调轨道交通发展中的重大技术问题，在引进、消化和吸收国外先进经验的基础上，制订轨道交通系统的发展战略、发展规划及实施计划，明确轨道交通发展战略的相关产业政策、技术政策、建设标准。政府在时机成熟的时候，可以制订相关的法规，加强对轨道交通建设标准和工程质量的监督和管理。同时，立法中明确规定相关主体的轨道交通技术发展与管理权力，负责轨道交通设备国产化等技术工作及监督、检查。

(2)应当加强技术开发项目的管理。轨道交通科研机构、管理部门与运营商应该就技术开发项目的立项、筹资、设计、风险、采购、财务、资产、人员、信息、后评估、鉴定、知识产权管理及持续改进等达成一致性意见并密切合作，以促进技术开发项目管理的规范化、标准化。

(3)应当促进技术整合并加强协同管理。技术整合是技术创新活动的一种形式，是轨道交通发展过程中解决技术创新问题的一个有效途径。它是通过系统集成的方法评估、选择适宜的新技术，并将新技术与轨道交通现有技术有机地融合在一起，从而推出新产品和新工艺的一种创新方法。技术整合的过程管理注重新旧技术的相融，其核心就是合作各方的协同管理。

(4)加强技术联盟的管理。随着国际化进程的发展，为了完成轨道交通中一些高投入的技术研究开发项目，有必要联合国外有关机构或企业一起组建技术联盟进行研究开发。当然，国内各城市之间更应该加强技术联盟。技术联盟可以通过共同的研究开发信念，将各地的研究开发人员紧密联系起，所以它已成为新技术、新产品研究开发的最新方式，但也存在不少问题。所以，技术联盟的构成方式及管理模式有待继续研究与深化。

总之，未来轨道交通的技术发展及相应管理，要靠全体业内人士的努力。相信不久的将来，标准化、模块化的系统模式体系，智能化、信息化的建设与运营控制系统，智能化的事故防范预警系统和应急疏散系统，便捷、安全、环保、节能、低维护的新型交通体系必然会形成。

复习思考题

1. 阐述信息系统发展的基本历程。
2. 信息的基本概念是什么？
3. 信息的单位是什么？是如何度量的？
4. 信息系统的特征是什么？
5. 信息的系统分类及相关关系如何？
6. 阐述决策支持系统发展的基本历程。
7. 决策过程的四个阶段及发展方向是什么？
8. 决策过程的类型有哪些？简述其各自特点。

第 2 章　数据库系统基础

数据库系统(DataBase System),是由数据库及其管理软件组成的系统。数据库系统是为适应数据处理的需要而发展起来的一种较为理想的数据处理系统,也是一个为实际可运行的存储、维护和应用系统提供数据的软件系统,是存储介质、处理对象和管理系统的集合体。

2.1　数据库系统与组成

2.1.1　基本概念

当今是一个信息化占据重要地位的社会,信息化社会离不开信息系统,而信息系统的核心是数据库。目前主流核心系统典型案例,如:大学计算机基础考试系统、银行取款系统、各行业的在线考试系统、高校的成绩管理系统,都发挥着重要的作用,在节省人力资源的同时,还提高了工作效率。所以,有必要对数据库系统的基本概念、结构、组成、数据库语言等展开系统阐述。

数据库是长期保存在计算机外存上的、有结构的、可共享的数据集合。数据库管理系统(DataBase Management System,DBMS)是数据库系统中对数据库进行管理的软件系统。数据库的一切操作,如查询、更新、插入、删除以及各种控制,都是通过 DBMS 进行的。DBMS 是位于用户(或应用程序)和操作系统之间的软件。借助于操作系统实现对数据的存储和管理,使数据能被各种不同的用户所共享,DBMS 提供给用户可使用的数据库语言。数据库系统(DataBase System,DBS)是由数据库、数据库管理系统、应用程序、数据库管理员、用户等构成的人机系统。数据库系统有大小之分,大型数据库系统有 Oracle、SQL Server 等,中小型数据库系统有 MySQL、Foxpro、Access。

2.1.2　数据库技术的产生和发展

数据管理经历了三个发展阶段:人工管理、文件系统管理和数据库系统。

人工管理阶段在 20 世纪 50 年代中期以前,硬件方面只有卡片、纸带、磁带等存储设备;软件方面没有操作系统,没有进行数据管理的软件;此时的计算机、数据主要以科学计算为目的；原始数据随程序一起输入内存、运算、退出；数据需要由应用程序自己来管理；程序与相应的数据有着很强的依赖性；程序与数据之间不具有独立性，如图 2.1 所示。

图 2.1 应用程序与数据关系图

(1)求 6 个数据之和与最大值，示例代码如下所示。

```
/*求6个数之和 */
#include <studio.h>
main()
{
  int i,s=0;
  int a[6]={66,55,75,42,86,77};
  for(i=0;i<6;i++)
    s=s+a[i];
  printf("%d",s);
}
```

(2)求 6 个数中的最大值，示例代码如下所示。

```
/*求6个数中的最大值 */
#include <studio.h>
main()
{
  int i,s;
  int a[6]={66,55,75,42,86,77};
  s=a[0];
  for(i=1;i<6;i++)
    if(s<a[i])s=a[i];
  printf("%d",s);
}
```

程序和数据放在一起，虽然是处理同一批数据，但是程序之间没有数据共享，导致程序和数据冗余，处理速度也慢。

文件系统管理阶段在 20 世纪 60 年代中期，硬件方面有了磁带、磁盘等大容量存储设备，软件方面有了操作系统，不仅用于科学计算，还用于数据管理。所有相关数据存放在特定的应用文件中，并由文件系统进行管理，如图 2.2 所示。

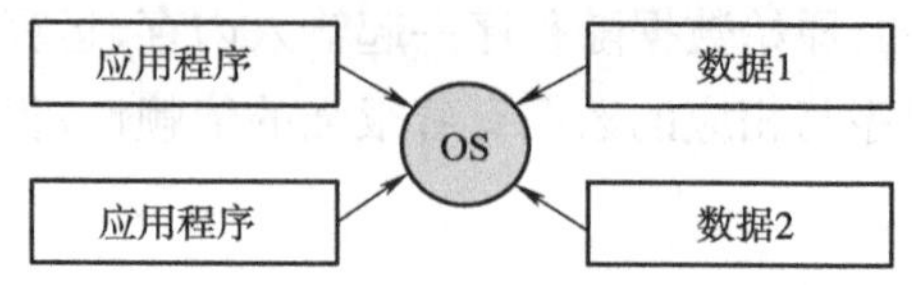

图 2.2 应用程序与数据关系图

该阶段系统也存在一些问题:数据共享性差,冗余度大;数据的不一致性;程序与数据之间的独立性不高;数据缺乏统一的管理和控制;安全性、完整性、并发操作、数据破坏后的恢复;子系统的程序大量重复、实现技术难度、后期更新维护不方便。

数据库系统阶段出现于 20 世纪 60 年代后期,此时硬件方面出现大容量且价格低廉的磁盘,软件方面操作系统已开始成熟,为数据技术的发展提供了良好的基础,数据处理的规模越来越大,数据共享的要求越来越强烈。

1968 年美国 IBM 公司推出的层次模型的 IMS 数据库管理系统;1969 年美国数据系统语言研究会下属数据库任务组公布关于网状模型的 DBTG 报告;1970 年 IBM 公司研究员 E. F. Codd 发表论文提出关系模型,标志着数据库技术诞生。

数据库系统的主要特点是采用复杂的、结构化的数据模型;拥有最低的冗余度;有较高的数据独立性;用户面对的是简单的逻辑结构操作而不涉及数据具体的物理存储结构;设置用户的使用权限,在数据库被破坏时,系统有能力把数据库恢复到可用状态;系统采用一些完整性检验以确保数据符合某些规则,保证数据库中数据始终是正确的。

数据库技术是对传统信息管理模式的大变革,提高了信息的利用率,缩短了信息的传播过程,实现了信息一体化的管理。

近几年,出现了很多新型数据库系统,主要有分布式数据库系统、面向对象数据库、多媒体数据库、数据仓库、工程数据库、空间数据库。

分布式数据库系统:数据库中一个数据在多个不同的地理位置存储的和处理。

面向对象数据库:可以像对待一般对象一样存储复杂信息与过程。

多媒体数据库:涉及图像、音频、视频处理、三维动画、数据存储与检索等技术。

数据仓库:面向主题的、集成的、稳定的和随时间变化的数据集合,用于决策制定。

工程数据库:存储和管理各种工程设计图形和工程设计文档,并能为工程设计提供各种服务的数据库。

空间数据库:描述、存储与处理具有位置、形状、大小、分布特征及空间关系等属性的空间数据及其属性数据的数据库系统。

2.2 数据模型

数据模型是现实世界数据特征的模拟和抽象，是数据库中数据的存储方式。数据模型基本要求较真实的模拟现实世界和容易被人理解，便于在计算机上实现。数据模型的两个层次是概念模型（信息模型）和基本数据模型。

2.2.1 数据模型三要素

数据模型（Data Model）是数据特征的抽象。数据（Data）是描述事物的符号记录，模型（Model）是现实世界的抽象。数据模型从抽象层次上描述了系统的静态特征、动态行为和约束条件，为数据库系统的信息表示与操作提供了一个抽象的框架。数据模型所描述的内容有三部分：数据结构、数据操作和数据约束。

数据模型按不同的应用层次分成三种类型：概念数据模型、逻辑数据模型、物理数据模型。

1. 概念模型

概念模型（Conceptual Data Model），是一种面向用户、面向客观世界的模型，主要用来描述世界的概念化结构，是数据库的设计人员在设计的初始阶段，摆脱计算机系统及数据管理系统 DBMS（DataBase Management System）的具体技术问题，集中精力分析数据以及数据之间的联系等，与具体的数据管理系统无关。概念数据模型必须换成逻辑数据模型，才能在 DBMS 中实现。

概念模型用于信息世界的建模，一方面应该具有较强的语义表达能力，能够方便直接表达应用中的各种语义知识，另一方面还应该简单、清晰、易于用户理解。

在概念数据模型中最常用的是 E-R 模型、扩充的 E-R 模型、面向对象模型及谓词模型。应用较为广泛的是 E-R 模型。

2. 逻辑模型

逻辑模型（Logical Data Model），是一种面向数据库系统的模型，是具体的 DBMS 所支持的数据模型，如网状数据模型（Network Data Model）、层次数据模型（Hierarchical Data Model）等。此模型既要面向用户，又要面向系统，主要用于 DBMS 的实现。

3. 物理模型

物理模型（Physical Data Model），是一种面向计算机物理表示的模型，描述了数据在储存介质上的组织结构，它不但与具体的 DBMS 有关，而且还与操作系统和硬件有关。每一种逻辑数据模型在实现时都有其对应的物理数据模型。DBMS

为了保证其独立性与可移植性，大部分物理数据模型的实现工作由系统自动完成，而设计者只设计索引、聚集等特殊结构。

2.2.2 数据模型的种类

数据模型主要三种，包括层次模型、网状模型、关系模型。

(1)层次模型：用树型结构来表示实体及实体间的联系。该模型将数据组织成一对多关系的结构，层次结构采用关键字来访问其中每一层次的每一部分。优点是存取方便且速度快；结构清晰，容易理解；数据修改和数据库扩展容易实现；检索关键属性十分方便。缺点是结构呆板，缺乏灵活性；同一属性数据要存储多次，数据冗余大(如公共边)；不适合于拓扑空间数据的组织。

例：早期 IBM 公司 IMS 系统，举例如图 2.3 所示。

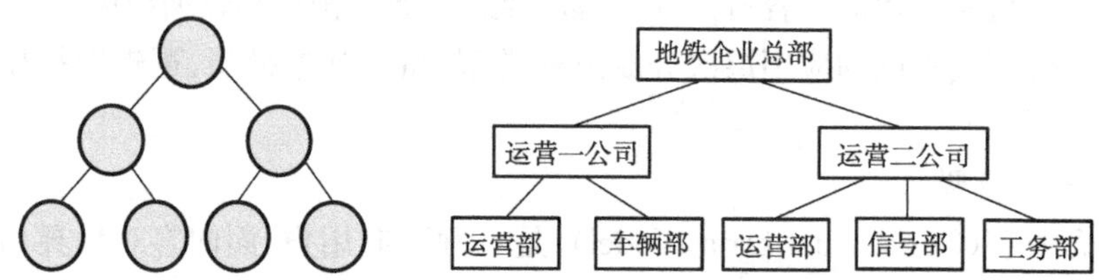

图 2.3 层次结构图

(2)网状模型：用网状结构来表示实体及实体间的联系，使用连接指令或指针来确定数据间的显式连接关系，是具有多对多类型的数据组织方式。优点是能明确而方便地表示数据间的复杂关系；数据冗余小。缺点在于网状结构的复杂，增加了用户查询和定位的困难；需要存储数据间联系的指针，使得数据量增大；数据的修改不方便(指针必须修改)。

例：DBTG 系统、IBM 的 IDMS 系统，举例如图 2.4 所示。

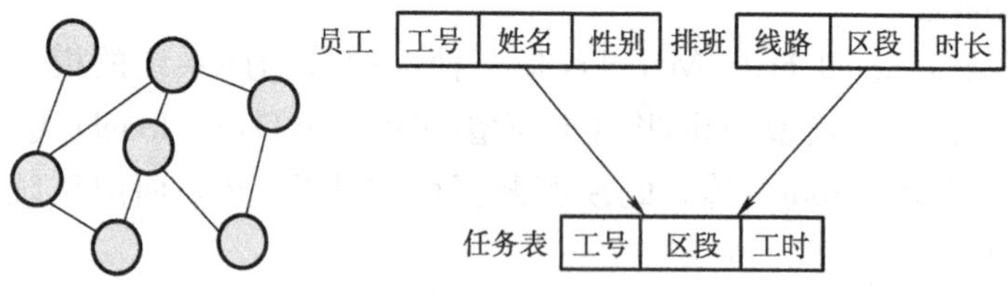

图 2.4 网状结构图

共同存在问题：难以实现系统扩充，插入或删除数据时，涉及大量链接指针的调整，易出现数据不一致的情况。

(3)关系模型:用一组二维表表示实体及实体间的关系,它以记录组或数据表的形式组织数据,以便于利用各种地理实体与属性之间的关系进行存储和变换,不分层也无指针,是建立空间数据和属性数据之间关系的一种非常有效的数据组织方法。优点在于结构特别灵活,概念单一,满足所有布尔逻辑运算和数学运算规则形成的查询要求;能搜索、组合和比较不同类型的数据;增加和删除数据非常方便;具有更高的数据独立性、更好的安全保密性。缺点是数据库大时,查找满足特定关系的数据费时,空间关系无法满足。

在关系模型中,关系数据库就是用二维表来保存数据,见表2.1。

表2.1 关系模型下的二维表结构及数据

学 号	姓 名	性 别	党 员	专 业	出生年月
990001	王涛	男	No	运营	1982-01-21
990002	庄前	女	Yes	工务	1982-09-21
990101	丁保华	男	No	供电	1981-04-18
990102	姜沛棋	女	No	信号	1981-12-02
990201	程玲	女	Yes	车辆	1982-11-14
990202	黎敏艳	女	Yes	运营	1983-02-21
990203	邓倩梅	女	Yes	工务	1982-04-28

实体表示现实世界中客观存在并可以被区别的事物。比如“一个学生”、“一本书”、“一门课”等。这里所说的“事物”不仅仅是看得见摸得着的“东西”,它也可以是虚拟的,不如说“老师与学校的关系”。属性解释为“实体所具有的某一特性”,属性一开始是个逻辑概念,比如说,“性别”是“人”的一个属性。在关系数据库中,属性又是个物理概念,属性可以看作是“表的一列”。元组表示表中的一行就是一个元组。主码代表表中某个属性组,它的值唯一标识一个元组。

2.2.3 常见的数据库系统及其开发工具

目前,商品化的数据库管理系统以关系型数据库为主导产品,技术比较成熟。面向对象的数据库管理系统虽然技术先进,数据库易于开发、维护,但尚未有成熟的产品。主流数据库管理系统有Oracle、Access、Foxpro和SQL Server。这些产品都支持多平台,如UNIX、VMS、Windows,但支持的程度不一样。例如IBM的DB2也是成熟的数据库。但是,DB2是内嵌于IBM的AS/400系列机中,只支持OS/400操作系统。

随着数据库技术的发展,它已逐渐成为计算机领域发展迅速,应用广泛的一大领域。相应数据库相关产品也种类繁多，常见的数据库开发工具有：Visual Basic、Visual C++、Visual FoxPro、Dephi、PB、Java 等。其中主流的数据库系统及其开发工具如图 2.5 所示。

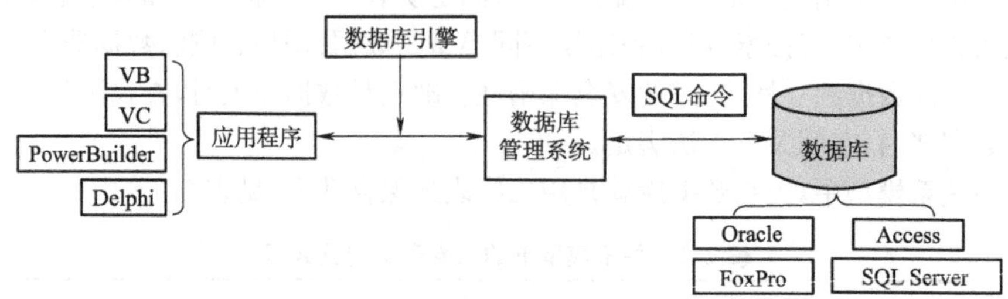

图 2.5　主流数据库

(1)Oracle Database，简称 Oracle。是甲骨文公司的一款关系数据库管理系统。它是在数据库领域一直处于领先地位，是目前世界上流行的关系数据库管理系统，系统可移植性好、使用方便、功能强，适用于各类大、中、小、微机环境。Oracle 是一种高效率、可靠性好的适应高吞吐量的数据库解决方案。

(2)SQL Server 是一个可扩展的、高性能的、为分布式客户机/服务器计算所设计的数据库管理系统，实现了与 WindowsNT 的有机结合，提供了基于事务的企业级信息管理系统方案。

主要有如下五个版本：

SQL Server 2000 是 Microsoft 公司推出的 SQL Server 数据库管理系统，该版本继承了 SQL Server 7.0 版本的优点，同时又比它增加了许多更先进的功能。具有使用方便、可伸缩性好、与相关软件集成程度高等优点，可在 Microsoft Windows 98 系统以上电脑运行，也可在 Microsoft Windows 2000 等大型多处理器的服务器等多种平台使用。

SQL Server 2005 是一个全面的数据库平台，使用集成的商业智能(BI)工具、提供了企业级的数据管理。SQL Server 2005 数据库引擎为关系型数据和结构化数据提供了更安全可靠的存储功能，是可以构建和管理用于业务的高可用和高性能的数据应用程序。SQL Server 2005 数据引擎是本企业数据管理解决方案的核心。此外 SQL Server 2005 结合了分析、报表、集成和通知功能。这使企业可以构建和部署经济有效的 BI 解决方案，帮助团队通过记分卡、Dashboard、Web Services 和移动设备将数据应用推向业务的各个领域。与 Microsoft Visual Studio、Microsoft Office System 以及新的开发工具包(包括 Business Intelligence Development Studio)的紧密集成使 SQL Server 2005 与众不同。

SQL Server 2008 是一个重大的产品版本，它推出了许多新的特性和关键的改进，满足数据爆炸和下一代数据驱动应用程序的需求，支持数据平台愿景：关键任务企业数据平台、动态开发、关系数据和商业智能。

SQL Server 2012 跟以往版本的产品相比，其中文标准版被定位为可用性和大数据领域的领头羊，可以轻松帮助企业处理每年大量的数据（Z 级别）增长。它更加具备可伸缩性、更加可靠以及前所未有的高性能；而 Power View 为用户对数据的转换和勘探提供强大的交互操作能力，并协助做出正确的决策，有着开放、可伸缩性、安全性、可扩展性、高性能、操作简单等优势。

SQL Server 2014 通过内置的突破式内存驻留技术，能为要求最高的数据库应用提供关键业务所需性能内存驻留技术，性能最高提升 30 倍。软件及硬件合作伙伴使用多样化的工作负载进行了全新的性能测试，证明了采用开创性内存计算技术的 SQL Server 2014 可以为那些对数据库有极高要求的应用程序提供符合需求的数据平台。注意：SQL Server 2014 产品只有 OLP 开放式批量授权方式。OLP 批量许可是一个软件许可计划，由用户单独订阅，代理将用户信息上报给微软厂家，用户会收到厂家直发的邮件，再按照邮件指示的下载和安装等步骤进行操作即可。

目前主流数据库开发工具如下：

Visual Basic（VB）是由微软公司开发的包含协助开发环境的事件驱动编程语言。VB 是一种编译解释性的语言，在调试状态时，VB 是解释执行的，每当执行到一个函数型才对这个函数进行语法分析、语义分析，通过后才生成中间代码解释执行。

Visual C＋＋是一个功能强大的可视化软件开发工具。利用 Visual C＋＋编译出的程序空间小，运行快，比其他的编译工具编译出的软件占据较多优势。

Visual FoxPro 简称 VFP，是 Microsoft 公司推出的数据库开发软件，用它来开发数据库，既简单又方便。

Delphi，是 Windows 平台下著名的快速应用程序开发工具（Rapid Application Development，RAD）。Delphi 是一个集成开发环境（IDE），使用的核心是由传统 Pascal 语言发展而来的 Object Pascal，以图形用户界面为开发环境，透过 IDE、VCL 工具与编译器，配合连接数据库的功能，构成一个以面向对象程序设计为中心的应用程序开发工具。

PB（Power Builder），是美国 Sybase 公司推出的数据库开发工具，采用面向对象技术、图形化的开发环境和第四代（4GL）编程语言，可以使应用程序的开发效率更高，成本更低，质量更好，功能更强。Power Builder 开发语言一经推出受到众多程序员喜爱。

Java,是由 Sun Microsystems 公司于 1995 年 5 月推出的 Java 程序设计语言和 Java 平台的总称。它是一种面向对象编程语言,具有简单性、面向对象、分布式、解释型、可靠、安全、平台无关、可移植、高性能、多线程、动态性等特性。

2.3 关系数据库范式

设计关系数据库时,遵从不同的规范要求,设计出合理的关系型数据库,这些不同的规范要求被称为不同的范式,各种范式呈递次规范,越高范式的数据库冗余越小。

目前关系数据库有六种范式:第一范式(1NF)、第二范式(2NF)、第三范式(3NF)、巴斯—科德范式(BCNF)、第四范式(4NF)和第五范式(5NF,又称完美范式)。满足最低要求的范式是第一范式(1NF)。在第一范式的基础上进一步满足更多规范要求的称为第二范式(2NF),其余范式依此类推。一般说来,数据库只需满足第三范式(3NF)即可。

2.3.1 第一范式

第一范式(1NF)是指在关系模型中,数据库表的每一列都是不可分割的数据项。即实体中的某个属性有多个值时,必须拆分为不同的属性。在符合第一范式(1NF)表中的每个域值只能是实体的一个属性或一个属性的一部分。简而言之,第一范式就是无重复的列。

2.3.2 第二范式

在 1NF 的基础上,非主属性必须完全依赖主属性。

第二范式(2NF)是在第一范式(1NF)的基础上建立起来的,即满足第二范式(2NF)必须先满足第一范式(1NF)。第二范式(2NF)要求数据库表中的每个实例或记录必须可以被唯一区分。选取一个能区分每个实体的属性或属性组,作为实体的唯一标识。例如,在员工表中的身份证号码即可实现每个一员工的区分,该身份证号码即为候选键,任何一个候选键都可以被选作主键。在找不到候选键时,可额外增加属性以实现区分,如果在员工关系中,没有对其身份证号进行存储,而姓名可能会在数据库运行的某个时间重复,无法区分出实体时,设计如 ID 等不重复的编号以实现区分,被添加的编号或 ID 选作主键。

表 2.2 符合第一范式,研究课题名称和研究课题号均不完全依赖于主属性教师代码,不符合第二范式要求,需要进行范式分解,得到表 2.3 教师信息表,表 2.4

研究课题信息表,表2.5教师选择课题信息表。

表2.2　教师科研项目信息

教师代码	姓　名	职　称	研究课题号	研究课题名称
10090006	丁××	讲师	gcd11011	轨道交通网络化运营可靠性
……	……	……	……	……

表2.3　教师信息表

教师代码	姓　名	职　称
10090006	丁××	讲师

表2.4　研究课题信息表

研究课题号	研究课题名称
gcd11011	轨道交通网络化运营可靠性

表2.5　教师选择课题信息表

教师代码	研究课题号
10090006	gcd11011

2.3.3　第三范式

第三范式(3NF)是第二范式(2NF)的一个子集,即满足第三范式(3NF)必须满足第二范式(2NF)。简而言之,第三范式(3NF)要求一个关系中不包含已在其他关系已包含的非主关键字信息。例如,存在一个部门信息表,其中每个部门有部门编号(dept_id)、部门名称、部门简介等信息。那么在员工信息表中列出部门编号后就不能再将部门名称、部门简介等与部门有关的信息再加入员工信息表中。如果不存在部门信息表,则根据第三范式(3NF)也应该构建它,否则就会有大量的数据冗余。

简而言之,第三范式就是属性不依赖于其他非主属性,也就是在满足2NF的基础上,任何非主属性不得传递依赖于主属性。

2.4　数据库表的创建

数据库表是数据库存储中基本但重要的部分,许多其他的数据库对象,例如索引、视图都以表为基础。在开发人员使用数据库管理数据时,实际上就是通过创建一个或多个表来实现存储、约束等功能。

2.4.1 Access 数据库的组成

表是数据库最基本的对象,表及其表之间的关系构成数据库的核心,是存放信息系统数据的容器。查询是从表(或查询)中选择一部分数据,形成一个全局性的集合,供信息系统运算和数据展示等。窗体是用户与数据库交互的界面,窗体的数据源是表或查询。模块是用户用编程语言编写的函数过程或子程序,是信息系统的重要部分。Web 页是向 Internet 上发布数据的信息模块。

2.4.2 数据库的创建

数据创建主要有两种方式:代码式和向导式。这里主要介绍向导式数据库的创建,其主要步骤如下:

(1)打开数据库设计视图;

(2)确定表的结构;

(3)建立一个空数据库,输入文件名;

(4)使用表设计器或向导创建表,进入设计视图,输入各个字段的信息;

(5)定义主键(数据库的关键字,也叫主码,是数据的唯一身份表征);

(6)输入表的名称保存表。

具体操作详细见 Access 软件实际操作演示。

2.4.3 Access 的表达式

Access 的运算符很多,其中主要运算符见表 2.6。

表 2.6 Access 运算符

类　型	运　算　符
算术运算符	+、-、*、/、^(乘方)、\(整除)、MOD(取余数)
关系运算符	<、<=、<>、>、>=、Between and、Like
逻辑运算符	Not、And、Or
字符运算符	&

表达式由变量、常量、运算符、函数和圆括号按一定的规则组成。表达式主要应用在以下三个方面:

(1)查询的 SQL 视图:必须输入完整的表达式。

(2)查询的设计视图:使用时,表达式最左边的字段名可以缺省。

(3)字段的有效性规则:为字段输入一个表达式指定该字段可接受的数据范围(有效性规则)。

2.5　SQL 语言基础

结构化查询语言(Structured Query Language,简称 SQL)是一种数据库查询和程序设计语言,用于存取数据以及查询、更新和管理关系数据库系统;同时也是数据库脚本文件的扩展名。结构化查询语言是高级的非过程化编程语言,允许用户在高层数据结构上工作。它不要求用户指定对数据的存放方法,也不需要用户了解具体的数据存放方式,所以具有完全不同底层结构的不同数据库系统,可以使用相同的结构化查询语言作为数据输入与管理的接口。结构化查询语言语句可以嵌套,这使它具有极大的灵活性和强大的功能。

SQL 功能极强,完成核心功能只用了 9 个动词,见表 2.7。结构化查询语言 SQL 是操作关系数据库的工业标准语言,在 SQL 中,常用的语句有两类:

(1)数据查询语句:SELECT;

(2)数据更新命令:INSERT、UPDATE、DELETE。

表 2.7　SQL 语言的动词

SQL 功能	动　词
数据查询	SELECT
数据定义	CREATE,DROP,ALTER
数据操纵	INSERT,UPDATE,DELETE
数据控制	GRANT,REVOKE

关系数据库具有一个严谨的体系结构,数据库领域公认的标准结构是三级模式结构,包括外模式、概念模式、内模式,有效地组织、管理数据,提高了数据库的逻辑独立性和物理独立性。用户级对应外模式,概念级对应概念模式,物理级对应内模式,使不同级别的用户对数据库形成不同的视图。所谓视图,就是指观察、认识和理解数据的范围、角度和方法,是数据库在用户中的反映。很显然,不同层次(级别)用户所"看到"的数据库是不相同的。

SQL 支持关系数据库三级模式结构,如图 2.6 所示。

SQL 常用函数见表 2.8。

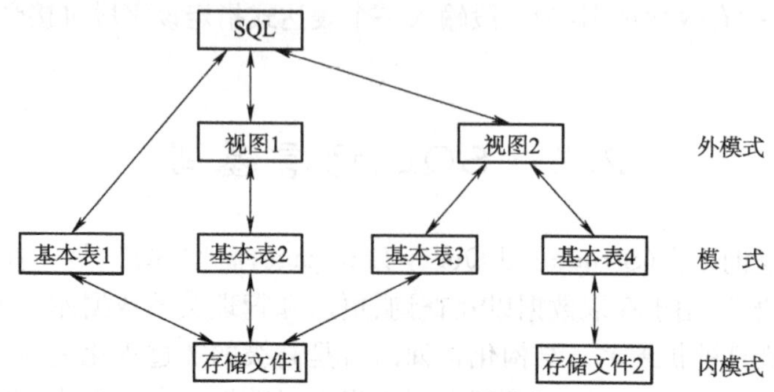

图 2.6 数据库三级模式结构

表 2.8 SQL 常用函数

数据类型	含 义
CHAR(*n*)	长度为 *n* 的定长字符串
VARCHAR(*n*)	最大长度为 *n* 的变长字符串
INT	长整数(也可以写作 INTEGER)
SMALLINT	短整数
NUMERIC(*p*,*d*)	定点数,由 *p* 位数字(不包括符号、小数点)组成,小数后面有 *d* 位数字
REAL	取决于机器精度的浮点数
Double Precision	取决于机器精度的双精度浮点数
FLOAT(*n*)	浮点数,精度至少为 *n* 位数字
DATE	日期,包含年、月、日,格式为 YYYY-MM-DD
TIME	时间,包含一日的时、分、秒,格式为 HH:MM:SS

2.5.1 表的基本操作

表的基本操作包含:表的定义、创建、修改。

创建表的基本语法如下所示:

CREATE TABLE <表名>

(<列名> <数据类型>[<列级完整性约束条件>]

[,<列名> <数据类型>[<列级完整性约束条件>]] …

[,<表级完整性约束条件>]);

如果完整性约束条件涉及该表的多个属性列,则必须定义在表级上,否则既可以定义在列级也可以定义在表级。

例 2.1 建立"学生"表 Student,学号是主码,姓名取值唯一。

```
CREATE TABLE Student
(
    Sno      CHAR(9)PRIMARY KEY,      /* 列级完整性约束条件 */
    Sname    CHAR(20)UNIQUE,          /* Sname 取唯一值 */
    Ssex     CHAR(2),
    Sage     SMALLINT,
    Sdept    CHAR(20)
);
```

例 2.2 建立一个"课程"表 Course。

```
CREATE TABLE Course
(
    Cno      CHAR(4)PRIMARY KEY,
    Cname    CHAR(40),
    Cpno     CHAR(4),
     Ccredit SMALLINT,
);
```

例 2.3 建立一个"学生选课"表 SC。

```
CREATE TABLE SC
(
    Sno      CHAR(9),
    Cno      CHAR(4),
    Grade    SMALLINT,
    PRIMARY KEY(Sno,Cno)/* 主码由两个属性构成,必须作为级 */
);
```

一个表结构建立之后,可以根据使用的需要对它进行修改。修改的内容可以是列的属性,比如列名、数据类型、长度等,还可以添加列、删除列等。

1. 添加列

可以使用 ALTER TABLE 命令向已存在的表中添加新列。其基本的语法格式如下:

```
ALTER TABLE 表名 ADD 字段名 数据类型 约束
```

例 2.4 向 student 数据库中的 stuinfo 表中增加"sclass"列,数据类型为 varchar(10),允许为空。

```
ALTER TABLE stuinfo
ADD sclass varchar(10)NULL
```

2. 删除列

也可以使用 ALTER TABLE 命令把表中已有的列删除。其基本的语法格式如下：

```
ALTER TABLE 表名 DROP COLUMN 字段名
```

例 2.5 把 student 数据库的 stuinfo 表中的列 sclass 删除。

```
ALTER TABLE stuinfo DROP COLUMN sclass
```

注意：在删除一个列之前，必须把基于该列的所有索引和约束都先删除。另外，被删除的列是不可恢复的，所以在删除列之前要谨慎。

3. 修改列

还可以使用 ALTER TABLE 命令修改表中已存在的列的相关属性。其基本的语法格式如下：

```
ALTER TABLE 表名 ALTER COLUMN 字段名 新数据类型的大小
```

例 2.6 把 student 数据库的 stuinfo 表中 sclass 列的数据类型改为 varchar(20)。

```
ALTER TABLE stuinfo ALTER COLUMN sclass varchar(20)
```

注意：修改列时可能会破坏表中已有数据，因此要谨慎处理。

4. 删除表

随着应用的变化，若数据空中的某些表不需要了，则应该删除。而删除表的操作非常简单，该语句的格式如下：

```
DROP TABLE table_name
```

其中，table_name 为要删除的表名。

例 2.7 删除 student 数据库中的 sc 表。语句如下：

```
DROP TABLE sc
```

通过执行该命令，就可以删除 sc 表。需要注意的是，一旦表被删除，表的结构、表中的数据、约束、索引等都将被永久地删除，所以删除表时一定要慎重。

2.5.2 数据查询

查询语句格式：

```
SELECT [ALL|DISTINCT] <目标列表达式> FROM <表名>
[ WHERE <条件表达式> ][ ORDER BY <列名 2> [ ASC|DESC ] ];
```

1. 选择表中的若干列

例 2.8 查询全体学生的学号与姓名。

```
SELECT Sno,Sname
FROM Student;
```

例 2.9 查询全体学生的姓名、学号、所在系。

```
SELECT Sname,Sno,Sdept
FROM Student;
```

2. 查询全部列

选出所有属性列：

在 SELECT 关键字后面列出所有列名。

将<目标列表达式>指定为 ＊，即＊代表所有的列。

例 2.10　查询全体学生的详细记录。

```
SELECT   Sno,Sname,Ssex,Sage,Sdept FROM Student;
```

或：

```
SELECT   * FROM Student;
```

3. 查询经过计算的值

SELECT 子句的<目标列表达式>可以是如下形式：

①算术表达式；②字符串常量；③函数；④列别名。

例 2.11　查询全体学生的姓名及其出生年份。

```
SELECT Sname,2004-Sage   /* 假定当年的年份为 2004 年 */
FROM Student;
```

输出结果：

Sname	2004-Sage
李勇	1984
刘晨	1985
王敏	1986
张立	1985

例 2.12　查询全体学生的姓名、出生年份和所有系，用小写字母表示所有系名。

```
SELECT Sname,'Year of Birth:',2004-Sage,ISLOWER(Sdept)
FROM Student;
```

输出结果：

Sname	'Year of Birth:'	2004-Sage	ISLOWER(Sdept)
李勇	Year of Birth:	1984	cs
刘晨	Year of Birth:	1985	is
王敏	Year of Birth:	1986	ma
张立	Year of Birth:	1985	is

4. 使用列别名改变查询结果的列标题

```
SELECT Sname AS NAME,'Year of Birth:'AS   BIRTH,
  2000-Sage AS   BIRTHDAY,LOWER(Sdept)AS DEPARTMENT
FROM Student;
```

5. 选择表中的若干元组

例 2.13　查询选修了课程的学生学号。

```
SELECT Sno FROM SC;
```

或：

```
SELECT ALL Sno FROM SC;
```

执行上面的 SELECT 语句后，结果为：

Sno
200215121
200215121
200215121
200215122
200215122

消除取值重复的行，如果没有指定 DISTINCT 关键词，则缺省为 ALL。指定 DISTINCT 关键词，去掉表中重复的行。

```
SELECT DISTINCT Sno FROM SC;
```

则执行结果为：

Sno
200215121
200215122

6. 包含查询条件的查询

按一定的查询条件从数据库对象中检索复合条件的数据，其常用查询条件见表 2.9。

表 2.9 常用的查询条件

查询条件	谓　词
比　较	=,>,<,>=,<=,! =,<>,! >,! <;NOT
确定范围	BETWEEN AND,NOT BETWEEN AND
确定集合	IN,NOT IN
字符匹配	LIKE,NOT LIKE
空　值	IS NULL,IS NOT NULL
多重条件(逻辑运算)	AND,OR,NOT

(1)比较大小的查询

例 2.14 查询计算机科学系全体学生的名单。

```
SELECT Sname
FROM Student
WHERE Sdept='CS';
```

例 2.15　查询所有年龄在 20 岁以下的学生姓名及其年龄。

```
SELECT Sname,Sage
FROM   Student
WHERE Sage < 20;
```

例 2.16　查询考试成绩有不及格的学生的学号。

```
SELECT DISTINCT Sno
FROM SC
WHERE Grade<60;
```

(2)确定范围查询

谓词:BETWEEN ... AND...

NOT BETWEEN ... AND...

例 2.17　查询年龄在 20～23 岁(包括 20 岁和 23 岁)之间的学生的姓名、系别和年龄。

```
SELECT Sname,Sdept,Sage
FROM Student
WHERE Sage BETWEEN 20 AND 23;
```

例 2.18　查询年龄不在 20～23 岁之间的学生姓名、系别和年龄。

```
SELECT Sname,Sdept,Sage
FROM   Student
WHERE Sage NOT BETWEEN 20 AND 23;
```

(3)确定集合查询

谓词:IN <值表>，　NOT IN <值表>

例 2.19　查询信息系(IS)、数学系(MA)和计算机科学系(CS)学生的姓名和性别。

```
SELECT Sname,Ssex
FROM   Student
WHERE Sdept IN('IS','MA','CS');
```

例 2.20　查询既不是信息系、数学系，也不是计算机科学系的学生的姓名和性别。

```
SELECT Sname,Ssex
FROM   Student
WHERE Sdept NOT IN('IS','MA','CS');
```

(4)字符匹配(精确查询和模糊查询)

谓词:[NOT] LIKE　'<匹配串>'　[ESCAPE '<换码字符>']

匹配串为固定字符串。

例 2.21　查询学号为 200215121 的学生的详细情况。

```
SELECT *  FROM  Student  WHERE  Sno  LIKE '200215121 ';
```

等价于：

```
SELECT * FROM  Student  WHERE Sno='200215121 ';
```

匹配串为含通配符的字符串(在 Access 中,须将%通常更换为 *)。

例 2.22 查询所有姓刘学生的姓名、学号和性别。

```
SELECT Sname,Sno,Ssex
FROM Student
WHERE Sname LIKE '刘%';
```

例 2.23 查询姓“欧阳”且全名为三个汉字的学生的姓名。

```
SELECT Sname
FROM Student
WHERE Sname LIKE '欧阳__';
```

例 2.24 查询名字中第二个字为“阳”字的学生的姓名和学号。

```
SELECT Sname,Sno
FROM  Student
WHERE Sname LIKE '__阳%';
```

例 2.25 查询所有不姓刘的学生姓名。

```
SELECT Sname,Sno,Ssex
FROM  Student
WHERE Sname NOT LIKE '刘%';
```

(5)多重条件查询

逻辑运算符:AND 和 OR 来联结多个查询条件,AND 的优先级高于 OR,也可以用括号改变优先级。谓词:

[NOT] IN

[NOT] BETWEEN … AND …

例 2.26 查询计算机系年龄在 20 岁以下的学生姓名。

```
SELECT Sname
FROM  Student
WHERE Sdept='CS 'AND Sage<20;
```

例 2.27 查询信息系(IS)、数学系(MA)和计算机科学系(CS)学生的姓名和性别。

```
SELECT Sname,Ssex
FROM  Student
WHERE Sdept IN('IS ','MA ','CS ')
```

(6)结果排序

利用 ORDER BY 子句,按一个或多个属性列排序,升序用 ASC,降序用

DESC;缺省值为升序;当排序列含空值时,ASC的元组最后显示,DESC的元组最先显示

例2.28　查询选修了3号课程的学生的学号及其成绩,查询结果按分数降序排列。

```
SELECT Sno,Grade
FROM   SC
WHERE Cno='3 '
ORDER BY Grade DESC;
```

例2.29　查询全体学生情况,查询结果按所在系的系号升序排列,同一系中的学生按年龄降序排列。

```
SELECT   *
FROM   Student
ORDER BY Sdept,Sage DESC;
```

2.5.3　新增数据

INSERT语句用于数据插入,其语法格式为:

插入一条记录:

INSERT INTO 表名(字段1,…,字段 n)VALUES(值1,…,值 n)

插入查询的结果:

INSERT INTO 表名(字段1,…,字段 n)VALUES 子查询

例2.30　向表Students中插入一条记录。

```
INSERT INTO Students(学号,姓名,性别,党员,专业,出生年月,助学金)
VALUES(990301,"杨国强","男",TRUE,"化学",#12/28/80#,220)
```

2.5.4　修改数据

UPDATE语句用于数据修改,其语法格式为:

UPDATE 表 SET 字段1=表达式1,…,字段 n=表达式 n [WHERE 条件]

注意:WHERE子句缺省,则修改表中所有的记录。

例2.31　将表Students中学生王涛的姓名改为王宝球

```
UPDATE Students SET 姓名="王宝球" WHERE 姓名="王涛"
```

例2.32　将表Students中助学金低于200的学生加30元。

```
UPDATE Students SET 助学金=助学金+30 WHERE 助学金<200
```

2.5.5　删除数据

DELETE语句用于数据删除,其语法格式为:

DELETE FROM 表［WHERE 条件］

注意：WHERE 子句缺省，则删除表中所有的记录（表还在）。

例 2.33 删除表 Students 中所有学号为 990301 的记录。

DELETE FROM Students WHERE 学号＝990301

例 2.34 删除表 Scores 中成绩低于 70 分的记录。

DELETE FROM Scores WHERE 成绩＜70

2.5.6 视 图

视图是一种常用的数据库对象，是从一个或多个其他表中导出的虚表。这里的其他表既可以是基本表也可以是预先定义好的视图。同真实的表一样，视图包含一系列带有名称的列和行数据。只是这些数据来源于对基本表的查询的结果。视图的列可以是基本表的一部分，也可以是多个基本表的联合或通过计算生成的新列或由基本表的统计汇总函数产生的列等。

在定义了一个视图后，数据库存放的只是其定义，而不存储视图所对应的数据，通过视图看到的数据依然存放在相应的基本表中。

视图定义好以后，就可以当作表被查询、修改、删除或者再被用来定义一个新视图。当使用视图查询数据时，数据都是从定义它的基本表中提取所包含的行和列，然后用户再从中查询所需要的数据。可以说视图结合了基本表和查询两者的特性。当通过视图修改数据时，修改的是基本表中的数据。同时，当基本表中的数据发生变化时，有些用于视图更新的操作会受到限制。

1. 创建视图

要想创建视图，用户必须拥有在视图定义中应用任何对象的许可权才行。系统默认数据库拥有者 DBO 有创建视图的许可证。

在创建视图时应注意如下一些准则：

(1)只能在当前的数据库中创建视图，尽管被引用的表或视图可以存在于其他的数据库内，甚至其他的数据库服务器内。

(2)视图的命名必须符合 SQL Server 中标识符的定义规则。对于每个用户所定义的视图必须名称唯一，而且不能与该用户的某个表同名。

(3)不能将规则、默认值定义与视图相关联。

(4)定义视图的查询语句中不能包括 COMPUTE、COMPUTE BY、ORDER BY 子句或 INTO 等关键词。

(5)在视图中不能定义全文索引，但可以定义索引。

(6)不能创建临时视图，而且也不能再临时表上创建视图。

(7)在默认状态下，视图中的列继承其在基本表中的名称。对于以下情况，在创建视图时需要明确表明每一列的名称。

①视图中的某些列来自于表达式、函数或常量；

②视图中两个或多个列在不同表中具有相同的名称；

③希望在视图中的列使用不同于基本表中的列名。

使用SQL语句中的CREATE VIEW语句可以创建视图，其基本语法格式如下：

```
CREATE VIEW view_name[(column1,column2,…)]
AS select_statement
[WITH CHECK OPTION]
```

其中，各参数的含义说明如下：

view_name：要创建的视图名称。

column1，column2，…：视图中的列名，当图中的列是由表达式、函数或常量等产生时，或SELECT子句所返回的结果集中有具有相同列名时，必须在创建视图时指出列名。这部分可以省略，如果省略该参数，则视图的名称和SELECT字句中的列同名。

select_statement：构成视图的文本主体，是定义视图的SELECT语句。它可以是任意复杂的SELECT语句，只要不违反创建视图的限制规则即可。

WITH CHECK OPTION：这部分是可选的，表示对视图进行UPDATE、INSERT和DELETE操作时要保证修改、插入或删除的行满足视图定义中的条件表达式。

例2.35 基于readerbook数据库中的book表建立机械工业出版社的视图mview，用来显示该社的图书信息。语句如下：

```
CREATE VIEW mview
AS
SELECT bno,bname,bauthor,bpublisher,bprice,bpubdate
FROM book
WHERE bpublisher='机械工业出版社'
```

在查询窗口中执行该语句，只能看到"命令完成成功"的消息，这时说明视图已创建完成。视图创建完成后，就可以像使用基本表一样使用视图查询数据了。如果想通过视图查询数据，可以在查询窗口输入如下语句：

```
SELECT *
FROM mview
```

注意：该查询语句的FROM后面指定的是视图名，而不是基本表。实际上，DBMS执行CREATE VIEW语句的结果只把对视图的定义存入数据字典中，并不执行SELECT语句。只是在对视图查询时，才按视图的定义从基本表中将数据查出。

2. 修改视图

当视图创建之后，可以使用 ALTER VIEW 语句修改视图的定义，其基本语法格式如下：

```
ALTER VIEW view_name [(column1,column2,…)]
AS select_statement
[WITH CHECK OPTION]
```

其结构与 CREATE VIEW 语句相同，其中 view_name 表示待修改的视图名称。其他参数同创建视图的语法。

例 2.36 修改例 2.30 创建的视图，增加 SELECT 子句中关于图书价格的条件。

```
ALTER VIEW mview
AS
SELECT bno,bname,bauther,bpublisher,bprice,bpubdate
FROM book
WHERE bpublisher='机械工业出版社'AND bprice>40
```

3. 删除视图

在创建视图后，如果不再需要视图，可以将其删除。视图删除后，基本表和视图所基于的数据并不会受到影响，其基本语法格式如下：

```
DROP VIEW view_name
```

其中，view_name 是指要删除的视图的名称。

4. 视图的作用

(1)视图能简化用户操作。

视图机制使用户可以将注意力集中在所关心的数据上。如果这些数据不是直接来自基本表，则可以通过定义视图，使数据库看起来结构简单、清晰，并且可以简化用户的数据查询操作。例如，那些定义了若干张表连接的视图，就将表与表之间的连接操作对用户隐藏起来了。换句话说，用户所做的只是对一个虚表的简单查询，而这个虚表是怎样得来的，用户不必了解。

(2)视图使用户能以多种角度看待同一数据。

视图机制能使不同的用户以不同的方式看待同一数据，当许多不同种类的用户共享同一个数据库时，这种灵活性是必要的。

(3)视图对重构数据库提供了一定程度的逻辑独立性。

数据的物理独立性是指用户的应用程序不依赖于数据库的物理结构。数据的逻辑独立性是指当数据库重构造时，如增加新的关系或对原有的关系增加新的字段，用户的应用程序不会受影响。层次数据库和网状数据库一般能较好地支持数据的物理独立性，而对于逻辑独立性则不能完全支持。在许多数据库中，数据库的重构造往往是不可避免的。重构数据库最常见的是将一个基本表"垂直"地分成多个基本表。

例如：将学生关系 Student(Sno，Sname，Ssex，Sage，Sdept)，分为 SX(Sno，Sname，Sage)和 SY(Sno，Ssex，Sdept)两个关系。这时原表 Student 为 SX 表和 SY 表自然连接的结果。如果建立一个视图 Student：

```
CREATE VIEW Student(Sno,Sname,Ssex,Sage,Sdept)AS
SELECT SX.Sno,SX.Sname,SY.Ssex,SX.Sage,SY.Sdept
FROM SX,SY
WHERE SX.Sno=SY.Sno;
```

这样，尽管数据库的逻辑结构改变了(变为 SX 和 SY 两个表)，但应用程序不必修改，因为新建立的视图定义为用户原来的关系，使用户的外模式保持不变，用户的应用程序通过视图仍然能够查找数据。当然，视图只能在一定程度上提供数据的逻辑独立，比如由于视图的更新是有条件的，因此应用程序中修改数据的语句可能仍会因为基本表构造的改变而改变。

(4)视图能够对机密数据提供安全保护。

有了视图机制，就可以在设计数据库应用系统时，对不同的用户定义不同的视图，使机密数据不出现在不应该看到这些数据的用户视图上。这样视图机制就自动提供了对机密数据的安全保护功能。例如，Student 表涉及全校 15 个院系学生数据，可以在其上定义 15 个视图，每个视图只包含一个院系的学生数据，并只允许每个院系的主任查询和修改本原系学生视图。

(5)适当的利用视图可以更清晰地表达查询。

例如，经常需要执行这样的查询"对每个学生找出他获得最高成绩的课程号"。可以先定义一个视图，求出每个同学获得的最高成绩：

```
CREATE VIEW VMGRADE
AS
SELECT Sno,MAX(Grade)Mgrade
FROM SC
GROUP BY Sno;
```

然后用如下的查询语句完成查询：

```
SELECT SC.Sno,
Cno FROM SC,
VMGRADE WHERE SC.Sno=VMGRADE.Sno AND SC.Grade=VMGRADE.Mgrade;
```

2.6　轨道交通行车数据库表的建立及应用

一个完整、精确的行车表查询系统包含：全线到发晚点查询、按区间查询晚点时分、按车站查询晚点时分、单个车次查询、按车站停站时间查询、按单个乘务组号查询、查询全部乘务组号。利用查询的数据，可以分析列车运行情况、行车组织情况、客流组织情况、司机操作情况等，并通过这些情况来实现对车站、司机的考核以及调整和安排合理的计划时刻表、运行图等。

2.6.1　轨道交通行车表包含的内容及功能

(1)全线到发晚点查询——包含车次、计划到发时分、实际到发时分、偏差时间，主要统计每趟列车起点站的发车晚点情况和到达终点站时的晚点情况。

(2)按区间查询晚点时分——包含车次、乘务组号、运行区间、计划运行时分、实际运行时分、偏差时间。利用该数据查询每个区间的列车运行情况。可以根据区间的晚点情况来调整各区间计划的运行时分(如多次列车都在同一个区间的运行时分超出计划时分，则在编辑运行图时应考虑增加该区间的运行时分)。同时，可以考察个别区间在信号、轨道等方面是否存在问题，由维修部门对问题进行跟进。

(3)按车站查询晚点时分——包含车次、乘务组号、车站、计划停站时分、实际停站时分、偏差时间。利用以上数据可查询列车在各车站的实际到发与计划的偏差情况。可以根据数据分析来调整车站的计划停站时分。如多次列车在同一车站多次发生出发晚点，可考虑将此站的计划停站时分增加，保证有充足的时间供乘客上下列车。同时，也可分析车站在站台的客流组织方面是否存在不足，以便加以改善，保证列车正点出发。

(4)单个车次查询——查询同一个车次在每个车站的计划和实际的发车、到达时间，计划和实际的停站、运行时间以及偏差情况。利用该数据可以查询不同的司机的操作情况(如结合司机的乘务组号就可以知道每位司机的操作技术水平)。对经常发生晚点的司机要进行业务加强培训。

(5)按单个乘务组号查询——包含乘务组号、计划和实际运行时间总和、在各车站区间列车通过次数、总偏差平均偏差及运行公里数。该数据反映每个乘务组号的情况及里程统计。利用该数据在考核司机运作情况的同时也为该司机的工时统计提供有利的依据。

(6)查询全部乘务组号——包含乘务组号、所有计划和实际运行停站时间总和、最大偏差的区域、车站和车次。

根据以上需求，首先必须取得每天的运营数据(它应包含计划与实际的运营数据)。广州地铁 1 号线 ATC 系统全套引进德国西门子公司设备，于 1999 年 6 月 28 日开通运行，但 ATS 子系统的数据库应用方面设计不够完善，表查询只有列报、站报、组报，功能不够强大，为 48 h 的查询，不是当天运行的数据，不利于观看、查询结果。为了加强完善表的查询功能，广州地铁集团有限公司在其数据库的基础上开发了一套符合运营要求的表查询系统，包括车次号、目的地代码、列车服务号、车站、始发站、方向、计划达到时间、实际达到时间、计划发车时间、实际发车时间、时刻偏差、务组号、交路号、折返及出入库等信息。因此，可以利用计算机查询语言实现以上查询功能。实现所有查询功能的数据库结构如图 2.7 所示。首先通过传输网络从 ATS(自动列车监控)工作站的 ADM(管理器)服务器及 TTE(时刻表编辑器)上读取源数据，然后通过转换模块生成主数据库，最后通过 SQL 查询语言完成查询。

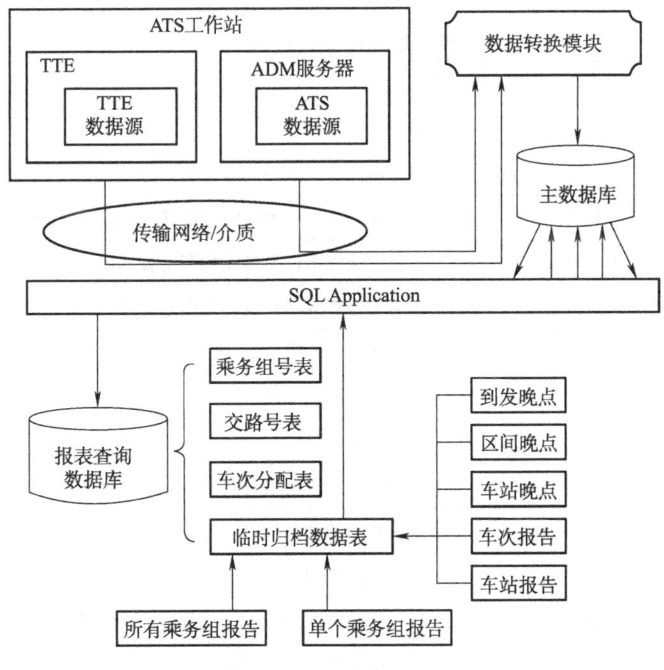

图 2.7 广州地铁数据库结构

2.6.2 轨道交通运营故障监视数据库

该数据库是用来协助轨道交通运营者记录、监视及跟踪列车在试运营期间所发生的运营性或技术性故障，并回馈给适当的部门或供应商来解决，让车辆系统的技术性问题或设计上的缺陷得到充分的解决或改进，从而确保列车日后的顺利与安全运作。

数据库可分为故障事件输入模块、报告打印模块、报告预览模块、数据库修改模块(数据库管理员使用)等 4 个主要功能模块。

故障事件输入模块。为了准确记录列车在试运营期间所发生的运营性或技术性故障，需要对表 2.10 的各项目进行记录，因此，数据库的数据输入模块应能够记录表 2.10 中所有的项目。

报告打印及报告预览模块的设计。为了方便用户对已记录的故障信息进行查找及分析。用户可以通过打印及报告预览模块对记录进行索引查询，如根据故障归类或车辆号码等多种信息查询。

数据库修改模块。在数据库实际使用过程中，用户的需要可能会发生一些变化，需要对输入及预览的结构进行调整。数据库管理员可以对数据库的输入模块和预览模块进行修改。

表 2.10 数据库信息录入模块记录

编号	输入项目	注　解
1	参考编号	事故的参考编号
2	负责人	负责解决有关故障的最适当人选
3	状态	用以显示问题的解决或完成状态，即“已完成”或“未完成”
4	延误时间	因这个故障事件而延误列车行驶的时间
5	时间延误备注	用来记录事故所造成的延误时间，可自由设定
6	问题系统	发生故障的系统
7	问题类别	故障的分类与区别
8	日期	故障发生的日期
9	事故时间	故障发生的时间或时段
10	车辆号码	涉及故障的列车号码
11	事故地点	事故发生的地点
12	问题描述	描述问题的产生过程，结果以及其他观察到的情况
13	备注	用来记录其他有关资料或评语
14	故障分类	归类故障系统，例如，轨道、车辆、信号等
15	是否需技术人员介入	显示问题是否需要技术人员介入才能得到解决
16	是否遥控紧急制动还原	显示紧急制动是否能以遥控来得以还原
17	是否启动列车紧急制动	显示紧急制动是否被启动

2.7　计算机网络

2.7.1　计算机网络的概念与分类

计算机网络是用通信介质把分布在不同地理位置的计算机和其他网络设备连接起来，实现信息互通和资源共享的系统。数据传输的物理通道称为网络介质，有同轴电缆、双绞线、光纤、微波、卫星信道等，如图 2.8 所示。

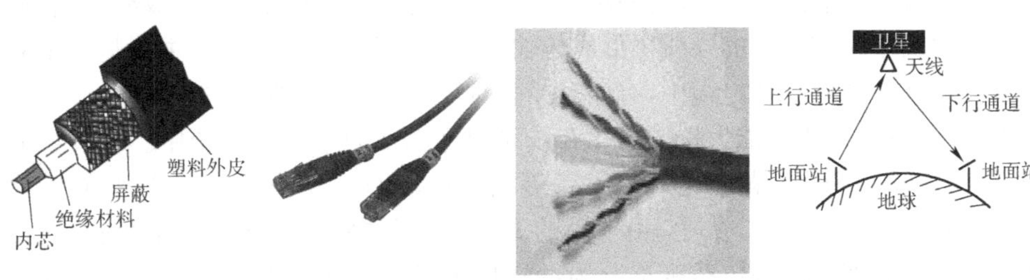

图 2.8　网络介质

常用网络术语有协议、节点、链路、拓扑结构等。协议是网络设备间进行通信的一组约定。如 TCP/IP，IEEE802.3，802.4，FDDI，ATM 等。网络协议具体规定了设备间通信的电气性能、数据组织方式等。节点是网络中某分支的端点或网络中若干条分支的公共汇交点。链路是指两个相邻节点之间的通信线路。网络拓扑结构是指网络的链路和节点在地理上所形成的几何构形。计算机网络从功能上可分为两部分：资源子网和通信子网。

2.7.2　计算机网络的组成

1. 计算机网络的软件系统

计算机网络的软件系统主要包括操作系统、应用软件、网络管理软件、协议软件（TCP/IP，NETBEUI，IPX/SPX 等）。其中，操作系统提供系统操作基本环境、资源管理、信息管理、设备驱动和设备设置软件，服务器端还具有网络用户管理、网络运行状况统计、网络安全性建立、网络信息通信等管理功能。网络管理软件对网络运行状态信息进行统计、报告、监控；设置网络设备状态、模式、配置、功能等指标。

2. 计算机网络的硬件系统

计算机网络的硬件是由传输介质（连接线缆、连接端子等）、接入端口设备（网卡、调制解调器、中继器、收发器和各类接口卡等）、网络设备（集线器、交换机、路由器、网桥等)、安全设备(防火墙、保密系统等)和资源设备(服务器、工作站、外部设备等)构成。

(1)传输介质

传输介质提供连接网络设备,提供数据传输的线路,主要包括非屏蔽双绞线(UTP,Unshielded Twisted Pair)、屏蔽双绞线(STP,Shielded Twisted Pair)、光缆、电话线、细同轴电缆(简称细缆)、粗同轴电缆(简称粗缆)、无线通信等。

目前,在用户端和局域网环境中双绞线使用得非常广泛,因为双绞线具有低成本、使用方便等优点。双绞线有两种基本类型:屏蔽双绞线和非屏蔽双绞线,它们都由多对两根绞在一起的导线来形成传输电路,每对导线绞在一起主要是为了防止干扰。在一条双绞线电缆中,有四对或多对双绞线。目前常用的是四对八芯的。还有更多对的,用于智能大楼结构化布线系统中的垂直布线子系统中。双绞线通过RJ45接头(俗称水晶头)与网络设备等相连接。RJ45头有八个铜片,将双绞线的四对八芯线插入RJ45头中,用专用的RJ45压线器将铜片压入线中,使之连接牢固。双绞线四对的颜色按标准分为:绿白/绿、橙白/橙、蓝白/蓝、棕白/棕(棕白为白色和棕色相间,其他类似)。四对八芯线与RJ45头连接的方法:按照EIA/TIA568A或568B标准,同一根双绞线两端分别按这两个标准做RJ45头,这根双绞线就是信号交叉连接线;两端用同一个标准做RJ45头,则是信号直通连接线。

(2)接入端口设备

接入端口设备主要指网卡、Modem(调制解调器)、桥接器。网卡:网络主机发送和接收数据的接口卡。Modem:拨号上网用的连接计算机和电话线路的设备。网卡是最常用的接入端口设备。网卡插在每台工作站和服务器主机板的扩展槽里。工作站通过网卡向服务器发出请求,当服务器向工作站传送数据时,工作站也通过网卡完成有关操作。

(3)网络设备

网络设备主要包括集线器(Hub)、交换机(Switch)、路由器(Router)。集线器可以说是一种共享设备,是计算机在网络中常用的直接互联设备。交换机在计算机之间提供专用的交换式通信信道,使单台计算机占有更大带宽,不受其他设备影响。

①集线器

集线器可分为独立式、堆叠式;常见有8端口、16端口、24端口等多种规格:传输速率主要分为:10 Mbit/s,100 Mbit/s和1 000 Mbit/s等。

独立式(Stand alone)集线器主要是为了克服总线结构的网络布线困难和易出故障的问题而引入,一般不带管理功能,没有容错能力,不能支持多个网段,不能同时支持多协议。这类集线器适用于小型网络,一般支持8～24个节点,可以利用串接方式连接多个集线器来扩充端口。

堆叠式(Stackable)集线器叠加连接,各集线器用高速链路连接起来,一般可以堆叠4～8个,适用于网络节点密集的工作组网络和大楼水平子系统的布线。

②交换机

交换机采用模块化结构,由机柜、电源、面板、插卡和管理模块等组成。支持多种局域网标准和多种类型的连接,根据需要可以插入各类局域网模块,另外还有网管模块、路由模块等。它与Hub不同之处在于每个端口都可以获得同样的带宽。如100 Mbit/s交换机,每个端口都可以获得100 Mbit/s的带宽,而100 Mbit/s的Hub则是多个端口共享100 Mbit/s带宽。很多交换机还有若干个比一般端口更高速的端口,用于连接高速主干网或直接连到高性能服务器上,这样可以有效地克服网络瓶颈。

③路由器

路由器是实现在网络层的一种网络互联设备。它能实现很多复杂的功能,如路由选择、多路重发以及错误检测等。路由器是网络之间进行互联的关键设备。通常的路由器都具有负载平衡、阻止广播风暴、控制网络流量以及提高系统容错能力等功能。一般来说,路由器可支持多种协议,提供多种不同的接口,从而使不同厂家、不同规格的网络产品之间,以及不同协议的网络之间可以进行非常有效的网络互联。

(4)安全设备

安全设备包括防火墙、入侵检测系统、认证系统、加密解密系统、防病毒工具、漏洞扫描系统、审计系统、访问控制系统等。

(5)资源设备

资源设备包括连在网络上的所有存储数据、提供信息、使用数据和输入输出数据的设备。常用的有服务器、工作站、数据存储设备、网络打印设备等。

服务器是指提供信息服务的高档计算机系统。按服务器所提供的功能不同又分:文件服务器(File Server)、域名服务器(Domain Server)和应用服务器(Application Server)。文件服务器通常提供文件和打印服务;应用服务器包括数据库服务器、电子邮件服务器、专用服务器等。根据硬件配置不同,服务器又可分为工作组服务器和部门级服务器。

工作站(Work Station)是连接到网络上的计算机。这些计算机是网络中的节点,称为网络工作站,简称为工作站。工作站仅仅为它们的操作者服务,而服务器则为网络上的其他服务器和工作站共同服务。

2.7.3 计算机网络的拓扑结构分类

1. 总线结构

采用总线结构(Bus Topology)的计算机网络中,所有的主机都通过相应的硬件接口连接在一根中心传输线(如同轴电缆或光缆)上,这根中心传输线被称为总线(Bus)。

2. 环结构

采用环结构(Ring Topology)的计算机网络中,所有的主机都通过相应的硬件接口连接到一个封闭的环上,因此每台主机同时与另外两台主机相邻,后两者分别位于它的两侧,环中的数据沿单一方向传输。

3. 星结构

在星结构(Star Topology)的计算机网络中,所有的主机均通过独立的线路连接到一个中心的交汇点(一般称为 Hub 集线器)上,中心节点外的任何两台主机之间没有直接连通的线路,星结构可以扩展为树结构,即该交汇点以下的节点可以作为下一级交汇点。如图 2.9 所示。

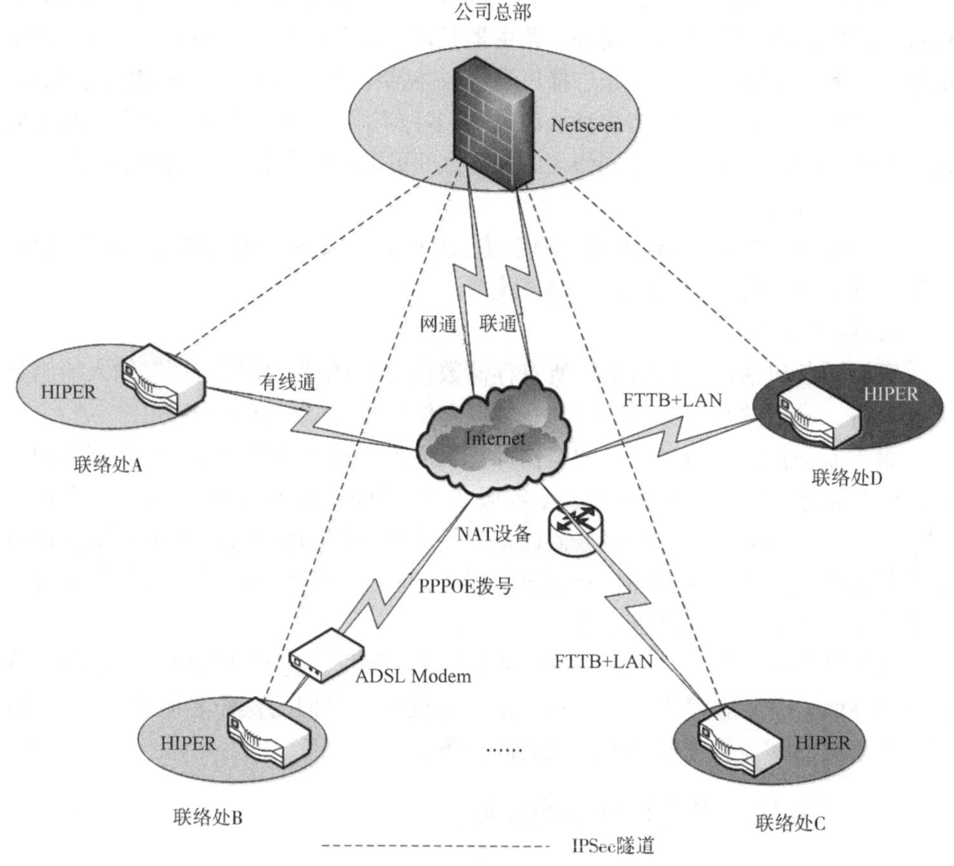

图 2.9 星形网络拓扑结构

4. 树结构

在树结构(Tree Topology)的计算机网络中,主机按级分层连接,它对处于越高层节点的可靠性要求越高。如果总线结构网络通过多层集线器连接主机,就形成了物理上的树形拓扑结构。

5. 网状结构

采用网状结构(Net Topology)的计算机网络中,任一个节点至少有两条线路与其他节点相连。

2.7.4　计算机网络分类

按照网络节点分布将计算机网络可分为局域网、广域网和城域网。

1. 局域网

局域网(LAN)是在一个局部的地理范围内(如一个学校、工厂和机关内),一般是方圆几千米以内,将各种计算机,外部设备和数据库等互相连接起来组成的计算机通信网。它可以通过数据通信网或专用数据电路,与远方的局域网、数据库或处理中心相连接,构成一个较大范围的信息处理系统。局域网可以实现文件管理、应用软件共享、打印机共享、扫描仪共享、工作组内的日程安排、电子邮件和传真通信服务等功能。局域网严格意义上是封闭型的。它可以由办公室内几台甚至上千上万台计算机组成。决定局域网的主要技术要素为:网络拓扑,传输介质与介质访问控制方法。局域网由网络硬件(包括网络服务器、网络工作站、网络打印机、网卡、网络互联设备等)和网络传输介质,以及网络软件所组成。传输距离 0.1～10 km,传送速率在 1～10 Mbit/s。

2. 广域网

广域网(WAN)也称远程网(Long Haul Network)。通常跨接很大的物理范围,所覆盖的范围从几十公里到几千公里,它能连接多个城市或国家,或横跨几个洲并能提供远距离通信,形成国际性的远程网络。覆盖的范围比局域网(LAN)和城域网(MAN)都要广。广域网的通信子网主要使用分组交换技术。广域网的通信子网可以利用公用分组交换网、卫星通信网和无线分组交换网,它将分布在不同地区的局域网或计算机系统互连起来,达到资源共享的目的。如因特网(Internet)是世界范围内最大的广域网。

广域网是由许多交换机组成的,交换机之间采用点到点线路连接,几乎所有的点到点通信方式都可以用来建立广域网,包括租用线路、光纤、微波、卫星信道。而广域网交换机实际上就是一台计算机,有处理器和输入/输出设备进行数据包的收发处理。数据传输速率一般在 1.2 kbit/s～1.554 Mbit/s,传输距离可遍及全球。

3. 城域网

城域网(MAN)是在一个城市范围内所建立的计算机通信网,属宽带局域网。

由于采用具有有源交换元件的局域网技术，网中传输时延较小，它的传输媒介主要采用光缆，传输速率在 100 Mbit/s 以上。

MAN 的一个重要用途是用作骨干网，通过它将位于同一城市内不同地点的主机、数据库，以及 LAN 等互相连接起来，这与 WAN 的作用有相似之处，但两者在实现方法与性能上有很大差别。基于一种大型的 LAN，通常使用与 LAN 相似的技术。MAN 单独列出的一个主要原因是已经有了一个标准：分布式队列双总线 DQDB(Distributed Queue Dual Bus)，即 IEEE802.6。DQDB 是由双总线构成，所有的计算机都连接在上面。

Internet(因特网)是国际最大的互联网。Internet 已形成覆盖全球的网络，成为远程网的代名词。中国的 CHINANET、CERNET 等都是该网的一部分。因特网是一组全球信息资源的总汇。简言之，认为 Internet 是由于许多小的网络(子网)互联而成的一个逻辑网，每个子网中连接着若干台计算机(主机)。Internet 以相互交流信息资源为目的，基于一些共同的协议，并通过许多路由器和公共互联网而成，它是一个信息资源和资源共享的集合。

综合业务数字网(ISDN)是一种能在一个网络内传送多种业务信息的网络，包括数据、图像、语音、文字等，能够满足一个单位日常业务中网络应用的需要。

2.7.5 Internet 技术

网际互联即通过主干网络把不同标准、不同结构甚至不同协议类型的局域网在一定的网络协议的支持下联系起来，从而实现更大范围的信息资源共享。ISO(国际标准化组织)提出了网络互联协议的基本框架，称为开放系统互联(OSI)参考模型。该模型把网络功能分为七个层次：物理层、数据链路层、网络层、传输层、会话层、表示层和应用层，如图 2.10 所示。

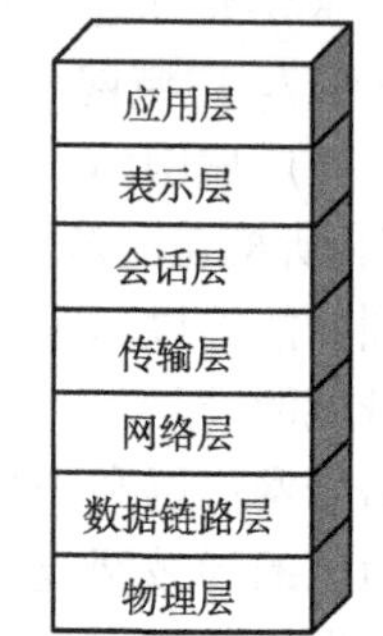

图 2.10 开放系统互联参考模型

(Open System Interconnection，开放系统互联)七层网络模型称为开放式系统互联参考模型。每一层都有相关、相对应的物理设备，比如路由器，交换机。

应用层是与其他计算机进行通信的一个应用，它是对应应用程序的通信服务的。例如，一个没有通信功能的字处理程序就不能执行通信的代码，从事字处理工作的程序员也不关心 OSI 的第 7 层。但是，如果添加了一个传输文件的选项，那么字处理器的程序员就需要实现 OSI 的第 7 层。如 TELNET，HTTP，FTP，NFS，SMTP 等。

表示层的主要功能是定义数据格式及加密。例如，FTP 允许以二进制或 ASCII 格式传输。如果选择二进制，那么发送方和接收方不改变文件的内容。如果选择

ASCII格式，发送方将把文本从发送方的字符集转换成标准的ASCII后发送数据。在接收方将标准的ASCII转换成接收方计算机的字符集。如加密ASCII等。

会话层定义了如何开始、控制和结束一个会话，包括对多个双向消息的控制和管理，以便在只完成连续消息的一部分时可以通知应用，从而使表示层看到的数据是连续的，在某些情况下，如果表示层收到了所有的数据，则用数据代表表示层。如RPC，SQL等。

传输层的功能包括是否选择差错恢复协议还是无差错恢复协议，及在同一主机上对不同应用的数据流的输入进行复用，还包括对收到的顺序不对的数据包的重新排序功能。如TCP，UDP，SPX。

网络层对端到端的包传输进行定义，它定义了能够标识所有节点的逻辑地址，还定义了路由实现的方式和学习的方式。为了适应最大传输单元长度小于包长度的传输介质，网络层还定义了如何将一个包分解成更小的包的分段方法。示例：IP，IPX等。

数据链路层定义了在单个链路上如何传输数据。这些协议与被讨论的各种介质有关。如ATM，FDDI等。

OSI的物理层规范是有关传输介质的特性标准，这些规范通常也参考了其他组织制定的标准。连接头、帧、帧的使用、电流、编码及光调制等都属于各种物理层规范中的内容。物理层常用多个规范完成对所有细节的定义。如RJ45，802.3等。

七层模型的主要目的是为解决异种网络互联时所遇到的兼容性问题，其最主要的功能是帮助不同类型的主机实现数据传输。它的最大优点是将服务、接口和协议这三个概念明确地区分开来，通过七个层次化的结构模型使不同的系统、不同的网络之间实现可靠通信。

复习思考题

1. 数据库系统的组成以及主要的数据库系统有哪些？
2. 简要阐述数据库系统的特点。
3. 数据模型的基本定义、基本要求及两个层次分别是什么？
4. 简要阐述关系数据库三种基础范式的要求。
5. 向导式数据库的创建有哪几个主要步骤？
6. 简述结构化查询语言的优点。
7. 一个完整、精确的行车报表查询系统应该包含哪些内容？
8. 简述计算机网络的概念与分类。

第3章 轨道交通信息系统

轨道交通建设的高速发展和相继投入运营，产生了大量的运营数据、维保数据、调度日志故障等。将历年运营积累的海量数据聚集起来，以形成对生产实践具有指导意义的数据库信息系统，切实提高轨道交通的运营安全和社会形象。通过轨道交通信息化平台建设，可以打破轨道交通运营各业务部门的数据壁垒，形成共享数据库信息系统，对各平台输入的数据进行整合和处理，能够打破信息孤岛，使各系统既相对独立又能相通互联，实现数据信息智能化流转。以信息化为手段，为城市轨道交通运营管理提供有力支撑，提高工作效率，保障地铁运营安全。

3.1 轨道交通信息系统现状及发展

3.1.1 国外轨道交通信息技术发展概述

世界范围内，许多国家有着多年运营城市轨道交通的经验，在完善和发展城市轨道交通信息系统的实践中形成了一套完整的理念。

(1)城市轨道交通的信息通信应该具有极高的可靠性，从而能保证每天运送数百万人次的城市轨道交通网线可以安全可靠地运行。在此理念下，国外在城市轨道交通中都尝试引入最新的系统和技术，特别是在扩大通信系统的通信容量以及保障信息能快速、准确地被传输及处理方面花费了较大精力。目前许多发达国家都形成了集通信、控制、指挥和信息反馈为一体的综合性、高度智能化的城市轨道信息系统。该系统通过大型计算机和内联网技术，形成了为城市轨道交通提供包括运营、管理和服务在内的综合性服务，并且通过对数据、视频信号和B-ISDN等多种通信网的集成，实现对城市轨道交通的综合性监控和管理。此外，在城市轨道交通的运营过程中，许多国家在采用先进计算机技术的同时还通过无线通信、卫星系统、光纤网络等多种手段保证通信的实时可靠，大大提升了信息的可靠性和轨道交通运行的安全性。

(2)采用多类别的通信技术。多类别的通信技术不但可以通过信息的统一指向来明确处理方向，同时也可以保证在某一种手段失灵的情况下城市轨道交通的正常运营不受影响。目前国外常使用的通信技术手段主要有：

①语音传输技术。该技术保证最及时的人与人之间的信息交流和信息的语言

准确度。

②信号通信技术。该技术保证城市轨道交通系统逻辑的完整性以及对于不易发现情况的及时反馈。

③图像通信技术。该技术可以真实客观反馈信息的实时物理状态，以弥补语音和信号的不足。

④调度控制技术。该技术连接控制中心及各个站点之间的整体任务处理，以保障各种信息得到正确的反馈。

⑤强制性的设备维护和管理条例。世界各国对于城市轨道交通通信设备根据各自不同的国情和城市所在地区的人文、地质状况制定了严格的检查、维护维修管理条例，使得通信设备能够长期正常地发挥效用。

3.1.2　中国轨道交通信息技术发展概述

国家走新型工业化发展之路，要求加快推进轨道交通信息化。世界各国工业化并无统一模式。中国轨道交通应以工业化为载体，信息化为手段，用信息技术武装、改造和提升传统工业，走信息化与轨道交通融合发展的新型道路，这也是释放各种发展活力、充分利用各种发展机遇的必然选择。搞好运营管理要求加快推进轨道交通信息化。轨道交通运营管理涵盖运输组织、市场营销、经营管理等各个领域。建设完善的客票发售、营销及生产管理等信息系统，有利于优化运输组织、提高运输效率、扩大运输能力。同时满足旅客日益个性化、多样化的服务需求、提供更加方便、快捷、舒适的运输服务，都具有十分重要的意义。

3.1.3　中国轨道交通信息系统发展趋势

中国正处在高速城市化的进程中，低碳、节能环保以及创新是目前经济发展的主要形式，城市轨道交通也应在这个趋势中得到更快的发展。目前，由于各地的实际情况不同，对于城市轨道交通信息系统的要求也不尽如一，但是总体的发展趋势上应该还是具有相当多的共同之处。

(1)安全性将成为首要评估标准。更多利用RAMS(可靠、可用、可维修、安全)标准对轨道交通通信网络进行评估和管理。根据RAMS标准对整个轨道交通通信系统及其子系统进行设计、建设和管理。将各系统中的故障降到最低，满足整个通信系统的安全可靠性。

(2)数字集群通信系统(TETRA)将更广泛地被使用。这种技术经过长期的发展和实践，在指挥调度、通信管理方面有着比较明显的优势，而且其技术已经非常成熟，应该成为中国城市轨道交通通信中的主流技术。该技术与全PI网络、政府应急网络以及控制器和车载核心设备之间的联通，可以在提供更加高效、准确通信服务的同时，节省建设成本。目前我国采用的 TETRA 系统大部分都是从国外引进的，为了支持我国各地地铁项目的快速发展，在引进消化基础上，我国应该加强对 TETRA 系统自主知识产权的研发，在数字集群控制器、基站、交换机和车载台等核心部件的研发和生产上取得突破，尽早打破国外企业在数字集群通信系统的垄断局面。

(3)传输系统是轨道交通通信系统的骨干网，既要考虑通信发展的方向，又要考虑轨道交通的安全，还要考虑轨道交通通信业务的多样性、复杂性而对通信系统业务接口的要求，因此传输系统选用 IPover SHD 和综合业务接入相结合也是未来地铁通信系统发展的趋势。

(4)提供更多地人性化服务。城市轨道交通系统所提供的是最基础的城市公共产品，要满足绝大多数城市居民出行的需求，也是轨道交通通信系统未来发展和优化的重要空间。在目前，许多城市的轨道交通已经增设了 WIFI 网络的覆盖、移动安全监控、乘客身份识别追踪系统等既能提高乘客乘坐体验，又能增添轨道交通运行可靠性的人性化服务。在今后的发展中，随着技术的进步，通过对视频、图像、时钟和广播系统的优化等技术的广泛利用，一定能为乘客提供更多地可选择性服务，提高乘客体验，综合提高城市轨道交通的服务质量。

3.1.4 轨道交通信息系统市场现状

随着现代化城市的发展，道路交通情况已由原来的车辆种类单一、通行流量小、周期性固定的简单特性逐渐转向车辆种类多、通行流量大、周期性不固定的复杂特性变化，随之而来的是城市人口在道路交通上耗费的时间逐年增加，城市路面交通压力持续加大，因此各地政府重点发展立体交通模式，向地下要空间，积极投身于轨道交通建设，城市轨道交通信息化系统的市场规模也随之扩张。

2008 年中国城市轨道交通信息化系统市场规模仅为 31 亿元，增长率为 12.73%；到 2010 年，我国城市轨道交通信息化系统市场规模已达 45 亿元；到 2012 年，市场规模已达 65 亿元，增长率为 23.01%；2013 年我国轨道交通信息化系统市场规模已达 81 亿元，2015 年市场规模约为 124 亿元，2017 年市场规模约达 205 亿元。

目前国务院对城市轨道交通审批权已经下放，正在建设或者规划轨道交通的城市数量已经达到了 39 个，2020 年将有超过 50 个城市兴建轨道交通设施。中商产业研究院研究分析，“十三五”期间国内城市轨道交通投资总规模将接近 2.2 万亿人民币，年均复合增长率将达到 13%，受其带动，轨道交通信息化也将维持旺盛需求，预计年均增长率超过 21%，2020 年市场规模将达到 326.04 亿元。

3.2　轨道交通信息系统分类

轨道交通企业的日常运营中产生大量数据，对这些数据进行精细处理，形成可共享的信息系统，可更好的为运营生产提供决策支持。

一个完整的轨道交通信息系统由多类系统组成，包括轨道交通乘客信息系统、轨道交通综合维护管理系统、轨道交通运营信息管理系统、轨道交通站点信息系统、城市轨道交通车站日常管理信息系统、轨道交通线网安全保护区管理信息系统等，如图3.1所示。

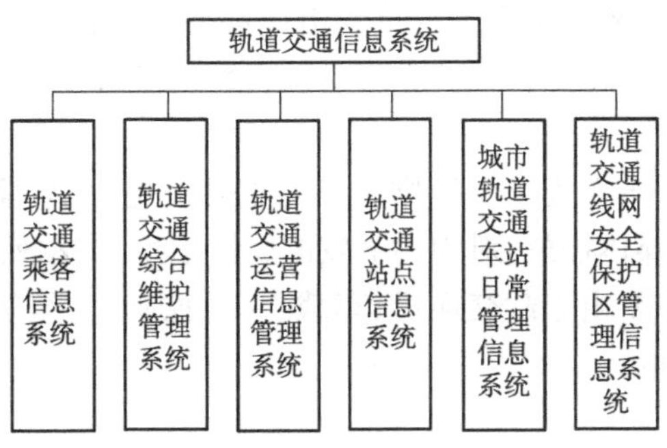

图3.1　轨道交通信息系统分类

轨道交通信息系统的六个子分类中，以乘客信息系统和站点信息系统为关键信息系统。具体内容阐述如下。

3.2.1　轨道交通乘客信息系统

乘客信息系统(PIS)是依托多媒体网络技术，以计算机系统为核心，通过设置在站厅、站台、列车客室的显示终端，让乘客及时准确地了解列车运营信息和公共媒体信息的多媒体综合信息系统；是地铁系统实现以人为本、提高服务质量、加快各种信息(如：乘客行车、安防反恐、运营紧急救灾、地铁公益广告、天气预报、新闻、交通信息等)公告传递的重要设施，是提高地铁运营管理水平，扩大地铁对旅客服务范围的有效工具。该系统是运营信息、公共媒体信息发布兼顾的系统，在正常情况下，两者共同协调使用，在紧急情况下运营信息优先使用。

PIS由信息中心子系统、车站子系统、车辆段/停车场子系统、车载子系统以及实现各子系统间信息传送的网络子系统构成。

(1)信息中心子系统

信息中心子系统是PIS的中心部分，主要实现系统的编辑、播放、管理及控制等功能,由中心服务器、接口服务器、以太网交换机、防火墙、媒体编辑工作站、发布管理工作站、系统管理工作站、节目监播工作站、节目审核工作站、磁盘阵列等组成。该子系统的所有配置均应满足高清标准要求。

(2)车站子系统

车站子系统是 PIS 的现场部分,主要根据中心的要求进行编播信息的现场播放、管理及控制等,满足车站内旅客对信息的需求。系统主要由以太网交换机、车站服务器、LCD 播放控制器、音视频传输设备、LCD 显示屏等设备组成。该系统在车站面向乘客设置的显示终端分两类:站厅显示终端、站台显示终端。

(3)车辆段/停车场子系统

车辆段/停车场子系统是 PIS 的重要组成部分,实现车辆在库期间,待播信息向车载子系统的高效传送。该系统主要由以太网交换机、服务器等设备组成。

(4)车载子系统

车载子系统是 PIS 在列车上提供服务的重要设施,主要实现车—地信息统一发布管理,通过车载媒体播放,对中心下发的媒体信息,在本列车的所有 LCD 显示屏上播放。该系统主要由车载交换机、车载 LCD 控制器、编解码器、分配器、显示屏、电源适配器等组成。

(5)网络子系统

网络子系统主要提供 PIS 信息的网络承载通道,主要包括有线网络和车载网络两个部分。

3.2.2 轨道交通站点信息系统

站点信息系统(SC)作为站点终端设备和线路信息控制设备的中间层,负责采集和统计原始运营数据,并向站点设备传达票务等信息,是整个轨道交通自动售检票系统的重要层次之一。该系统设置在各个车站现场,管理本车站的票务运营业务,监控终端设备运行状态,同时保持与上位服务器及本站各种终端设备的数据交换与网络通信。

SC 系统的主要功能有:日计数据收集、日计数据核对、日计数据上传、票务管理、运行参数管理、终端设备监控、站点数据统计。

(1)日计数据收集

SC 系统对本站当日产生的所有交易数据进行汇总,主要从各个终端设备收集原始交易数据,也包括人工售票数据以及废票数据的收集,并且产生相应的报表供预览和打印。

(2)日计数据核对

将实际产生的现金额与 SC 系统收集到的总交易额进行核对,并且产生相应的报表供预览和打印。

(3)日计数据上传

SC系统将本站当日的数据做成相应的上位送信文件，上传给上位服务器，并且产生相应的报表供预览和打印。

(4)票务管理

票务管理主要分为三部分：票务信息数据的输入/输出及信息的更新。票务信息的输入方式有两种，一是从上位服务器下载，二是从外部存储媒介获取。票务信息的输出是把新版的票务信息发送给终端设备。票务信息更新是通知终端设备将现行的票务信息更新为当前新版本。

(5)运行参数管理

运行参数管理与票务管理相同，主要分为三部分：运行参数的输入/输出及参数的更新。运行参数的输入方式有两种：一是从上位服务器下载；二是从外部存储媒介获取。运行参数输出是把新版的运行参数发送给终端设备。运行参数更新是通知终端设备将现行的运行参数更新为当前新版本。

(6)终端设备监控

SC系统监控终端设备是否正常在线运行。

(7)站点数据统计

有些站点放置了两台SC系统，站点数据统计功能是对这两台SC系统的日计数据进行统计，产生该站点的统计报表。

3.3　轨道交通信息系统安全规划

系统的安全性指标可以用整个系统某条线线路设备损失率和人员伤亡率来体现。城市轨道交通系统有许多保障系统进行安全运行的管理措施以及技术。技术和管理措施按照系统工程的办法建立统一体系，常见的体系包括安全技术、安全管理、安全研究体系。其中，安全技术体系主要包含对设备的冗余、检测、维护等实施。安全管理体系包括安全管理的组织、计划、制度等内容，常见的组织结构为三级安全管理体制，决策层主要是对出现的安全以及可靠性问题进行分析判断，并给出具体实施细则；中间层主要负责系统的安全性与可靠性管理制度的制定与监督；最低层主要负责安全性与可靠性建设的具体实施。以上层制定的制度以及相关安全性技术为标准。安全研究体系最基本的内容就是进行安全性分析和评估，只有保障各层次体系协调发展，才能保障系统总体处于安全状态。

轨道交通信息系统的安全规划，主要是网络安全、管理安全和应用安全三个层次进行展开，通过国内外相关标准，参照轨道交通系统发展规划制定符合国家安全体系要求的信息安全规划。轨道交通信息安全体系结构由信息安全规划和信息安全管理两个成分构成。其遵循的标准来源于国内外先进的标准和成熟的技术，例如《计算机信息系统安全保护等级划分准则》《信息安全技术信息系统安全管理要求》等来制定符合本系统要求的信息安全设施以及安全管理制度。信息安全建设最终得到的是信息安全规划和安全管理这两个体系，为应用开发者以及系统集成商提供某些程序接口。一个轨道交通信息系统通常是由多个子系统来构建，因此通过构建等级分配的思想，对各个子系统的安全性进行规划，在等级分配时，要对子系统所承担的任务复杂度以及角色重要性进行综合考虑，等级分配的原则一般执行重角色、重等级的标准。部署好安全体系后，对系统安全进行测评，典型的测试方法有漏洞检测、恶意代码分析。测试的对象包括数据库服务器、应用服务器、安全防火墙等。

现代化的交通信息系统依赖于计算机网络之间信息的大量传送，通信系统的网络安全除了与供应商描述的系统功能相关外，还应该取决于升级能力，安全通信接口以及失败恢复技术的具体实现环节。

3.4 轨道交通信息系统可靠性

在对城市轨道交通信息系统进行设计时，安全性是一方面，可靠性的评估也是至关重要的，系统在实现高度可靠性的同时，也为系统安全性提供依据。系统的可靠性指标主要是通过对乘客安全准时达到目的地的能力来衡量，对于短列运行的可靠性，主要采用大量的监控系统和冗余设备实施。一个完善的轨道交通可靠性工程包括可靠性的技术、管理、维护、后台研究四方面，具体内容如下。

城市轨道交通系统包含有多个子系统，例如信号系统、供电系统、列车自动控制系统、硬件维护系统等，实现这些系统协调统一的可靠性包含于硬件以及软件可靠性两方面内容，技术支持依赖于大量的冗余技术。这里给出一种比较典型的可靠性技术的实现过程——区控中心与数字轨道电路系统之间的通信的实现。软件方面，遵循三选二式，即城市列车在运行的过程中，由区域控制中心上的每一台主机向数字轨道电路系统的主机发送列控数据，然后由数字轨道电路系统上的软件设备对该数据信息进行识别，识别的原则遵循传输通信协议，需要对通信的周期，信息格式进行确认，一旦出现故障，启动相应的故障处理程序。接收端对于收到的数据采取三选二判决方式，以保证列控数据流通过程中的可靠性。硬件方面，也是采取冗余方式，通信的物理通道采取双环形式，一旦通信环路任何一个部分发生断路,都不会影响其正常的运行。

可靠性管理包含三方面的内容,人员调度组织管理、设备管理以及后台管理。正常条件下,针对各种可能的突发情况,都应该配备相应的基础处理人员,防患于未然。一旦列车运行出现故障时,由地面监测人员将运行过程中产生的故障检测报告提交给管理负责人,管理决策层根据制定的设备故障维护制度,实施相应的维修人员的组织调度策略。设备管理方面,在设备投入初期,建立相应的设备验收、维护、维修制度,在设备运行过程中,参照设备的安全性指标,评估设备的取舍,一旦设备出现故障,启动相应的故障统计、分析、汇报等流程。

可靠性维护与维修,包含了设备的维修策略,故障的检测、诊断、维修、验证等方面的内容。对故障进行检测时,引进校验和互校机制,由控制中心向单元设备发送命令,单元设备要对该设备进行检查,与事先估计的内容进行比较。检测方式采取模拟轨道电路的方式,但是由于这种方式采取的是断点传送形式,不能提供足够多的信息,增加了维修的工作量,目前检测主要是采取音频数字方式,提高了系统的灵敏度以及可靠性。

后台研究体系的任务是结合比较成熟的分析以及评估理论,如事故树分析、危害性分析、维修性分析等,对设备的可靠性进行相应的分析与设计。在设备投入使用的过程中,研究体系对其进行相关的评估与改进,对整个系统乃至各个子系统的可靠性进行分析、评估并建立相应的可靠性模型。

3.5 轨道交通大数据运用现状

进入21世纪以来,随着信息、传感和移动互联网技术的快速发展,社会各个领域数据呈现爆炸式增长态势。这些数据具有海量、多源异构、产生和传播速度极快等特征,并且蕴含了许多有用的信息,由于运用常规数据管理、数据统计、回归分析等技术处理数据所耗时间超过可容忍时间,因此,这些信息难以挖掘,使人们开始高度关注对这类数据运用和处理问题的研究,这类数据和所采用的技术也被专门称为大数据和大数据技术。

轨道交通领域涉及运输、土木、车辆、机电、供电、通信、信号、环控等多个专业,每天各专业通过人工、设备等方式采集产生的数据量以百万条计,应用大数据运用和处理技术,深入探索轨道交通系统的规律,进而指导运营实践,对提升轨道交通的运营管理水平和乘客服务水平具有重要的理论和现实意义。基于这一背景,本节通过系统梳理轨道交通行业的大数据运用现状、存在的问题,探讨其发展趋势,以期对大数据在本行业的发展提供参考。

3.5.1 轨道交通大数据特点

轨道交通大数据相比于其他领域大数据具有独有的特征。

(1)数据动态性强。轨道交通系统处于时刻变化之中,大部分人和物的数据动态性强、随机性强、个体化差异明显、变化粒度多样,并且数据之间的连带性强,尤其遇到干扰或扰动时,某一方面的故障或延迟往往会影响其他方面。

(2)数据异构性更加广泛。首先,数据来源广,轨道交通系统涉及多个部门,业务复杂多样,数据存储分散,难以集中;其次,数据种类纷繁复杂,非结构化数据占比较大,且较难形成统一的结构;再次,数据产生周期参差不齐,有的数据随时产生,有的数据按天、月、周为周期产生等;另外,数据产生方式多样,有的由设备产生,有的则是通过人员记录产生,有的在车站产生,有的随车产生。

(3)数据依赖外界环境。一方面,轨道交通系统处于城市大环境中,运营载体和服务对象都与城市息息相关;另一方面,轨道交通大系统易受外界因素的影响,天气变化、重大活动、国家政策、节假日等对轨道交通的客流和计划会产生很大的影响。

(4)数据呈一定规律性。轨道交通系统在各种计划的指导下运营,如列车运行计划、人员安排计划、动车组检修计划等,客流按照年、月、日、时呈现时间和空间周期性,空调通风等设备呈现季节周期性,因此轨道交通大数据具有一定的规律性。

(5)保密性要求较高。如对涉及技术和涉及安全方面的保密性要求较高。

(6)数据带有明显的时空特性。如乘客流线、列车运行数据都在时间和空间两个维度上同时变化。

3.5.2 轨道交通大数据运用流程

轨道交通大数据的处理流程需要面向决策需求,从数据来源入手,按照数据的采集、存储、处理、分析、解释架构进行,该流程可以统称为数据处理技术。通过对广泛异构的数据源进行抽取、集成、统一存储,进行知识挖掘和结果呈现,具体流程如图 3.2 所示。

3.5.3 轨道交通大数据的决策需求

轨道交通大数据运用的决策需求贯穿轨道交通生命周期的全过程,数据对轨道交通的规划、建设、管理起着重要的决策支撑作用。这种决策支撑主要体现在可视化规律挖掘、预测、预警与控制等方面。仅以运输专业为例,主要的决策需求包括:线网规划中平行、交叉线路的规划,确定合理的线路开通时序,列车运行图编

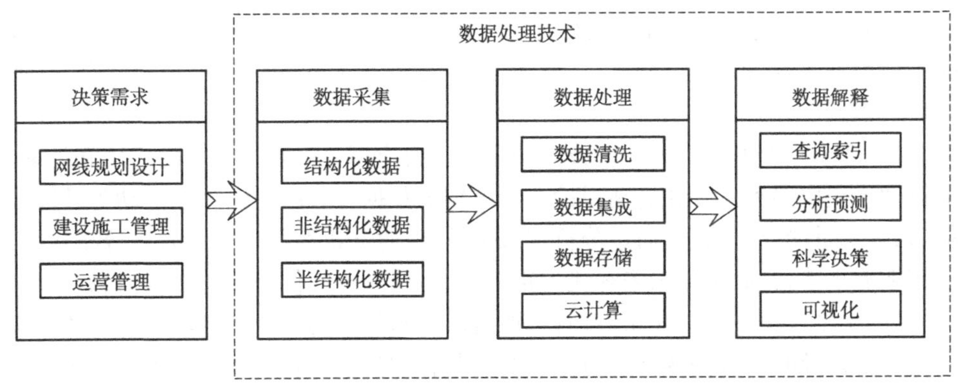

图 3.2　轨道交通大数据处理流程

制，日常客流组织中客流预警，列车运行调整，限流方案确定，突发客流组织，客运营销方案的确定，票款清分，轨道交通运营效果评价，运营节能方案的动态评估与优化，应急资源配置优化等方面。

然而，从运用现状来看，目前轨道交通大数据的运用还处于初级阶段，由于轨道交通专业繁多，其需求具有较强的多样性。以下就运输专业为例，总结主要的运用方向。

(1)统计分析方面。对轨道交通运营中产生的数据进行平台化管理，方便查询、分析。如：开发具备大数据分析能力的运营数据管理系统，采集全样本的数据，记录包含客流信息、行车信息、运营指标、运力配置、客运服务和运营大事件等在内的重要运营数据，为运营管理提供动态分析依据。

(2)应急辅助决策方面。根据物资、设备的数据制定电子化预案，自动启动应急处理机制，调配人力物力。例如上海地铁中将人、电、车等资源按时间和空间进行分布，对各条线路的各类资源进行调配。又如在京港地铁中，全线设备受系统监控，分析在各站点的员工对企业制度的贯彻情况、维修任务的执行状况、备品备件的详细信息等数据，系统派工，对资源进行合理部署和调配，实现效率更高、响应更及时的管理。

(3)乘客出行诱导方面。在北京、上海、广州等地铁中，对轨道交通各线路区段的客流密度与运营状态进行实时监控，并根据即时运营状态，用“绿、黄、红、黑”表示路线运营情况，便于乘客调整出行计划，避开拥堵和发生故障的区段。此外，上海地铁乘客还可以通过站台、车厢显示屏、自助查询屏、上海地铁网站等载体，在出行前进行网站路径查询，出行中利用微信、手机进行信息发布，出行后使用手机电子地图，对周边资源进行搜索等。

在深圳，基于手机 APP，获取用户位置信息。根据用户的居住地、工作地、

APP使用习惯、消费习惯等关联信息，识别用户性别、年龄、职业、爱好等信息，区分不同类别人群，精细化分析用户行为特征，针对不同人群的多样化出行制定交通改善方案。

(4)客流预测方面。大数据技术的一个重要应用是对客流数据的运用和处理。通过动态获取票务系统和自动售检票系统中的数据，以及天气、大型活动等外部数据，采集海量的原始信息，通过分析客流特征，实时分析客流出行的时空分布规律，发掘客流规律，进而预测未来客流的走势，为运营管理提供必要的参考信息。

(5)调度管理方面。在京港地铁，通过对运营信息的二次提炼、分析，大数据运营平台可以及时掌握乘客出行习惯，预测早、高峰时间，实现了实时调度。又如在深圳，滚动识别拥堵区以及近期拥堵明显加剧片区，为交通综合治理工作的开展提供依据。

3.5.4 轨道交通大数据处理关键技术

1. 数据采集

轨道交通数据采集的来源有两种：①来自于人。人在出行及运营管理中产生、记录的数据。②来自于设备。各类计算机信息系统、数字设备所采集的数据，如全球移动通信系统(GSM)、闸机、手机、交通服务平台、摄像头、传感器、WiFi等。

为保证数据的完整性与准确性，大数据时代的数据采集将更加突出设备的自动化采集，采集内容将基于全量而非基于采样的方式，采集方式多样化而非只采集基本数据。采集数据的类型将涵盖结构化数据、半结构化的用户行为数据、文本或音频类型的用户意见和反馈数据、设备和传感器采集的数据，以及网络爬虫获取的互联网数据等。

除了常规采集技术外，城市轨道交通大数据可以采用如下新型的采集技术：

(1)应用移动互联网技术采集移动设备的数据(如统计APP的基础数据，包括用户数、活跃情况、流失比例、使用时长及用户的位置等)。

(2)应用网络爬虫采集全网信息、舆情监控等。

(3)应用无线射频标签(RFID)技术解决物品信息与互联网自动链接的问题。

(4)应用传感器(Sensor)采集自动检测和控制等环节的数据。

(5)其他数据采集方法。对于保密性要求较高的数据，可以使用特定系统接口等方式采集。

2. 数据处理

轨道交通大数据处理的主要技术包括数据存储、数据清洗和云计算技术。

(1)数据存储。对数据进行分类，通过过滤和去重来减少存储量，便于检索。由于轨道交通数据量庞大，以往一般采用Oracle数据管理系统，并采用分布式存储方式。目前在大数据存储、管理和处理方面，BigTable 和 Hadoop 技术应用广泛。

(2)数据清洗。数据量的增加导致数据质量低劣，噪声增多。由于数据采集设备、安装位置以及数据传输能力的限制，轨道交通大数据一般存在数据的准确性缺陷、完备性缺陷和时效性缺陷，这些缺陷极大地降低了数据的可用性。因此，为保证数据质量和可信性，在数据集成过程中，应对数据进行清洗。同时清洗粒度要适中，应既达到清洗效果，又能保留有用信息。

(3)云计算。云计算是一种基于互联网模式的计算，以虚拟化技术为基础，以网络为载体，提供平台、软件等服务，是进行协同工作的超级计算模式。大数据和云计算相辅相成，大数据是云计算的材料，大数据的挖掘，又必须依托云计算的分布式处理、分布式数据库、云存储和虚拟化技术。

3. 数据分析与解释

数据分析阶段最重要的技术是数据挖掘，即分析数据间及类别间的关系，揭示数据间的内在联系，发现深层次的模式、规则及知识。适用大数据挖掘的处理技术有 Map Reduce(当前广泛采用的大数据计算模型和框架)、NOSQL 类数据库(在查询与索引方面适用于大量的非结构化或半结构化数据)。

数据解释旨在更好地呈现数据分析结果，不恰当的解释方法可能导致理解很晦涩，甚至误导用户。大数据分析结果的呈现要更加注重交互式和可视化，传统的数据呈现形式难以应对海量的数据分析结果，目前大数据解释技术主要有可视化和人机交互。

(1)可视化技术。可视化既是数据分析的关键技术，也是分析结果呈现的关键技术。多维数据的对比、映照通过图形、动画等视觉化手段展现出来时，易于揭示出数据中的规律、各因素之间的相关关系，发现异常数据等，同时方便对大数据分析结果的沟通与理解。

大数据可视化不同于传统的信息可视化，最大的挑战是能够适用于分析大规模、高维度、多来源、动态演化的信息，并辅助做出实时决策。

(2)人机交互。即让用户在一定程度上参与分析的具体过程，引导用户进行分析，让用户得到结果的同时更好地理解分析结果的由来，有助于用户理解结果。

3.6　轨道交通大数据发展与挑战

3.6.1　轨道交通大数据的发展

未来轨道交通大数据运用将有必要打破轨道交通数据系统内部的障碍，全面融合汇总数据，对轨道交通内部大数据和外部大数据进行综合分析，指导轨道交通规划、设计、建设、运营的良性发展。

开放的交通系统由于受各种外因的影响，因此需要建立多方的信息基础环境，融合并深度分析各个行业的数据，对多源异构数据进行融合，并进行多角度精准分析，多层次关联处理，打破数据壁垒，真正做到数据共享，更大发挥各个行业数据的价值，同时使预测结果为多方利用。

(1)人脸识别技术的推广应用。随着科学技术的日渐成熟，在人脸识别技术研究领域不断的投入人力、物力和财力，人脸识别技术有望应用到地铁管理领域，一旦实用成功，既方便了地铁管理，也提高了乘坐地铁的安全系数，有效减少各类犯罪隐患。

(2)智能服务系统的广泛应用。在信息化时代，各种集成技术批量出现，随着地铁的逐渐普及，将会出现集自动售票、安全检测、视频监控等于一体的智能服务系统，该系统既方便地铁管理，抓好服务，更是满足了乘客多层次的需要。

此外还可对轨道交通大数据按运营中的各环节对多类数据进行评估。例如，可以评价线路间连接、运力与运量匹配关系，寻找车站客流聚散瓶颈，进行实时、短期的客流预测等。

3.6.2 轨道交通大数据运用的挑战

除了保护个人隐私和数据安全等大数据应用时普遍存在的挑战外，从现有轨道交通大数据的应用情况可以看出，还存在以下典型问题。

(1)在决策内容和方式方面，与轨道交通每天产生的大量数据相比，现有的应用内容还很简单，轨道交通生命周期各阶段数据之间的反馈应用几乎没有，多源数据的交叉应用还很少。从运用的方式上看，目前对于大数据的应用还只存在于进行决策支持，尚未达到智能化。

(2)数据采集方面，在由人员记录的数据中，存在数据缺失、记录格式不统一现象，造成原始数据的语义不明、甚至缺失；且各部门之间存在数据编码和分类的差异，数据缺乏统一管理和标准。因此，鉴于当前数据采集技术参差不齐，自动化程度不一致，导致获取数据质量存在差异。所以应该创新某些数据采集方式；同时在获取海量原始交通数据的同时，应对数据进行初步处理，便于分析，从而及时、准确、快速地获取交通数据。

(3)数据集成方面，轨道交通涉及的大数据种类和数量繁杂，且散布于不同的数据管理系统和部门中，数据壁垒现象严重，存在公用数据重复建设现象，数据维护和保障不健全、数据共享度低，为便于数据分析需要进行数据的集成。

(4)在人才需求方面，目前轨道交通领域主要是管理人员较多，缺乏高级 IT

人才，即技术与数据相分离现象严重。

(5)在数据交叉分析方面，目前对于多源异构数据的挖掘比较少，大部分数据挖掘还是基于对轨道交通系统内部数据的分析，只有少量与外部数据的交叉分析，且都与交通信息有明显的相关性，缺乏更广泛的数据交叉分析。

(6)在系统内部物联网方面，对轨道交通内部资源进行联网跟踪记录，便于人力、物力的合理配置。

(7)在思维方式的转变方面，由传统的粗放型向大数据精细化转变，让数据分析指导决策，进行事前预测，而非事后统计。

复习思考题

1. 简述国内外轨道交通信息系统的发展趋势。
2. 简述轨道交通信息系统的分类并举例介绍。
3. 简述轨道交通信息系统安全规划。
4. 简要对轨道交通信息系统安全进行可靠性分析。

第4章　轨道交通信息系统分析

随着轨道交通的高速发展，管理的信息化趋势日益明显，目前轨道交通领域已经有多类信息系统投入使用，如轨道交通乘客信息系统、轨道交通综合维护管理系统、轨道交通运营信息管理系统、轨道交通站点信息系统、城市轨道交通车站日常管理信息系统、轨道交通线网安全保护区管理信息系统等，但部分功能模块不够完善。

4.1　系统分析

系统分析通常是指对现有系统的内、外情况进行调查、研究、分解、剖析，以明确问题或机会所在，认识解决这些问题或把握这些机会的必要性，为确定有关活动的目标和可能的方案提供科学依据。在充分认识原信息系统的基础上，完成新系统的逻辑模型设计，解决系统“做什么”的问题。系统分析在很大程度上决定了系统开发工作的成败。

系统分析(Systems Analysis)是指在管理信息系统开发的生命周期中系统分析阶段的各项活动和方法。关于系统分析定义还有另一说法：指应用系统思想和系统科学的原理进行分析工作的方法与技术。

4.1.1　可行性分析

进一步明确系统的目标、规模与功能，对系统开发背景、必要性和意义进行调查分析并根据需要和可能提出拟开发系统的初步方案与计划。

需要从以下三个方面认真研究，从而为确定系统开发项目的决策提供科学依据：

(1)技术可行性：对现有技术进行评价，分析系统是否可以用现有技术来实施以及技术发展对系统建设有什么影响。

(2)经济可行性：对组织的经济状况和投资能力进行分析，对系统建设、运行和维护费用进行估算，对系统建成后可能取得的社会及经济效益进行估价。

(3)运行可行性：指系统对组织机构的影响，现有人员和机构、设施、环境等对系统的适应性以及进行人员培训补充计划的可行性。

系统可行性分析的步骤：

(1)确定系统的规模与目标,分析系统开发的出发点是否正确,目标是否正确。

(2)明确用户的主要信息需求,明确现行系统是否能够满足用户需求,并根据结果做出抉择。

(3)设计拟建系统的初步方案,并形成电子文稿。

(4)审查新系统的目标、功能与规模。

(5)提出并评价可能的替代方案,并进行可行性研究(技术、营运、经济可行性)。

(6)给出该项目做还是不做的选择,同时确定方案。

(7)制定项目开发计划,包括人、财、物的安排。

(8)撰写可行性分析报告。

(9)向用户审查小组和指导委员会提交结果。

4.1.2　详细调查

详细调查的目的是完整掌握现行系统的现状,发现问题和薄弱环节,收集资料,为下一步的系统化分析和提出新系统的逻辑方案设计做好准备。详细调查应遵循用户参与的原则,做到系统开发人员和管理人员互补不足,共同研究存在问题和解决方案。

详细调查的方法有开调查会,通过实地走访、调查,并开会落实系统设计、落实中碰到的实际问题;走访系统实际应用环境的细节,解决设计中的问题;根据系统设计中存在的问题,设计调查问卷,并实施调查,获取数据以解决问题;参加业务实践,参加系统使用方的实际工作实践,在实践中发现问题、解决问题,该方法直截了当,往往能找到问题症结所在,快速解决问题。调查过程中应尽量使用各种形象、直观的图表工具,以方便比较优劣性,进而做出决策。

详细调查涉及的详细内容较多,也较细,大体可以总结为两个大方面:管理业务调查,主要涉及系统的主要功能模块,模块的设计要紧贴系统的业务需求;数据流程调查,针对设计的系统功能模块,需要设计相应的数据流程,以及数据接口,以确保系统模块能够及时获取所需的数据。

4.1.3　可行性分析报告

经过系统详细分析后,需要将分析的结果形成文字报告的形式,为后续系统的开发形成纲领性文件。可行性分析报告内容主要包括:系统简述、项目实现目标、所需软硬件资源、经济预算、期望效益、系统开发可行性的结论。各个部分的内容在本节中不详细赘述,仅指出可行性结论要求明确指出以下三者之一。

(1)可以根据可行性报告立即开发系统。

(2)暂时不开发系统,仅改进原系统。

(3)目前开发计划不可行,推迟开发。

4.2 信息系统架构

根据管理信息系统的硬件、软件、数据等信息资源在空间的分布情况,系统的结构又可分为集中式和分布式两大类型。

4.2.1 集中式系统

信息资源在空间上集中配置的系统称为集中式系统,如图 4.1 所示。

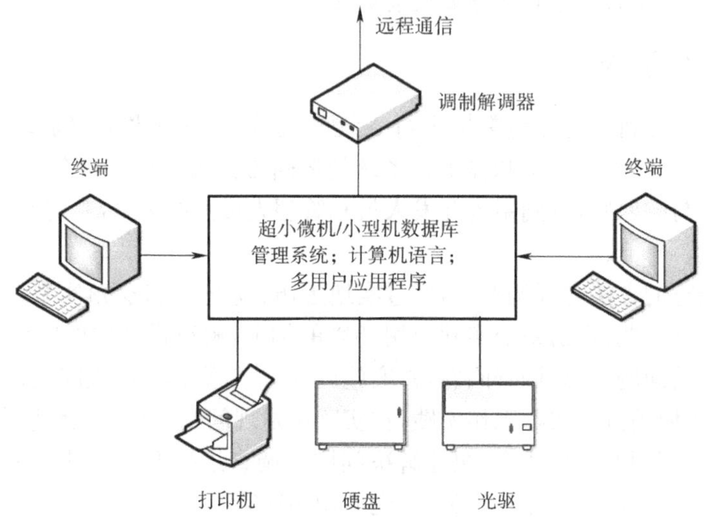

图 4.1 集中式系统

1. 集中式系统的主要优点

(1)信息资源集中,管理方便,规范统一;

(2)专业人员集中使用,有利于发挥他们的作用,便于组织人员培训和提高工作;

(3)信息资源利用率高;

(4)系统安全措施实施方便。

2. 集中式系统的主要缺点

(1)随着系统规模的扩大和功能的提高,集中式系统的复杂性迅速增长,给管理、维护带来困难;

(2)对组织变革和技术发展的适应性差,应变能力弱;

(3)不利于发挥用户在系统开发、维护、管理方面的积极性与主动精神;

(4)系统比较脆弱,主机出现故障时可能使整个系统停止工作。

4.2.2　分布式系统

利用计算机网络把分布在不同地点的计算机硬件、软件、数据等信息资源联系在一起服务于一个共同的目标而实现相互通信和资源共享,就形成管理信息系统的分布式结构。具有分布结构的系统称为分布式系统,如图 4.2 所示。

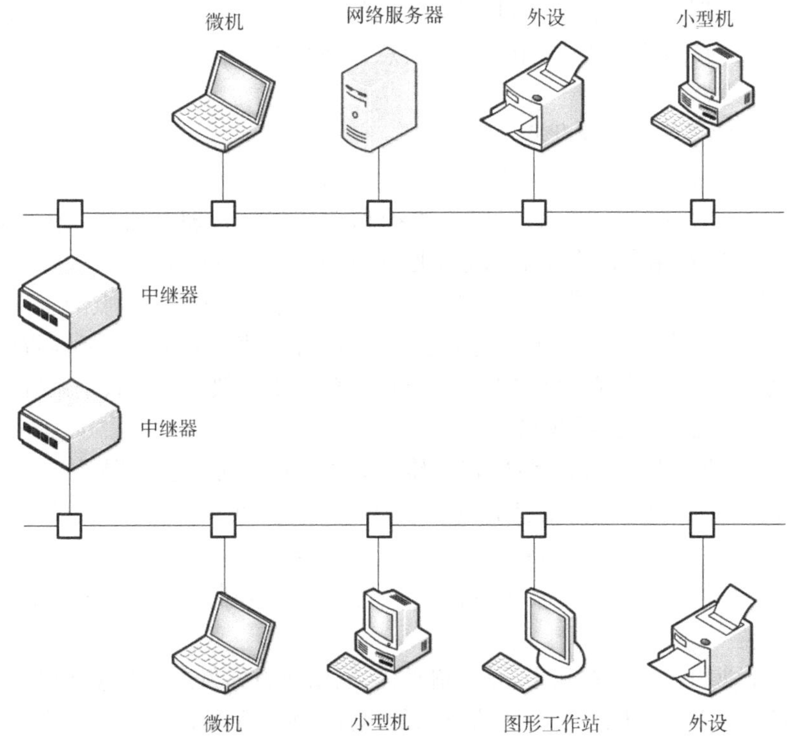

图 4.2　分布式系统

实现不同地点的硬、软件和数据等信息资源共享,是分布式系统的一个主要特征。分布式系统的另一个主要特征是各地与计算机网络系统相连的计算机系统既可以在计算机网络系统的统一管理下工作,又可脱离网络环境利用本地信息资源独立开展工作。

原来系统内中央处理器处理的任务分散给相应的处理器,实现不同功能的各个处理器相互协调,共享系统的外设与软件。

多数分布式系统是建立在计算机网络之上的，所以分布式系统与计算机网络在物理结构上是基本相同的。分布式操作系统的设计思想和网络操作系统是不同的，这决定了它们在结构、工作方式和功能上也不同。网络操作系统要求网络用户在使用网络资源时首先必须了解网络资源，网络用户必须知道网络中各个计算机的功能与配置、软件资源、网络文件结构等情况，在网络中如果用户要读一个共享文件时，用户必须知道这个文件放在哪一台计算机的哪一个目录下；分布式操作系统是以全局方式管理系统资源的，它可以为用户任意调度网络资源，并且调度过程是“透明”的。当用户提交一个作业时，分布式操作系统能够根据需要在系统中选择最合适的处理器，将用户的作业提交到该处理程序，在处理器完成作业后，将结果传给用户。在这个过程中，用户并不会意识到有多个处理器的存在，这个系统就像是一个处理器一样。

1. 分布式系统的主要优点

(1)可以根据应用需要和存取方便来配置信息资源。

(2)有利于发挥用户在系统开发、维护和信息资源管理方面的积极性和主动性，提高了系统对用户需求变更的适应性和对环境的应变能力。

(3)系统扩展方便。增加一个网络节点一般不会影响其他节点的工作。系统建设可以采取逐步扩展网络节点的渐进方式，以合理使用系统开发所需资源。

(4)系统的健壮性好。网络上一个节点出现故障一般不会导致全系统瘫痪。

2. 分布式系统的主要缺点

(1)由于信息资源分散，系统开发、维护和管理的标准、规范不易统一。

(2)配置在不同地点的信息资源一般分属管理信息系统的各子系统。不同子系统之间往往存在利益冲突，管理上协调有一定难度。

(3)各地的计算机系统工作条件与环境不一，不利于安全保密措施的统一实施。

现在企业组织结构在朝小型化、扁平化、网络化方向发展。信息系统必须适应这一发展。随着计算机网络与通信技术的迅速发展，分布式系统已经成了当前信息系统结构的主流模式。

4.3 数据流程调查

数据流程图是一种能全面地描述信息系统逻辑模型的主要工具，它可以用少数几种符号综合地反映出信息在系统中的流动、处理和存储情况。数据流程图具有抽象性，表现在它完全舍去了具体的物质(如业务流程图中的车间、人员等)。

绘制数据流程图的四种符号如图 4.3 所示。

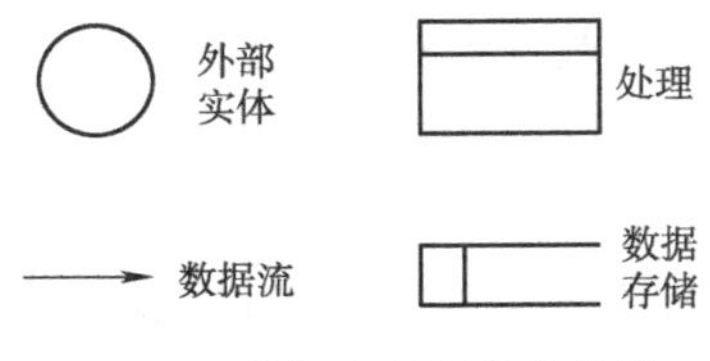

图 4.3　数据流程图基本符号

通过上述四种符号绘制系统的数据流程图，必要的时候还要辅以箭头、直线等其他符号。

1. 数据流程图包含的要素

(1)指明数据存在的数据符号，这些数据符号也可指明该数据所使用的媒体；

(2)指明对数据执行的处理的处理符号，这些符号也可指明该处理所用到的机器功能；

(3)指明几个处理和(或)数据媒体之间的数据流的流线符号；

(4)便于读、写数据流程图的特殊符号。

在处理符号的前后都应是数据符号。数据流程图以数据符号开始和结束，数据流程图有两种典型结构，一是变换型结构，它所描述的工作可表示为输入、主处理和输出，呈线性状态。另一种是事务型结构，这种数据流程图呈束状，即一束数据流平行流入或流出，可能同时有几个事务要求处理。

2. 使用单张数据流程图必须注意的原则

(1)一个加工的输出数据流不应与输入数据流同名，即使它们的组成成分相同。

(2)保持数据守恒。也就是说，一个加工所有输出数据流中的数据必须能从该加工的输入数据流中直接获得，或者说是通过该加工能产生的数据。

(3)每个加工必须既有输入数据流，又有输出数据流。

(4)所有的数据流必须以一个外部实体开始，并以一个外部实体结束。

(5)外部实体之间不应该存在数据流。

4.4　数据字典

数据字典是指对数据的数据项、数据结构、数据流、数据存储、处理逻辑、外部实体等进行定义和描述，其目的是对数据流程图中的各个元素做出详细说明。简而言之，数据字典是描述数据的信息集合，是对系统中使用的所有数据元素的定义的集合。数据流程图配以数据字典，就可以从图形和文字两个方面对系统的逻辑模型进行完整描述。

数据字典的内容主要是对数据流程图中的六个元素进行具体的定义:数据项、数据结构、数据流、处理逻辑、数据存储和外部实体。

1. 数据项

也称数据元素,是具有独立逻辑含义的最小数据单位。数据项字典的描述如下:

数据项={数据项名,数据项含义说明,别名,数据类型,长度,取值范围,取值含义,与其他数据项的逻辑关系}

其中,取值范围、与其他数据项的逻辑关系定义数据的完整性约束条件。

2. 数据结构

由若干数据项构成的数据组合称为数据结构,它描述某些数据项之间的关系。一个数据结构可以由若干个数据项组成;也可以由若干个数据结构组成;还可以由若干个数据项和数据结构组成。数据结构的字典描述如下:

数据结构={数据结构名,含义说明,组成:{数据项或数据结构}}

3. 数据流

表明系统中数据的逻辑流向,可以是数据项或数据结构。数据流的字典描述如下:

数据流={数据流名,说明,数据流来源,数据流趋向,组成:{数据结构},平均流量,高峰期流量}

其中,数据流来源是说明该数据来自哪个过程,数据流去向是说明该数据流将到哪个过程去,平均流量是指在单位时间(每天、每周、每月等)里的传输次数,高峰期流量则是指在高峰时期的数据流量。

4. 处理逻辑

数据字典中指需要描述处理过程的说明性信息,处理过程说明性信息的描述如下:

处理过程描述={处理过程名,说明,输入:{数据流},输出:{数据流},处理:{简要说明}}

其中,"简要说明"主要说明该处理过程的功能及处理要求;"功能"主要说明该处理过程用来做什么;"处理要求"包括处理频度要求(如在单位时间处理多少事务,多少数据量)和响应时间要求等,是后面物理设计的输入及性能评价的标准。

数据字典是关于数据库中数据的描述,即元数据,而不是数据本身。数据字典在数据库设计过程中可以不断修改、充实和完善。

5. 数据存储

数据流的暂停或永久保存的地方,这里的停留或保留的地方不是指的某种存储介质,而是数据项之间的一种逻辑存储关系,也是数据流的来源和去向之一。数据存储定义的目的是根据实际问题确定最终数据库需要存储哪些信息,是一种静态的数据结构。

数据存储字典的描述如下：

数据存储={数据存储名，说明，编号，流入的数据流，流出的数据流，组成：{数据结构}，数据量，存取频度，存取方式}

其中，流入的数据是指数据来源；流出的数据流是指数据的去向；数据量是指每次存储多少数据。存储频度指单位时间（每天、每小时、每周等）存取几次等信息。存取方式包括批处理或联机处理、检索或更新、顺序检索或随机检索等。

数据结构是多个数据项（属性的合集），是一种抽象的概念。数据流是一种具体的、动态的、流动的数据结构；数据存储是存储在数据库中的多个数据项的集合，是一种具体的、静态的数据结构。

4.5 需求分析实例

数据流程分析主要包括对信息的流动、传递、处理、存储等的分析。数据流程分析的目的就是要发现和解决数据流通中的问题。现有的数据流程分析多是通过分层的数据流程图（Data Flow Diagram，DFD）来实现的。其具体的做法是：按业务流程图理出的业务流程顺序，将相应调查过程中所掌握的数据处理过程，绘制成一套完整的数据流程图。

示例：学校开发了一个大学生就业管理系统，需求分析如何进行？经过可行性分析和初步应用需求调查，大学生就业管理系统由就业指导管理子系统和信息公布管理子系统构成，每个子系统分别分配一个开发小组。本系统的数据流图如图4.4、图4.5、图4.6所示。

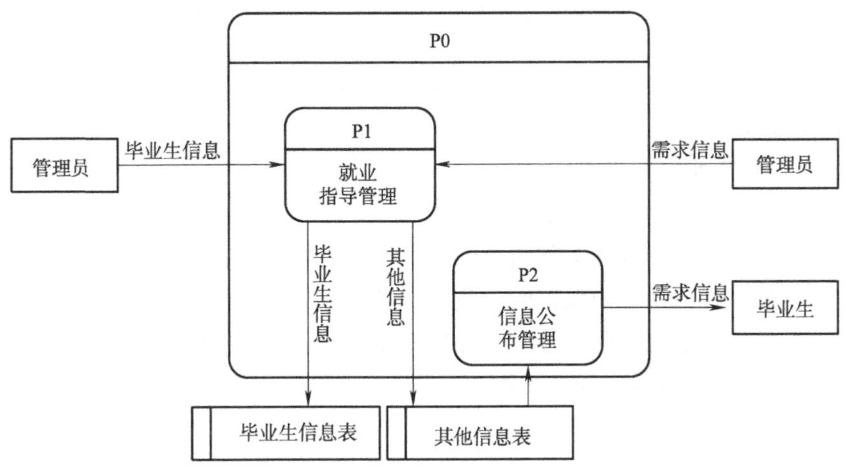

图4.4 大学生就业管理系统零层DFD

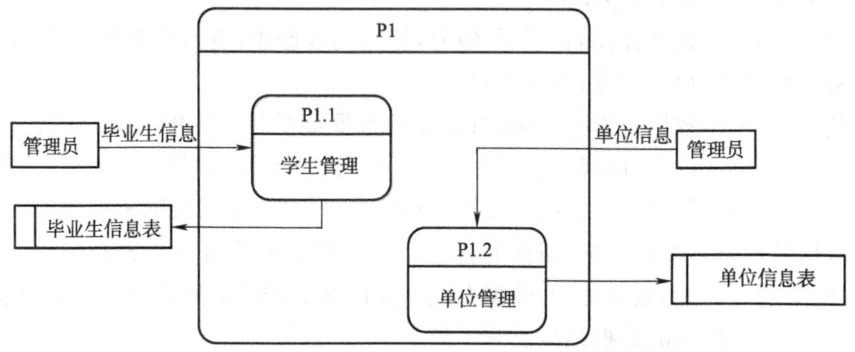

图 4.5 大学生就业管理系统一层 DFD——就业指导管理 DFD

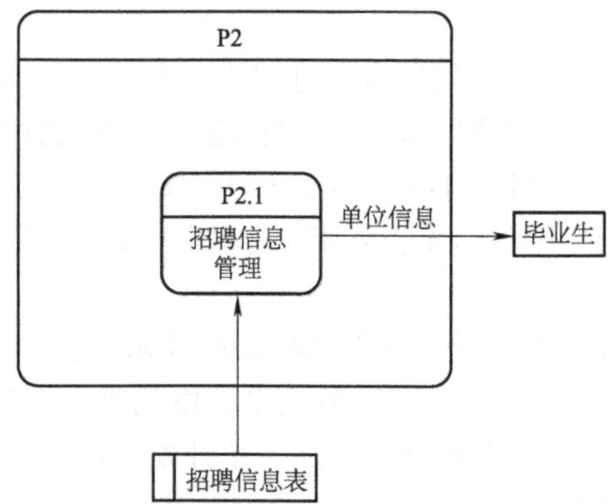

图 4.6 大学生就业管理系统一层 DFD——信息公布管理 DFD

根据数据流图和系统要求列出主要数据字典：

1. 数据流

(1)名称：毕业生信息表。

描述：记录毕业生的基本信息；

来源：管理员从学校相关部门得到学生基本信息加工；

去处：就业管理系统中保存的毕业生信息；

组成：学号＋登录密码＋姓名＋性别＋出生年月＋政治面貌＋院系＋专业＋学历＋籍贯＋单位信息＋英语语种。

(2)名称：企业信息表。

描述：记录企业的基本信息；

来源：管理员从学校相关部门有关企业的信息加工；

去处:就业管理系统中保存的企业信息;

组成:代码+名称+性质+地区+所属行业+地址+电话+联系人+简介。

(3)名称:招聘信息表。

描述:记录企业的招聘信息;

来源:企业提供的需求信息加工;

去处:就业管理系统中保存的招聘信息;

组成:代码+发布时间+标题+发布单位+内容。

(4)名称:管理员信息表。

描述:记录管理员的信息;

来源:系统设计是获得的信息加工;

去处:系统中保存的管理员信息;

组成:管理员ID+登录密码。

2. 数据流分量

(1)名称:单位信息。

位置:毕业生信息表;

组成:企业信息表中的名称及其他内容。

(2)名称:简介。

位置:企业信息表;

组成:单位的评价及其他内容。

3. 数据存储

(1)名称:毕业生信息表。

流入数据流:添加、维护毕业生信息;

流出数据流:检索毕业生信息;

组成:学号+登录密码+姓名+性别+出生年月+政治面貌+院系+专业+学历+籍贯+单位信息+英语语种;

描述:包含毕业生的基本信息;

组织:按学号顺序排序。

(2)名称:企业信息表。

流入数据流:添加、维护企业信息;

流出数据流:检索企业信息;

组成:代码+名称+性质+地区+所属行业+地址+电话+联系人+简介;

描述:记录企业的基本信息;

组织:按代码顺序排序。

(3)名称:招聘信息表。

流入数据流：添加、维护招聘信息；

流出数据流：检索招聘信息；

组成：代码＋发布时间＋标题＋发布单位＋内容；

描述：记录企业的招聘信息；

组织：按代码顺序排序。

4.6 管理决策的数据分析技术

4.6.1 联机分析处理

随着数据库技术的广泛应用，企业信息系统产生了大量的数据，如何从这些海量数据中提取对企业决策分析有用的信息成为企业决策管理人员所面临的重要难题。传统的企业数据库系统（管理信息系统）即联机事务处理系统（On-Line Transaction Processing，OLTP）作为数据管理手段，主要用于事务处理，但它对分析处理的支持一直不能令人满意。因此，人们逐渐尝试对 OLTP 数据库中的数据进行再加工，形成一个综合的、面向分析的、更好地支持决策制定的决策支持系统（Decision Support System，DSS）。企业目前的信息系统数据一般由 DBMS 管理，但决策数据库和运行操作数据库在数据来源、数据内容、数据模式、服务对象、访问方式、事务管理乃至物理存储等方面都有不同的特点和要求，因此直接在运行操作的数据库上建立 DSS 是不合适的。数据仓库（Data Warehouse）技术就是在这样的背景下发展起来的。数据仓库的概念提出于 20 世纪 80 年代中期，20 世纪 90 年代，数据仓库已从早起的探索阶段走向实用阶段。业界公认的数据仓库概念创始人 W. H. Inmon 在《Building the Data Warehouse》一书中对数据仓库的定义是："数据仓库是支持管理决策过程的、面向主题的、集成的、随时间变化的持久的数据集合"。构建数据仓库的过程就是根据预先设计好的逻辑模式从分布在企业内部各处的 OLTP 数据库中提取数据并对经过必要的变换最终形成全企业统一模式数据的过程。当前数据仓库的核心仍是 RDBMS 管理下的一个数据库系统。数据仓库中数据量巨大，为了提高性能，RDBMS 一般也采取一些提高效率的措施：采用并行处理结构、新的数据组织、查询策略、索引技术等。

包括联机分析处理（On-Line Analytical Processing，OLAP）在内的诸多应用牵引驱动了数据仓库技术的出现和发展；而数据仓库技术反过来又促进了 OLAP 技术的发展。联机分析处理的概念最早由关系数据库之父 E. F. Codd 于 1993 年提出的。Codd 认为联机事务处理（OLTP）已不能满足终端用户对数据库查询分析的要求，SQL 对大数据库的简单查询也不能满足用户分析的需求。用户的决策分析需要对关系数据库进行大量计算才能得到结果，而查询的结果并不能满足决策者提出的需求。因此，Codd 提出了多维数据库和多维分析的概念，即 OLAP。OLAP 委员会对联机分析处理的定义为：使分析人员、管理人员或执行人员能够从多种角度对从原始数据中转化出来的、能够真正为用户所理解的、并真实反映企业维特性的信息进行快速、一致、交互地存取，从而获得对数据的更深入了解的一类软件技术。OLAP 的目标是满足决策支持或多维环境特定的查询和报表需求，它的技术核心是“维”这个概念，因此 OLAP 也可以说是多维数据分析工具的集合。OLTP 与 OLAP 的主要区别见表 4.1。

表 4.1 OLTP 与 OLAP 比较

OLTP 数据	OLAP 数据
数据库中的原始数据	数据库导出数据或者经过清洗转换的数据
细节性数据	综合性和提炼性数据
当前值数据	历史数据
可更新	不可更新，但周期性刷新
一次处理的数据量小	一次处理的数据量大
面向应用，事务驱动	面向分析，分析驱动
面向操作人员，支持日常操作	面向决策人员，支持管理需要

OLAP 的特点可以用五个关键字来代表：Fast Analysis of Shared Multidimensional Information（FASMI，共享多维信息的快速分析）。这也是设计人员或管理人员用来判断一个 OLAP 设计是否成功的准则。

Fast：系统响应用户的时间要相当快捷，要达到这个目标，数据库的模式应该朝着更广泛的技术发展，包括特殊的数据存储格式、预先计算和硬件配置等。

Analysis：系统应能处理与应用有关的任何逻辑分析和统计分析，用户不需编程就可以定义新的专门计算，将其作为分析的一部分，并以用户理想的方式给出报告。用户可以在 OLAP 平台上进行数据分析，也可以连接到其他外部分析工具上，同时应提供灵活开放的报表处理功能，以保存分析结果。

Shared：这意味着系统要能够符合数据保密的安全要求，即使多个用户同时使用，也能够根据用户所属的安全级别，让用户只能看到用户应该看到的信息。

Multidimensional：OLAP 的显著特征是它能提供数据的多维视图系统必须提供对数据分析的多维视图和分析，包括对层次维和多重层次维的完全支持。

Information：不论数据量有多大，也不管数据存储在何处，OLAP 系统应能及时获得信息，并且管理大容量信息。这里有许多因素需要考虑，如数据的可复制性、可利用的磁盘空间、OLAP 产品的性能及与数据仓库的结合度等。

4.6.2 数据仓库

数据仓库(Data Warehouse,可简写为 DW 或 DWH)是为企业所有级别的决策制定过程,提供所有类型数据支持的战略集合。它是单个数据存储,出于分析性报告和决策支持目的而创建。为需要业务咨询的企业,提供指导业务流程改进、监视时间、成本、质量以及控制。

数据仓库是决策支持系统(DSS)和联机分析应用数据源的结构化数据环境。数据仓库研究和解决从数据库中获取信息的问题。数据仓库的特征在于面向主题、集成性、稳定性和时变性。

数据仓库,由数据仓库之父比尔·恩门(Bill Inmon)于 1990 年提出,主要功能仍是将组织透过资讯系统之联机事务处理(OLTP)经年累月所累积的大量资料,透过数据仓库理论所特有的资料储存架构,作一有系统的分析整理,以利各种分析方法如联机分析处理(OLAP)、数据挖掘(Data Mining)的进行,并进而支持如决策支持系统(DSS)、主管资讯系统(EIS)的创建,帮助决策者能快速有效的自大量资料中,分析出有价值的资讯,以利决策拟定及快速回应外在环境变动,帮助建构商业智能(BI)。

比尔·恩门(Bill Inmon)在 1991 年出版的"Building the Data Warehouse"(《建立数据仓库》)一书中所提出的定义被广泛接受——数据仓库(Data Warehouse)是一个面向主题的(Subject Oriented)、集成的(Integrated)、相对稳定的(Non-Volatile)、反映历史变化(Time Variant)的数据集合,用于支持管理决策(Decision Making Support)。

数据仓库,是在数据库已经大量存在的情况下,为了进一步挖掘数据资源、为了决策需要而产生的,它并不是所谓的"大型数据库"。数据仓库方案建设的目的,是为前端查询和分析作为基础,由于有较大的冗余,所以需要的存储也较大。为了更好地为前端应用服务,数据仓库往往有如下几个特点:

(1)效率高

数据仓库的分析数据一般分为日、周、月、季、年等,可以看出,日为周期的数据要求的效率最高,要求 24 h 甚至 12 h 内,客户能看到昨天的数据分析。由于有的企业每日的数据量很大,设计不好的数据仓库经常会出问题,延迟 1～3 日才能给出数据显然不行。

(2)数据质量

数据仓库所提供的各种信息,肯定要准确的数据,但由于数据仓库流程通常分为多个步骤,包括数据清洗、装载、查询、展现等,复杂的架构包含更多层次,那么由于数据源有脏数据或者代码不严谨,都可以导致数据失真,客户看到错误的信息就可能导致分析出错误的决策，造成损失，而不是效益。

(3)扩展性

有的大型数据仓库系统架构设计复杂，是因为考虑到了未来3～5年的扩展性，这样的话，未来不用太快花钱去重建数据仓库系统，就能很稳定运行。主要体现在数据建模的合理性，数据仓库方案中多出一些中间层，使海量数据流有足够的缓冲，不至于数据量大很多，就运行不了。

(4)面向主题

操作型数据库的数据组织面向事务处理任务，各个业务系统之间各自分离，而数据仓库中的数据是按照一定的主题域进行组织的。主题是与传统数据库的面向应用相对应的，是一个抽象概念，是在较高层次上将企业信息系统中的数据综合、归类并进行分析利用的抽象。每一个主题对应一个宏观的分析领域。数据仓库排除对于决策无用的数据，提供特定主题的简明视图。

在我国交通行业发展过程中，高速铁路现在已经在越来越多的城市中投入建设并运营。高速铁路相比其他交通方式有出行快捷、安全性高等优点，高速铁路极大地方便了人们的出行，改变了人们的传统交通方式。在高速铁路运营过程中会出现检修的情况，现代科技的发展也逐渐地被应用在其中，而数据仓库是目前研究应用最广泛也是最有前景的一项技术。

4.6.3 数据挖掘

近年来，数据挖掘引起了信息产业界的极大关注，其主要原因是存在大量数据，可以广泛使用，并且迫切需要将这些数据转换成有用的信息和知识。获取的信息和知识可以广泛用于各种应用，包括商务管理、生产控制、市场分析、工程设计和科学探索等。

数据挖掘出现于20世纪80年代后期，是数据库研究中一个很有应用价值的新领域，是一门交叉性学科，融合了人工智能、数据库技术、模式识别、机器学习、统计学和数据可视化等多个领域的理论和技术。数据挖掘作为一种技术，它的生命周期正处于沟坎阶段，需要时间和精力去研究、开发和逐步成熟，并最终为人们所接受。1991年比尔·恩门在《建立数据仓库》一书中定义数据仓库的概念。与其他数据库应用不同的是，数据仓库更像一种过程——对分布在企业内部各处的业务数据的整合、加工和分析的过程。传统的数据库管理系统(DBMS)的主要任务是联机事务处理(On-Line Transaction Processing，OLTP)；而数据仓库则是在数据分析和决策方面提供服务，这种系统被称为联机分析处理(On-Line Analytical Processing，OLAP)。

数据挖掘(Data Mining)，就是从存放在数据库、数据仓库或其他信息库中的大量的数据中获取有效的、新颖的、潜在有用的、最终可理解的模式的非平凡过程。数据挖掘在人工智能领域习惯上又称为数据库中知识发现(Knowledge Discovery in Database,KDD),也有人把数据挖掘视为数据库中知识发现过程的一个基本步骤。知识发现过程由以下三个阶段组成:①数据准备;②数据挖掘;③结果表达和解释。数据挖掘可以与用户或知识库交互。

数据挖掘利用了来自如下一些领域的思想:

①来自统计学的抽样、估计和假设检验;

②人工智能、模式识别和机器学习的搜索算法、建模技术和学习理论。

数据挖掘也迅速接纳了来自其他领域的思想,这些领域包括最优化、进化计算、信息论、信号处理、可视化和信息检索。一些其他领域也起到重要的支撑作用。特别地,需要数据库系统提供有效的存储、索引和查询处理支持。源于高性能(并行)计算的技术在处理海量数据集方面常常是重要的。分布式技术也能帮助处理海量数据,并且当数据不能集中到一起处理时更是至关重要。因此,数据挖掘被信息产业界认为是数据库系统最重要的前沿之一,是信息产业最有前途的交叉学科,数据挖掘建模过程如图 4.7 所示。

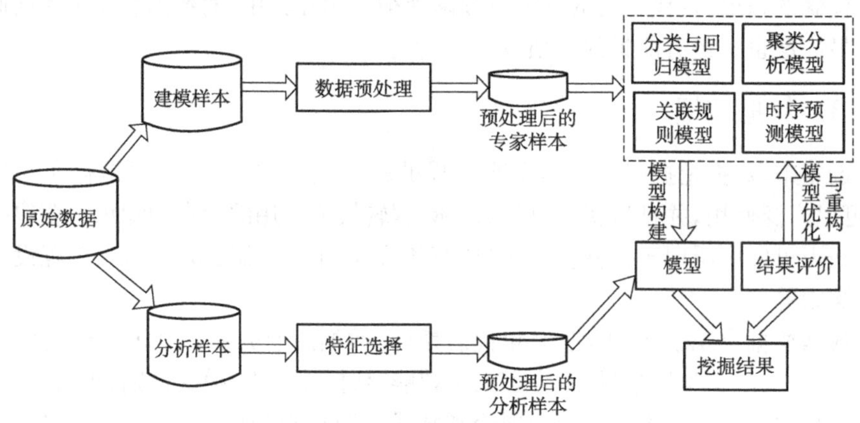

图 4.7　数据挖掘流程

1. 数据挖掘流程

(1)定义挖掘目标。针对具体的数据挖掘应用需求,首先要非常清楚,本次挖掘的目标是什么?系统完成后能达到什么样的效果?因此我们必须分析应用领域,包括应用中的各种知识和应用目标。了解相关领域的有关情况,熟悉背景知识,弄清用户需求。要想充分发挥数据挖掘的价值,必须要对目标有一个清晰明确的定义,即决定到底想干什么。否则,很难得到正确的结果。

(2)数据取样。数据采集前首要考虑的问题包括:哪些数据源可用?哪些数据与当前挖掘目标相关？如何保证取样数据的质量？是否在足够范围内有代表性？数据样本取多少合适？如何分类(训练集、验证集、测试集)等等。

在明确了需要进行数据挖掘的目标后，接下来就需要从业务系统中抽取一个与挖掘目标相关的样本数据子集(抽取数据的标准，一是相关性，二是可靠性，三是最新性)。进行数据取样一定要严把质量关，在任何时候都不要忽视数据的质量，即使是从一个数据仓库中进行数据取样，也不要忘记检查其质量如何。因为数据挖掘是探索企业运作的内在规律，原始数据有误，就很难从中探索规律性。

(3)数据探索。当拿到一个样本数据集后，分析它是否达到原来设想的要求，其中有没有明显的规律和趋势，有没有出现从未设想过的数据状态，因素之间有什么相关性，它们可区分成怎样一些类别，这都是要首先探索的内容。数据探索和预处理的目的是为了保证样本数据的质量，从而为保证预测质量打下基础。数据探索包括：异常值分析、缺失值分析、相关分析、周期性分析、样本交叉验证等。

(4)数据预处理和清洗。采样数据维度过大，如何进行降维处理？采用数据中的缺失值如何处理？这些都是数据预处理需要解决的问题。数据预处理主要包含如下内容：数据筛选、数据变量转换、缺失值处理、坏数据处理、数据标准化、主成分分析、属性选择等。

(5)数据挖掘模式发现。样本抽取完成并经预处理后，接下来要考虑的问题是：本次建模属于数据挖掘应用中的哪类问题(分类、聚类、关联规则或者时序分析)？选用哪种算法进行模型构建？

模型构建的前提是在样本数据集中发现模式，比如关联规则、分类预测、聚类分析、时序模式等。在目标进一步明确化的基础上，就可以按照问题的具体要求来重新审视已经采集的数据，看它是否适合挖掘的需要。

针对挖掘目标的需要可能需要对数据进行增删，也可能按照对整个数据挖掘过程的新认识，要组合或者新生成一些新的变量，以体现对状态的有效描述。在挖掘目标进一步明确，数据结构和内容进一步调整的基础上，下一步数据挖掘应采用的技术手段就更加清晰、明确。

(6)数据挖掘模型构建。模型构建反映的是采样数据内部结构的一般特征，并与该采样数据的具体结构基本吻合。对于预测模型(包括分类与回归模型、时序预测模型)来说，模型的具体化就是预测公式，公式可以产生与观察值有类似结构的输出，这就是预测值。预测模型是多种多样的，可以适用于不同结构的样本数据。正确选择预测模型是数据挖掘很关键的一步，有时由于模型选择不当，造成预测误差过大，就需要改换模型。必要时，可同时采用几种预测模型进行运算以便对比、选择。对建立模型来说，要记住最重要的就是它是一个反复的过程，需要仔细考察不同的模型以判断哪个模型对解决问题最有效。

预测模型的构建通常包括模型建立、模型训练、模型验证和模型预测 4 个步骤,但根据不同的数据挖掘分类应用会有细微的变化。

(7)数据挖掘模型评价。评价的目的之一就是从这些模型中自动找出一个最好的模型来,另外就是要针对业务对模型进行解释和应用。预测模型评价和聚类模型的评价方法是不同的。

预测模型对训练集进行预测而得出的准确率并不能很好地反映分类模型未来的性能,为了能预测分类模型在新数据上的性能表现,需要一组没有参与分类模型建立的数据集,并在该数据集上评价分类器的准确率,这组独立的数据集就是测试集。这是一种基于验证的评估方法,常用的方法有保持法、随机二次抽样、自助法、交叉验证等。

聚类分群效果可以用向量数据之间的相似度来衡量,向量数据之间的相似度定义为两个向量之间的距离(实时向量数据与聚类中心向量数据),距离越近则相似度越大,即该实时向量数据归为某个聚类。

2. 数据挖掘方法

通过对大数据高度自动化地分析,做出归纳性的推理,从中挖掘出潜在的模式,可以帮助企业、商家、用户调整市场政策、减少风险、理性面对市场,并做出正确的决策。目前,在很多领域尤其是在商业领域如银行、电信、电商等,数据挖掘可以解决很多问题,包括市场营销策略制定、背景分析、企业管理危机等。大数据的挖掘常用的方法有分类、回归分析、聚类、关联规则、神经网络方法、Web 数据挖掘等。这些方法从不同的角度对数据进行挖掘。

(1)分类。分类是找出数据库中的一组数据对象的共同特点并按照分类模式将其划分为不同的类,其目的是通过分类模型,将数据库中的数据项映射到某个给定的类别中。可以应用到涉及应用分类、趋势预测中,如淘宝商铺将用户在一段时间内的购买情况划分成不同的类,根据情况向用户推荐关联类的商品,从而增加商铺的销售量。

(2)回归分析。回归分析反映数据库中数据属性值的特性,通过函数表达数据映射的关系来发现属性值之间的依赖关系。可以应用到对数据序列的预测及相关关系的研究中去。在市场营销中,回归分析可以被应用到各个方面。如通过对本季度销售的回归分析,对下一季度的销售趋势作出预测并做出针对性的营销改变。

(3)聚类。聚类类似于分类,但与分类的目的不同,是针对数据的相似性和差异性将一组数据分为几个类别。属于同一类别的数据间的相似性很大,但不同类别之间数据的相似性很小,跨类的数据关联性很低。

(4)关联规则。关联规则是隐藏在数据项之间的关联或相互关系,即可以根据一个数据项的出现推导出其他数据项的出现。关联规则的挖掘过程主要包括两个阶段:第一阶段为从海量原始数据中找出所有的高频项目组;第二阶段为从这些高频项目组产生关联规则。关联规则挖掘技术已经被广泛应用于金融行业企业中用以预测客户的需求,各银行在自己的ATM机上通过捆绑客户可能感兴趣的信息供用户了解并获取相应信息来改善自身的营销。

(5)神经网络方法。神经网络作为一种先进的人工智能技术,因其自身自行处理、分布存储和高度容错等特性非常适合处理非线性的以及那些以模糊、不完整、不严密的知识或数据为特征的处理问题,它的这一特点十分适合解决数据挖掘的问题。典型的神经网络模型主要分为三大类:第一类是以用于分类预测和模式识别的前馈式神经网络模型,其主要代表为函数型网络、感知机;第二类是用于联想记忆和优化算法的反馈式神经网络模型,以Hopfield的离散模型和连续模型为代表;第三类是用于聚类的自组织映射方法,以ART模型为代表。虽然神经网络有多种模型及算法,但在特定领域的数据挖掘中使用何种模型及算法并没有统一的规则。

(6)Web数据挖掘。Web数据挖掘是一项综合性技术,指Web从文档结构和使用的集合C中发现隐含的模式P,如果将C看作输入,P看作输出,那么Web挖掘过程就可以看作是从输入到输出的一个映射过程。

当前,越来越多的Web数据都是以数据流的形式出现的,因此对Web数据流挖掘就具有很重要的意义。目前常用的Web数据挖掘算法有:PageRank算法、HITS算法以及LOGSOM算法。这三种算法提到的用户都是笼统的用户,并没有区分用户的个体。目前Web数据挖掘面临着一些问题,包括:用户的分类问题、网站内容时效性问题、用户在页面停留时间问题、页面的链入与链出数问题等。在Web技术高速发展的今天,这些问题仍旧值得研究并加以解决。

4.7 描述处理逻辑工具

4.7.1 判断树

决策树又称判断树,是一种图形工具。判断树是用一种树型图形方式来表示多个条件、多个取值所应采取的动作。看一张判断树图形的时候,要从左边(树根)开始,沿着各个分支向右看,根据每一个条件的取值状态可以找出应该采取的动作,所有的动作都列在这张图的最右侧。判断树(Decision Tree)是判断表的变形,一般比判断表更直观、易于理解。

判断树代表的意义是:左边是树根,是决策序列的条件取值状态;右边是树叶,表示应该采取的动作。判断树是一个二维表,分别来表示条件和动作。采用判断树可以清晰地表达条件、决策规则和应采取的行动之间的逻辑关系,容易被管理人员和分析人员接受。构造判定表可以采用以下步骤：

(1)确定判断要采用的相关因素，即决策中的必要条件，而这些条件的选择必须是发生或不发生两种值。

(2)在各种不同的条件下确定各种相应的行动。

(3)排出各种不同条件之间的所有组合，Y 和 N 分别表示发生和不发生。

(4)确定在不同组合下应选择的行动，即形成条件项和行动项相关练习的决策规则，以这些规则指导做决策。

(5)检验决策表中的决策规则是否冗余。

决策树要求：根据欠款时间及需求量与库存量的关系来判断是否发货，如图 4.8 所示。

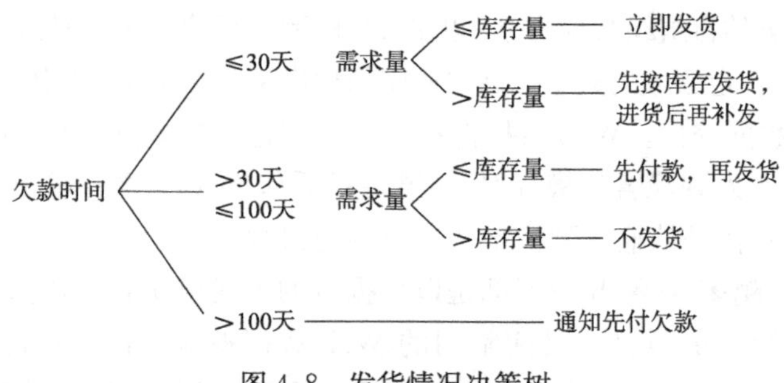

图 4.8 发货情况决策树

4.7.2 判 断 表

判断表(又称决策表)可以清晰地表达条件、决策规则和应采取的行动之间的逻辑关系。

将图 4.8 中的决策树要求，用决策表表示，见表 4.2。

表 4.2 发货情况决策表

决策规则号		1	2	3	4	5	6
条 件	欠款时间≤30 天	Y	Y	N	N	N	N
	欠款时间>100 天	N	N	Y	Y	N	N
	需求量≤库存量	Y	N	Y	N	Y	N
应采取的行动	立即发货	×					
	先按库存量发货，进货后再补发		×				
	先付款，再发货					×	
	不发货						×
	要求先付欠款			×	×		

4.7.3　结构英语表示法

结构英语表示法是一种模仿计算机语言来描述处理逻辑的方法。使用了由“IF”、“THEN”和“ELSE”等词组成的规范化语言。将图 4.8 所示的决策树要求，用结构英语表示如下：

```
IF 欠款时间≤30 天
    IF 需要量≤库存量
        THEN 立即发货
    ELSE
        先按库存量发货，进货后再补发
ELSE
    IF 欠款时间≤100 天
        IF 需求量≤库存量
            THEN 先付款再发货
        ELSE
            不发货
    ELSE
        要求先付欠款
```

示例：

某工厂只有两种产品 A 和 B，工厂对于工人的超产奖励规定如下：对于产品 A，超产数 N 小于或等于 50 件，每超产一件奖励 1 元；N 大于 50、小于或等于 100 件时，大于 50 件的每件奖励 1.25 元，其余的每件奖励 1 元；N 大于 100 件，超过 100 的每件奖励 1.5 元，其余按照 100 件以内奖励。对于产品 B，超产数 N 小于或等于 25 件时，每超产一件奖励 2 元；N 大于 25、小于或等于 50 件时，超过 25 件的每件奖励 2.5 元，其余的按超产 25 件以内计算；N 大于 50 件，则超过部分每件奖励 3 元，其余的按照超产 50 件计算。

解：最外层的条件判断非常好写，因为产品不是 A 就是 B；但是进入 A 或者 B 里面的条件判断就比较困难了，因为结构化语言里面没有提供类似于 CASE 的多条件分支语句，而传统的条件判断只能进行两个分支的处理，所以这部分就需要弄清楚：条件判断的“如果……则……否则……”结构是不是一定要全部都出现，若不需要全部出现，可以出现“如果……则……”或者“如果……否则……”这样的结构，明确该问题以后，则可以很容易写出结构化语言，如下：

```
如果 产品是 A
则：如果 1<N≤50
        则：奖励 1.0×N 元
```

如果 $50<N\leqslant 100$

则:奖励 $50+1.25\times(N-50)$元

如果 $N>100$

则:奖励 $112.5+1.5\times(N-100)$元

否则:如果 $1<N\leqslant 25$

则:奖励 $2.0\times N$ 元

如果 $25<N\leqslant 50$

则:奖励 $50+2.5\times(N-25)$元

如果 $N>50$

则:奖励 $112.5+3\times(N-50)$元

这样,就完成了整个结构化语言的编写。

复习思考题

1. 系统分析阶段的主要活动是什么?
2. 系统分析工作的特点是什么?
3. 数据流图的基本组成、定义,以及各自的基本符号如何绘制?
4. 数据词典的含义是什么? 数据词典包括哪些主要内容?
5. 简述决策树的结构,并举例绘制。
6. 简述决策表的构成,以及各组成部分的含义。
7. 简述系统分析阶段各项活动的内容。

第5章　轨道交通信息系统设计

信息系统设计阶段的主要目的是将系统分析阶段所提出的反映用户信息需求的系统逻辑方案转换成可以实施的基于计算机与通信系统的物理(技术)方案。这一阶段的主要任务是从管理信息系统的总体目标出发,根据系统分析阶段对系统的逻辑功能的要求,并考虑到经济、技术和运行环境等方面的条件,确定系统的总体结构和系统各组成部分的技术方案,合理选择计算机和通信的软、硬件设备,提出系统的实施计划、确保总体目标的实现。

5.1　系统设计概述

在系统分析提出的逻辑模型的基础上,科学合理地进行物理模型的设计。主要解决"怎样做"的问题。其具体工作包括总体设计、代码设计规范的制定、数据存储设计、系统物理配置方案设计和程序处理过程设计。

5.1.1　系统设计的特点

系统设计的主要任务是提出合理的计算机硬、软件系统的技术方案,采取具体的技术措施来满足用户需求,因而大量工作是技术性的,这就是说系统设计人员的工作环境首先是技术环境。同时,系统设计人员对系统的逻辑功能和用户的各类需求必须有深刻的、切实的理解。系统分析说明书是对系统逻辑功能的详细说明,但在系统设计阶段仍需对一些可能出现的含混不清和模棱两可的细节问题征求用户的意见,以便进一步了解用户对系统分析阶段提出的信息需求的解释,要允许用户对已提出的信息需求做非原则性的修改或补充,如有原则性的修改,必须提出对系统说明书的修改意见。同时,一些在系统说明书中没有反映的用户在操作使用和运行环境等方面的具体要求,也要在系统设计阶段加以明确,并在系统的技术方案中得到反映。因此,系统设计人员还需要同管理环境打交道,所以说,系统设计工作的环境是管理环境和技术环境的结合,这是这一阶段工作的重要特点。

5.1.2　系统设计的依据

系统设计是在系统分析的基础上由抽象到具体的过程,同时,还应该考虑到系统实现的内、外环境和主客观条件。通常,系统设计阶段工作的主要依据可从以下几个方面考虑。

(1)系统分析的成果。从工作流程来看,系统设计是系统分析的继续,因此,系统设计人员必须严格按照系统分析阶段的成果——系统说明书所规定的目标、任务和逻辑功能进行设计工作。其中,对系统逻辑功能的充分理解是系统设计成功的关键。

(2)现行技术。主要指可供选用的计算机硬件技术、软件技术、数据管理技术以及数据通信与计算机网络技术。

(3)现行的信息管理和信息技术的标准、规范和有关法律制度。

(4)用户需求。系统的直接使用者是用户,进行系统设计时应充分尊重和理解用户的要求,特别是用户在操作使用方面的要求,尽可能使用户感到满意。

(5)系统运行环境。新系统的目标要和现行的管理方法相匹配,与组织的改革与发展相适应。也就是说,要符合当前需要,适应系统的工作环境,如基础设施的配置情况、直接用户的空间分布情况、工作地的自然条件及安全保密方面的要求。在系统设计中还应考虑现行系统的硬、软件状况和管理与技术环境的发展趋势,在新系统的技术方案中既要尽可能保护已有投资,又要有较强的应变能力,以适应未来的发展。

5.2 系统总体设计

系统设计工作应该自顶向下进行。首先设计总体结构,然后再逐层深入,直至进行每一个模块的设计。总体设计主要是指在系统分析的基础上,对整个系统的划分(子系统)、机器设备(包括软、硬设备)的配置、数据的存储规律以及整个系统实现规划等方面进行合理安排。

5.2.1 系统设计的任务

系统设计又称为物理设计,是开发管理信息系统的第二阶段,系统设计通常可分为两个阶段进行,首先是总体设计,其任务是设计系统的框架和概貌,并向用户单位和领导部门作详细报告并认可,在此基础上进行第二阶段——详细设计,这两部分工作是互相联系的,需要交叉进行,本章将这两个部分内容结合起来进行介绍。

系统设计是开发人员进行的工作,开发人员将系统设计阶段得到的目标系统的逻辑模型转换为目标系统的物理模型,该阶段得到的工作成果——系统设计说明书是下一个阶段系统实施的工作依据。

5.2.2　系统设计的主要内容

系统设计的主要任务是进行总体设计和详细设计。总体设计包括系统模块结构设计和计算机物理系统的配置方案设计。

1. 系统模块结构设计

系统模块结构设计的任务是划分子系统，然后确定子系统的模块结构，并画出模块结构图。在这个过程中必须考虑以下几个问题：如何将一个系统划分成多个子系统；每个子系统如何划分成多个模块；如何确定子系统之间、模块之间传送的数据及其调用关系；如何评价并改进模块结构的质量。

2. 计算机物理系统配置方案设计

在进行总体设计时，还要进行计算机物理系统具体配置方案的设计，要解决计算机软硬件系统的配置、通信网络系统的配置、机房设备的配置等问题。计算机物理系统具体配置方案要经过用户单位和领导部门的同意才可实施。

开发管理信息系统的大量经验教训说明，选择计算机软硬件设备必须进行充分的调查研究，最好应向使用过该软硬件设备的单位了解运行情况及优缺点，并征求有关专家的意见，然后进行论证，最后写出计算机物理系统配置方案报告。

从我国的实际情况看，不少单位是先买计算机然后决定开发。这种不科学的、盲目的做法是不可取的，它会造成极大浪费。因为，计算机更新换代是非常快的，就是在开发初期和在开发的中后期系统实施阶段购买计算机设备，价格差别就会很大。因此，在开发管理信息系统过程中应在系统设计的总体设计阶段才具体设计计算机物理系统的配置方案。

在总体设计基础上，第二步进行的是详细设计，主要是处理过程设计以确定每个模块内部的详细执行过程，包括局部数据组织、控制流、每一步的具体加工要求等。一般来说，处理过程模块详细设计的难度已不太大，关键是用一种合适的方式来描述每个模块的执行过程，常用的有流程图、问题分析图、IPO 图和过程设计语言等；除了处理过程设计，还有代码设计、界面设计、数据库设计、输入输出设计等。

系统设计阶段的结果是编写系统设计说明书，它主要由模块结构图、模块说明书和其他详细设计的内容组成。

5.2.3　系统设计的原则

系统设计需要按照一定的原则进行，主要有如下五个方面：

(1)简单性：在达到预定的目标、具备所需要的功能前提下，系统应尽量简单，这样可减少处理费用，提高系统效益，便于实现和管理。

(2)灵活性和适应性：以便适应外界的环境变化。可变性是现代化企业的特点之一，是指其对外界环境变化的适应能力。作为企业的管理信息系统也必须具有相当的灵活性，以便适应外界环境的不断变化，而且系统本身也需不断修改和改善。因此，在这里系统的可变性是指允许系统被修改和维护的难易程度。一个可变性好的系统，各个部分独立性强，容易进行变动，从而可提高系统的性能，不断满足对系统目标的变化要求。此外，如果一个信息系统的可变性强可以适应其他类似企业组织的需要，这将比重新开发一个新系统成本要低得多。

(3)一致性和完整性：一致性是指系统中信息编码、采集、信息通信要具备一致性设计规范性标准；完整性是指系统作为一个统一的整体而存在，系统功能应尽量完整。

(4)可靠性：指系统硬件和软件在运行过程中抵抗异常情况的干扰及保证系统正常工作的能力。衡量系统可靠性的指标是平均故障间隔时间和平均维护时间。前者指平均的前后两次发生故障的时间，反映系统安全运行时间；后者指故障后平均每次所用的修复时间，反映系统可维护性的好坏。只有可靠的系统，才能保证系统的质量并得到用户的信任，否则就是没有使用价值。提高系统可靠性的途径主要有：

①选取可靠性较高的主机和外部设备；

②硬件结构的冗余设计，即在高可靠性的应用场合，应采取双机或双工的结构方案；

③对故障的检测处理和系统安全方面的措施，如对输入数据进行校检，建立运行记录和监督跟踪，规定用户的文件使用级别，对重要文件的复制等。

(5)经济性：指系统的收益应大于系统支出的总费用。系统支出费用包括系统开发所需投资的费用与系统运行维护费用之和；系统收益除有货币指标外，还有非货币指标。

系统应该给用户带来相应的经济效益。系统的投资和经营费用应当得到补偿。需要指出的是，这种补偿有时是间接的或不能定量计算的。特别是对于管理信息系统，其效益当中有很大一部分效益不能以货币来衡量。

5.3 代码设计

5.3.1 信息代码

信息编码是要将表示信息的符号体系转换成便于计算机识别与处理的另一种符号体系的过程。转换后的符号体系叫做代码或码，因此，代码是一个或一组有序的、易于计算机和人识别与处理的符号。这种符号可以是文字、字母、数字、图形、图像、一组颜色等。在识别与利用信息的过程中，人与人之间、人与机器之间以及机器与机器之间需要交换信息，共享信息资源，这就要求对具有相同内容的信息建立统一的识别标准。这种标准应该方便人们对信息进行加工。代码有多种形式，国际莫尔斯电报码用小点与短横表示；国际通用的电阻元件参数值的表示方法是一组不同颜色组成的圆环，称为电阻色环码。数字与文字(字母)形成的代码只是代码中的一种。

代码实际上是人们为了方便利用而对各类信息设定的一种标识符。各类信息在产生时其表示符号多由其产生的环境、条件所决定，难以形成统一的标识符。对信息进行编码，就是使信息的标识规范化的过程，代码就是信息的规范化的标识符。因此，代码的功能有：

(1)信息的标识唯一，便于分类鉴别，防止同名异义、异名同义现象发生；

(2)信息的标识统一，便于信息交换与利用，实现更大范围资源共享；

(3)信息的标识有序，便于信息的加工、排序、查询、检索；

(4)信息的标识明确，可以表达特定含义；

(5)信息的标识简洁，可以提高信息处理的效率；

(6)信息标识的形式与信息内容的对应关系可以人为设定，有利于信息的安全保密。

5.3.2 代码设计的原则

1. 代码设计原则

(1)适应性：考虑适合计算机处理。

(2)合理性：代码结构与所描述对象体系相匹配。

(3)简明性：尽可能简单、明了，以降低误码率，提高工作效率。

(4)系统性：可以分组，有一定的分组规则，保证代码具有通用和一贯性。

(5)稳定性：代码的定义和描述具有相对稳定性，避免过多改动。

(6)可扩充性：留有一定的后备余量，适应发展的需要。

(7)标准化：尽量采用标准化的编码，系统内部使用的应该统一。现代化企业的编码系统已由简单的结构发展成为十分复杂的系统，系统所用的代码应尽量标准化，以方便数据交换和共享。

2. 代码设计注意事项

(1)设计的代码在逻辑上必须能满足用户的需要，在结构上能与处理的方法相一致。

例如：在设计用于统计的代码时，为了提高处理速度，往往使之能够在不需调出有关数据文件的情况下，直接根据代码的结构进行统计。

(2)可扩充且容易修改。

(3)要注意避免引起误解，不要使用易于混淆的字符；如 O、z、I、S、V 与 0、2、1、

5、U易混；不要把空格作代码；要使用24小时制表示时间等。

(4)要注意尽量采用不易出错的代码结构。

例如：字母—字母—数字的结构(如WW2)比字母—数字—字母的结构(如W2W)发生错误的机会要少一些。

5.3.3 代码的种类

代码的种类主要包括：顺序码、区间码、助忆码。

(1)顺序码：是一种用连续数字代表编码对象的码，以地铁列车车次为例，见表5.1。

表5.1 地铁列车车次号顺序码

序号	顺序码	含义
1	090101	9号线上行车第1班车
2	010203	1号线下行车第3班车
3	040102	4号线上行第2班车

顺序码的优点是短而简单，记录的定位方法简单，易于管理。但这种码没有逻辑基础，它本身不能说明任何信息的特征。

(2)区间码：把数据项分成若干组，每一区间代表一个组，码中数字的值和位置都代表一定意义。如，北京地铁4号线车辆编组为TC_1-M_1-M_3-T_3-M_2-TC_2。区间码举例见表5.2。

表5.2 区间码表

序号	区间码	含义
1	TC	带司机室的拖车
2	M	动车
3	T	不带司机室的拖车
4	+	半自动车钩
5	—	半永久棒式车钩

区间码可分为多面码和上下关联区间码：

一个数据项可能有多方面的特性，如果在码的结构中，为这些特性各规定一个位置，就形成了多面码。

上下关联区间码是由几个意义上相关的区间码组成，其结构一般由左向右排列。例如：城市多级关联代码，第1、2位代表省，第3、4位代表地级市，4、5位代表县区等十进位码。例如，图书分类中的十进位分类码。

(3)助忆码:用字母、数字或字母数字结合起来描述(表示产品的规格、型号)。举例如下:

G-1-24 表示 1 号线某车辆段的第 24 组凸轮调阻车;

6DCU3:6 为车厢号,3 表示从列车 A 侧第 1 个车门起,S 形顺序计数的第 3 个车门;

4A3:4 为车厢号,A 表次此门在列车的 A 侧,3 表示为该放向的第 3 个车门。

5.3.4　代码结构校验位

为了保证正确输入,在原有代码的基础上,另加一个校验位,作为代码的一个组成部分。校验位通过事先规定的数学方法计算出来。代码一旦输入,计算机会用同样的数学运算方法按输入的代码数字计算出校验位,并将它与输入的校验位进行比较,以证实输入是否有错。

确定校验位值的方法有算术级数法、几何级数法和质数法。

算术级数法:

原代码:1　2　3　4　5

各乘以权:6　5　4　3　2

乘积之和:6+10+12+12+10=50

以 11 为模去除乘积之和(若余数是 10,则按 0 处理),把得出的余数作为校验码:50/11=4……6,因此代码为 123456。

几何级数法:原理同上,但把所乘权数改为 32　16　8　4　2 等。

质数法:原理同上,但把所乘权数改为质数系列,如:17　13　7　5　3 等。

5.4　数据存储设计

5.4.1　数据库设计

数据库设计是在选定的数据库管理系统基础上建立数据库的过程。数据库设计的步骤与系统开发的各个阶段相对应,如图 5.1 所示。

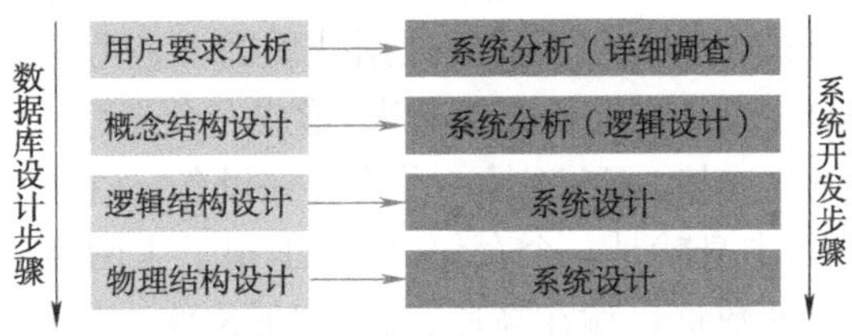

图 5.1　数据库设计的步骤与系统开发阶段对应图

在系统设计中，对数据库的设计应该考虑：

(1)用户权限的设计：当一个用户进入系统后，该系统即按照权限表来进行相应的数据库存取操作。

(2)索引文件的设计：根据实际的管理需求建立适当的索引文件，提高检索效率。

(3)中间文件或临时文件的设计：利用中间文件可以在一定程度上提高处理效率，但使用完后要安排删除功能及时将它们删除，以免过多占用存储空间。

(4)视图的设计：视图是由一个或若干个表导出的表，严格而言只是一个"虚表"；设计视图可以方便系统各项功能的实现，保证数据库的安全性。

(5)存储模式的设计：对于企业来说，数据的安全性极为重要，一旦遭到破坏或丢失，就会造成难以弥补的损失，因此需要对重要数据进行集中存储、维护以及共享。这就需要涉及企业数据存储的模式选择。通常，企业级数据存储有三种方式：DAS(Direct-Attached Storage，直连式存储)、NAS(Network-Attached Storage，网络接入式存储)和 SAN(Storage Area Network，存储区域网络)。

DAS 这种存储模式的服务器架构如同 PC，外部数据存储设备(磁盘阵列、光盘机、磁带机等)都直接挂接在服务器的内部总线上，数据存储设备是整个服务器结构的一部分。DAS 这种直连方式能够解决单台服务器的存储空间扩展、高性能传输需求。

但是，DAS 在带来简洁架构的同时，直连模式也导致存储容量的提升非常困难。为解决存储容量不足，以 NAS 为代表的第二代企业级存储方案应运而生。NAS 是通过网络直接连接的磁盘阵列，具备磁盘阵列的所有主要特征：高容量、高效能、高可靠性。NAS 将存储设备通过标准的网络拓扑结构连接起来，可以无需服务器直接上网，不依赖通用的操作系统，而是采用一个面向用户设计的、专门用于数据存储的简化操作系统。由于内置了与网络连接所需的协议，因此 NAS 系统的管理和设置较为简单。

不过，NAS 存储系统实现的都是文件级存储，不仅会占用大量资源，而且容易受到系统延迟、网络延迟等影响。另外，随着用户数据量的增加，NAS 也将出现和 DAS 同样的问题——不能为提高存储能力而无限制地增加存储设备。与 DAS 和 NAS 存储相比，SAN 的优势在于所有的数据处理都不是由服务器完成的，而是将这些存储设备单独通过光纤交换机连接起来，形成一个光纤通道网络，然后这个网络再与企业现有局域网连接。SAN 是一种将存储设备、连接设备和接口集成在一个高速网络中的技术，本身就是一个存储网络，承担了主网络中的数据存储任务。在 SAN 网络中，所有的数据传输在高速、高带宽的网络中进行，并且 SAN 存储实现的是直接对物理硬件的块级存储访问，提高了存储的性能和可升级能力。

根据存储网络所采用的传输协议和物理介质的不同，SAN 有 FC SAN、IP SAN 和 InfiniBand SAN 等多种实现方式。FC SAN 采用高速的光纤通道构成存储网络，是 SAN 的主流技术。不过，随着 Ethernet 和 IP 技术的不断发展成熟，基于 IP 的 SAN 存储集合了 Ethernet 和 IP 的开放性及块存储多方面的优点，并以 IP 协议替代光纤通道协议实现端到端的 SAN 存储，具有架构简单和设置简单等优点。三种存储方式的优缺点分析见表 5.3。

表 5.3　存储方式分析表

	DAS	NAS	FC SAN
结构化数据（数据库）	√		√
非结构化数据（文件）		√	
共享		√	
中小型数据库	√		
优势	1. 易管理、低成本； 2. 架构简单	1. 优化文件系统，文件存储性能好； 2. 天然共享架构和安全保障，满足共享需求； 3. 易管理、低成本； 4. 开放、兼容性好	结构化数据情况下性能好

5.4.2　数据库范式设计

1. 函数依赖

(1)若 $X \to Y$，则 X 叫做决定因素。

(2)若 $X \to Y, Y \to X$，则记做 $x \leftrightarrow y$。

(3)若 Y 不函数依赖于 X，则记做 $x \nrightarrow y$。

2. 关系模式

关系模式设计不规范会带来一系列的问题，如：数据冗余、更新异常、插入异常、删除异常。

(1)关系模式示例

关系模式 R(Tname，Address，C#，Cname)，见表 5.4。

- 一个教师只有一个地址(户口所在地)；
- 一个教师可教多门课程；
- 一门课程只有一个任课教师。

因此 R 关系的主码是 C＃。

表 5.4 关系模式

Tname	Addr	C#	Cname
T1	A1	C1	N1
T1	A1	C2	N2
T1	A1	C3	N3
T2	A2	C4	N4
T2	A2	C5	N5
T3	A3	C6	N6

对表 5.4 中的数据进行分析，设计不符合规范，存在如下四类问题。

问题①：数据冗余。

教师 T1 教了三门课程，他的地址被重复存储了 2 次，数据量较大时，将出现数据空间占有量过大。

问题②：更新异常。

如果 T1 的地址变了，则需要改变 3 个元组的地址；若有一个未更改，就会出现数据不一致。但 DBMS 无法获知这种不一致。

问题③：插入异常。

如果要增加一名教师，但他还未带课，则 C＃和 Cname 为空，但由于 C＃是主码，当其值为空时违反了实体完整性，所以这名教师将无法插入到数据库中。

问题④：删除异常。

如果教师 T3 现在不带课了，则需将 T3 的元组删去，但同时也把他的姓名和地址信息删掉了。

解决方法如下：

方法 1：R 分解为 R1(Tname，Addr)和 R2(C＃，Cname)。但是，授课信息丢失了。

方法 2：R 分解为 R1(Tname，Addr，C＃)和 R2(C＃，Cname)。但是，R1 中问题依然存在。

方法 3：R 分解为 R1(Tname，Addr)和 R2(Tname，C＃，Cname)。上述基本问题就得到解决。

范式是满足特定要求的模式。不同级别的范式要求各不相同范式可以作为衡量一个关系模式好坏的标准。将低一级范式的关系模式通过模式分解转换为高一级范式的关系模式集合的过程称作规范化。

(2)数据库范式案例

供货关系(供应商、货物、价格、质量、评分、地点)见表 5.5。

表 5.5　供货关系

供应商	货物	价格	质量	评分	地点
S1	P1	500	国优	B	北京
S1	P2	300	部优	C	北京
S2	P2	350	国优	B	上海
S2	P3	400	ISO9000	A	上海
S2	P5	200	—	—	上海
S3	P1	480	省优	C	汕头
S3	P4	250	省优	C	汕头
S4	P3	380	国优	B	广州

表中,属性供应商函数决定属性地点,或地点函数依赖于供应商。记为:

供应商→地点。

表中还有其他函数依赖关系,如:

供应商→货物;(供应商,货物)→价格

把一个关系模式分解成两个或两个以上的关系模式。在分解过程中,消除非函数依赖,从而设计出好的关系模式。

例如:对表中给出的供货关系模式:

供货关系(供应商、货物、价格、质量、评分、地点)

可以将其分解为表 5.6、表 5.7 所示的两个关系。

表 5.6　供货关系分解

供应商	货物	价格	质量	评分
S1	P1	500	国优	B
S1	P2	300	部优	C
S2	P2	350	国优	B
S2	P3	400	ISO9000	A
S2	P5	200	—	—
S3	P1	480	省优	C
S3	P4	250	省优	C
S4	P3	380	国优	B

表 5.7 供应商关系

供应商	地 点
S1	北京
S2	上海
S3	汕头
S4	广州

关系模式分解可解决数据冗余问题、数据插入问题、数据删除问题和数据更新问题。

3. 关系模式的规范化

(1)第一范式(1NF)

如果关系模式的每一个属性都是不可分的原子属性，即关系的所有都必须是不可分的最小数据项，那么称该关系模式是第一范式的模式。例如，供货关系表 5.8 中，一个供应商可能有两个联系电话，这时，该表就不是规范化的关系，因为电话属性就不是基本数据项，它由另外两个基本数据项组成。

表 5.8 转换成表 5.9 后就是规范化的 1NF 了。1NF 是知识关系模式应具备的最起码的要求。

表 5.8 原始表

供应商	电 话		厂 址
S1	01060240100	01060175793	北京
S2	02164333556	02164711676	上海
S3	02086673474	02086673788	广州

表 5.9 规范化后的表

供应商	电 话	厂 址
S1	01060240100	北京
S1	01060175793	北京
S2	02164333556	上海
S2	02164711676	上海
S3	02086673474	广州
S3	02086673788	广州

(2)第二范式(2NF)

如果关系模式是1NF,而且每个非主属性完全函数依赖于关键字,那么该关系模式就是第二范式的模式。非主属性指关键字以外的所有属性。

仍以供货关系表为例:

供货关系(供应商、货物、价格、质量、评分、地点)

非主属性价格、质量、评分均完全函数依赖于关键字,但非主属性地点却部分函数依赖于关键字。即有:

(供应商、货物)→价格　(供应商、货物)→质量

(供应商、货物)→评分　供应商→地点

前述供货关系表的操作异常问题,均是由地点对供应商的部分函数依赖造成的。为了解决操作异常问题,就要运用模式分解方法消除这种部分函数依赖,可进行模式分解如下:

供货关系(供应商、货物、价格、质量、评分)

供应商关系(供应商、地点)

这样的两个关系模式就满足2NF模式。

(3)第三范式(3NF)

如果关系模式是2NF,并且非主属性都不传递依赖于关键字,那么称该关系模式是第三范式模式。

在供应商关系模式中,非主属性质量和评分均函数依赖于关键字,而评分又函数依赖于质量,所以评分传递函数依赖于关键字,即有:

(供应商、货物)→质量　质量→评分

(供应商、货物)→质量→评分

经过模式分解的供货关系表虽然是2NF模式,但是,由于存在评分对质量的传递函数依赖,因而还包含有操作异常问题。为了进一步解决操作异常问题,需要消除这种传递函数依赖,其方法依然是进行模式分解。

供货关系(供应商、货物、价格、质量、评分)

分解为表5.10所示的供货关系和质量评分关系。

供货关系(供应商、货物、价格、质量)

评分(质量、评分)

关系规范化的目的是要消除关系上的操作异常问题。规范化的基本方法就是模式分解,其中涉及投影和连接两种基本的关系运算,即通过投影进行分解,通过连接将分解后的关系恢复成原样。而3NF分解既保持了函数依赖,又具有无损连接的特性,见表5.10。

此外,在模式分解中还需要注意使分解的关系模式的个数尽量少。

表 5.10 2NF 的供应商关系分解为两个 3NF

(a)

供应商	货物	价格	质量
S1	P1	500	国优
S1	P2	300	部优
S2	P2	350	国优
S2	P3	400	ISO9000
S2	P5	200	—
S3	P1	480	省优
S3	P4	250	省优
S4	P3	380	国优

(b)

质量	地评分
ISO9000	A
国优	B
部优	B
省优	C

5.4.3 数据库物理设计

数据库物理设计过程中需要对时间效率、空间效率、维护代价和各种用户要求进行权衡，选择一个优化方案作为数据库物理结构。在数据库物理设计中，最有效的方式是集中地存储和检索对象。

数据库物理设计内容包括：

(1)确定数据的存储结构。

(2)存取路径的选择和调整。

(3)确定数据存放位置。包括确定各类数据的存放位置、存储设备、备份方式以及区域划分。可以从数据的可变部分和稳定部分；存取频率的高低；存取响应快慢；数据共享程度高低；数据保密程度高低来考虑。

(4)确定存储分布。

(5)完整性和安全性考虑。

5.4.4 功能结构图设计

功能结构图是按功能从属关系画成的图表。越上层功能越笼统，越下层功能越具体。功能分解的过程就是一个由抽象到具体、由复杂到简单的过程。工资管理子系统的功能结构如图 5.2 所示。

功能结构图中每一个框称为一个功能模块。功能模块可以根据具体情况分得大一点或小一点。分解得最小的功能模块可以是一个程序中的每个处理过程，而较大的功能模块则可能是完成某一任务的一组程序。

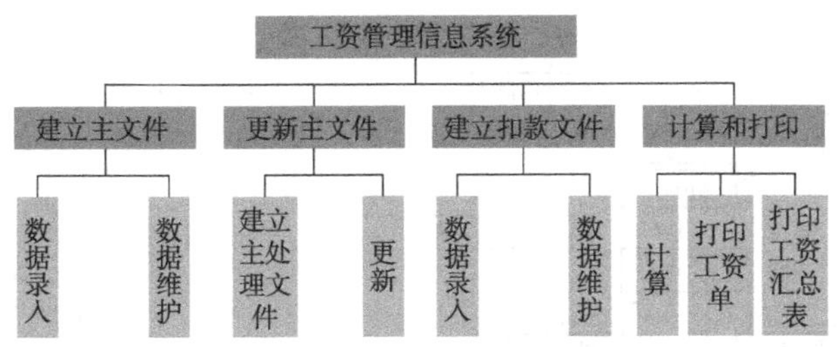

图 5.2 工资管理子系统的功能结构图

把一个复杂的系统分解为多个功能较单一的功能模块的方法称作模块化。模块化是一种重要的设计思想，它把一个复杂的系统分解为一些规模较小、功能较简单的、更易于建立和修改的部分。

5.4.5 信息系统流程图设计

信息系统流程图用来表达各功能之间的数据传送关系。绘制信息系统流程图可先为数据流程图中的每个处理功能画出数据关系图；再把各个处理功能的数据关系图综合起来，形成整个系统的数据关系图，即信息系统流程图，如图 5.3 所示。

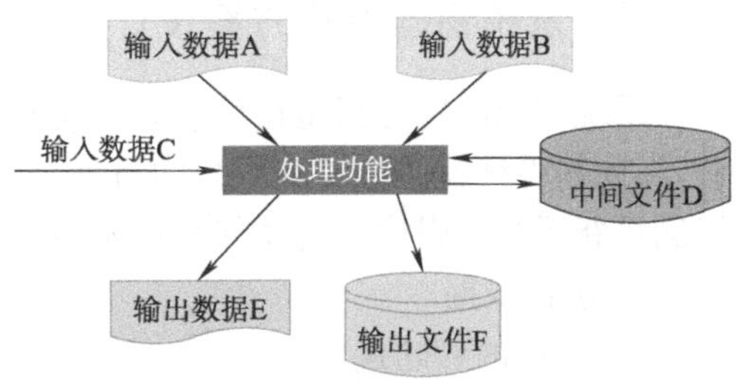

图 5.3 信息系统流程图

常用的系统流程图符号，如图 5.4 所示。

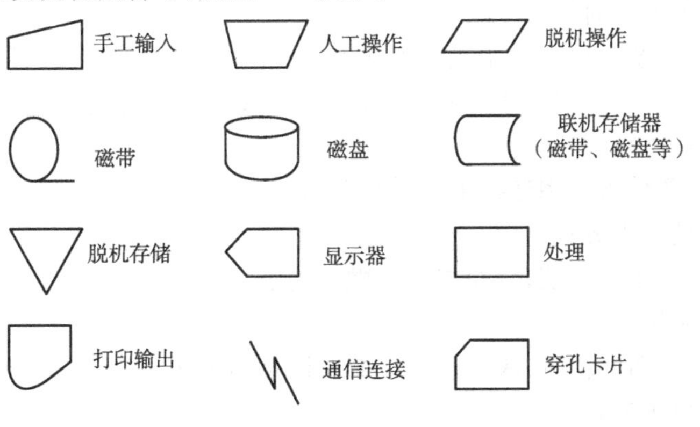

图 5.4 系统流程图符号

从数据流程图到信息系统流程图并非单纯的符号改换。从数据流程图导出信息系统流程图实例如图 5.5 所示。

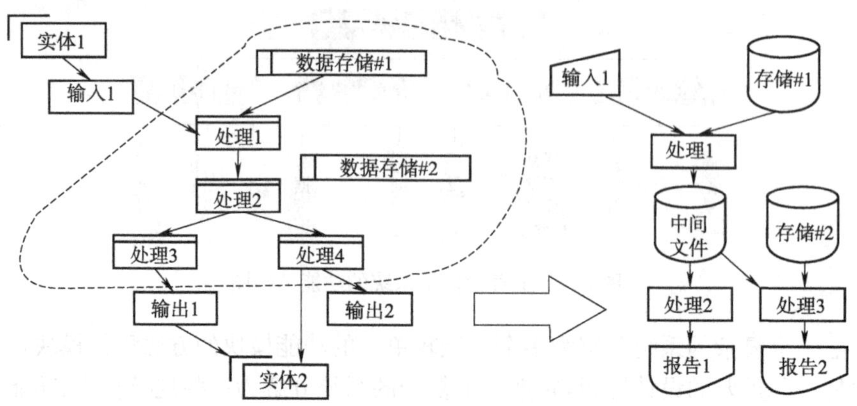

图 5.5　新系统逻辑模型转换为系统流程图示例

5.4.6　系统物理配置方案设计

系统物理配置方案是指信息系统运行所依赖的硬件平台、网络平台和软件平台，因此其设计就是针对新系统的目标，构建能够支持新系统运行的软硬件环境，以满足新系统逻辑模型的功能和技术需求。

1. 设计依据

(1)系统的吞吐量

每秒钟执行的作业数称为系统的吞吐量。系统的吞吐量越大，则系统的处理能力就越强。

(2)系统的响应时间

从用户向系统发出一个作业请求开始，经系统处理后，给出应答结果的时间称为系统的响应时间。它与 CPU 运算速度和通信线路的传递速率等有关。

(3)系统的可靠性

系统的可靠性可以用连续工作时间表示。

(4)系统的处理方式

集中式——主机系统；分布式——微机网络。

(5)地域范围

根据系统覆盖的范围，决定采用广域网还是局域网。

(6)数据管理方式

如果数据管理方式为文件系统，则操作系统应具备文件管理功能；如果数据管理方式为数据库管理方式，系统中应配备相应的数据库管理系统。

2. 设计内容

(1)计算机硬件选择：确定系统的体系结构(数据的处理方式)，如果是集中式的处理，可以采用主机—终端系统；若企业应用是分布式的，则使用微机网络更为灵活、经济。确定软件对计算机的要求。

(2)计算机网络的选择：网络拓扑结构一般有总线型、星型、环型等。在网络选择上应根据应用系统的地域分布、信息流量进行综合考虑。

(3)数据库管理系统的选择：管理信息系统都是以数据库系统为基础。一个好的数据库管理系统对管理信息系统的应用有着举足轻重的重要影响。在数据库管理系统的选择上，主要考虑：数据库的性能、数据库管理系统的系统平台、数据库管理系统的安全保密性能及数据的类型。

(4)应用软件的选择：随着计算机产业的发展，出现了许多商品化应用软件，这些软件技术成熟、设计规范、思想先进，直接应用这些软件既可以节省投资，又能够规范管理过程、加快系统应用的进度。在选择应用软件时应充分考虑软件是否能够满足用户的需求；软件是否具有足够的灵活性，以适应应用环境变化的需求；软件是否能够获得长期、稳定的技术支持，良好的售后服务是软件性能的重要指标之一。

3. 输入设计的原则

提高效率和减少错误是两个最根本的原则。

具体目标是：

(1)控制输入量；

(2)减少输入延迟；

(3)减少输入错误；

(4)输入过程应尽量简化。

4. 常用的输入设备

(1)键—磁盘输入装置；

(2)光电阅读器；

(3)终端输入。

5. 原始单据的格式设计

输入设计的重要内容之一是设计好原始单据的格式，设计原则是便于填写、便于归档且单据的格式应能保证输入精度。某公司运营部门工资输入设计见表5.11。

表5.11 输入设计表

人员代码	姓名	部门	基本工资	附加工资	备注
1002	周英杰	01	400.00	40.00	0
1004	吴关兴	02	350.00	35.00	2

续上表

人员代码	姓名	部门	基本工资	附加工资	备注
1005	赵子英	01	450.00	45.00	2
1007	马凌云	02	600.00	60.00	1

科长签字____________

备注栏:0—调离　1—新进　2—修改数据

6. 输入屏幕设计

常用的人机对话方式具体有:菜单式、填表法、应答式。

7. 系统设计报告

系统设计报告的内容包括:

(1)系统总体设计方案;

(2)代码设计方案;

(3)输入和输出设计方案;

(4)文件设计方案;

(5)程序模块说明书。

一旦系统设计被审查批准,整个系统开发工作便进入系统实施阶段。

5.5 数据系统安全性与完整性设计

数据库的数据保护主要包括数据库的安全性和完整性保护机制。完整性是数据库的一个重要特征,也是保证数据库中的数据切实有效、防止错误、实现商业规则的一种重要机制。

5.5.1 数据系统安全性设计

安全性问题是计算机系统中普遍存在的一个问题,而在数据库系统中显得尤为突出。数据库系统中大量数据集中存放,而且为许多最终用户直接共享。数据库系统建立在操作系统之上,而操作系统是计算机系统的核心,因此数据库系统的安全性与计算机系统的安全性息息相关。

在一般计算机系统中,安全措施是一层一层设置的,常见的计算机系统安全模型如图 5.6 所示。

(1)用户标识与鉴别是系统提供的最外层安全保护措施。当用户进入数据库系统时,需要提供用户的标识,系统根据标识鉴别此用户是不是合法用户,对于合法的用户,进一步开放数据库的访问权限;对于非法用户,则拒绝该用户对数据库进行存取操作。用户标识与鉴别的方法比较多,常用的有输入用户名标识合法身

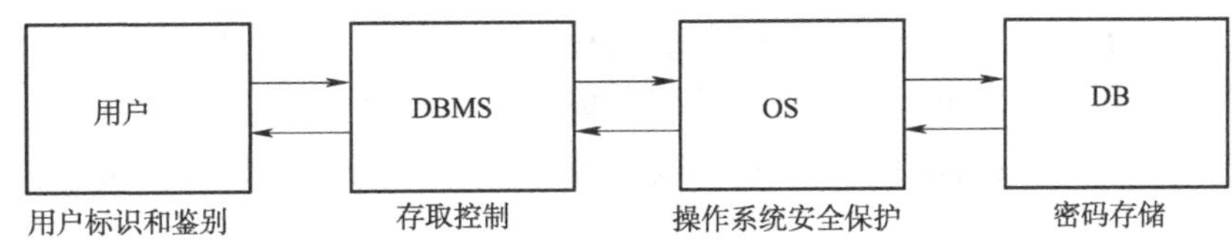

图5.6 计算机系统安全模型

份、回答用户口令标识身份、通过回答随机数的运算结果标识合法身份、通过个人特征鉴别标识合法身份。

(2)数据库安全性所关心的主要是DBMS的存取控制机制。存取控制是确保具有授权资格的用户访问数据库的权限,同时使得所有未被授权的人员无法访问数据库的机制。

存取控制机制有两大构成部分,第一是定义用户权限,用户权限是指用户对于数据对象能够执行的操作种类。进行用户权限定义,系统必须提供有关用户定义权限的语言。其次是系统进行权限检查,每当用户发出存取数据库的操作请求后,DBMS首先查找数据字典,进行合法权限检查,如果用户的操作请求没有超出其数据操作权限,则准予执行其数据操作;否则,拒绝其执行此操作。

存取控制机制的类别分为自主存储控制和强制存储控制。

①自主存取控制:在自主存取控制方法中,用户对于不同的对象有不同的存取权限;不同的用户对同一对象的存取权限也不同;用户也可以将自己拥有的权限传授给其他用户。

对于一个数据库,不同的用户有不同的访问要求和使用权限。一般可以将数据库的用户分为四类:数据库管理员、数据库对象的属主、一般数据库用户、公共用户。

数据库管理员(Database Administrator,DBA):拥有支配整个数据库资源的特权,对数据库拥有最大的特权,因而也对数据库负有特别的责任。DBA特权命令包括给各个独立的账户、用户或者用户组授予特权和回收特权,以及把某个适当的安全分类级别指派给某个用户账户。

数据库对象的属主:数据库的创建者,除了一般数据库用户拥有的权力外,还可以授予或收回其他用户对其所创建的数据库的存取权。

一般数据库用户:通过授权可对数据库进行操作的用户。

公共用户:为了方便共享数据操作而设置的,它代表全体数据库用户,如果把某个数据对象的某项操作授权给公共用户,则一个合法的数据库用户都能进行该项数据操作。

用户使用数据库的方式称为权限。使用数据库的权限分为两类:访问数据特权和修改数据库模式的特权。访问数据特权包括:读数据权限、插入数据权限、修改数据权限和删除数据权限。修改数据库模式的特权包括:创建和删除索引的索引权限,创建新表的资源权限,允许修改表结构的修改权限,允许撤销关系表的撤销权限等。

SQL 对自主存取控制提供了支持,其 DCL 主要是 GRANT(授权)语句和 REVOKE(收权)语句。

由于不同的用户对数据库具有不同的存取权,因此为了保证用户只能访问自己有权存取的数据,必须对每个用户授予不同的数据库存取权。在 SQL 中,授权语句有两种:授予权限语句和授予角色语句。

一个角色是一组被命名的零个或多个特权。授权一个角色给一个用户,则允许该用户使用被授权的角色所拥有的每一个特权。用户与角色之间存在多对多的联系;一个用户允许被授予多个角色使用,同一个角色的使用被授权予多个用户。一个角色的使用也可以被授权予另一个角色。

语句基本形式为:

GRANT〈权限〉ON〈数据对象〉TO〈受权者〉[WITH GRANT OPTION]

〈数据对象〉::=〈基表〉|〈视图〉|〈属性〉|…

〈受权者〉::=PUBLIC|〈授权 ID〉

语义:将某作用在指定操作对象上的操作权限,限授予指定的用户(即数据库对象的访问权限的管理)。

收回权限的 REVOKE 语句:

REVOKE〈权限〉ON〈数据对象〉

FROM〈受权者〉[{,〈受权者〉}]

收回角色的 REVOKE 语句:

REVOKE〈角色 ID〉FROM〈受权者〉[{,〈受权者〉}]

自主存取控制能够通过授权机制有效地控制用户对敏感数据的存取,但也存在着一定的缺陷,其主要问题是系统对权限的授予状况无法进行有效的控制,因而可能造成数据的无意泄漏。

②强制存取控制(MAC):在强制存取控制中,每一个数据对象被标以一定的密级;每一个用户也被授予某个级别的访问许可证;对于任意一个对象,只有具有合法许可证的用户才可以存取。与自主存取控制相比,强制存取控制比较严格。在 MAC 中,DBMS 所管理的全部实体被分为主体和客体两大类。主体——系统中的活动实体,既包括 DBMS 所管理的实际用户,也包括代表用户的各进程。客体——系统中的被动实体,是受主体操纵的,包括文件、基表、索引、视图等等。

当某一用户(或一主体)以标记 label 注册入系统时,系统要求该用户对任何客体的存取必须遵循如下规则：

a. 仅当主体的许可证级别大于或等于客体的密级时，该主体才能读取相应的客体。

b. 仅当主体的许可证级别等于客体的密级时，该主体才能写相应的客体。一般强制存取控制通过限制访问控制、过程控制和系统限制来实现。

视图技术是当前数据库技术中保持数据库安全性的重要手段之一。通过为不同的用户定义不同的视图，可以将要保密的数据对无权存取的用户隐藏起来，从而自动地给数据提供一定程度的安全保护。例如，给某用户定义了一个只读视图，并且这个视图的数据来源于关系 R，则此用户只能读 R 中的有关信息，数据库中一切其他信息对该用户都是隐藏的。

例 允许一个用户查询学生表 STUDENT 的记录，但是只允许该用户查询计算机专业学生的情况。

```
CREATE VIEW STUDENT_SUBJECT
        AS
SELECT 借书证号,姓名,专业名,性别,出生时间,借书数
FROM   STUDENT
WHERE 专业名='计算机'
```

使用这个视图 STUDENT_SUBJECT 的用户看到的只是基本表 STUDENT 的一个“水平子集”，或称行子集。

数据加密技术是防止数据库中数据在存储或者传输中失密的有效手段。加密的基本思想是根据一定的算法将原始数据（明文）变换成不可直接识别的格式（密文），从而使得不知道解密算法的人无法获知数据的内容。这样可以保证只有掌握了密钥的用户才能访问数据，而且即使数据被非法地从数据库中窃取，或者在数据传输过程中被截取，窃取者都无法知道密码数据的含义。

数据加密的主要方法有两种，一是替换方法，该方法使用密钥（Encryption Key）将明文中的每一个字符转换为密文中的字符。二是置换方法，该方法仅将明文的字符按不同的顺序重新排列。

跟踪审计（Audit Trial）是一种监视措施，数据库运行中，DBMS 跟踪用户对一些敏感数据的存取活动，把用户对数据库的操作自动记录下来放入审计日志（Audit Log）中，有许多 DBMS 的跟踪审计记录文件与系统的运行日志合在一起。系统能利用这些审计跟踪的信息，重现导致数据库现状的一系列事件。跟踪审计的记录一般包括以下内容：请求（源文本）、操作类型（如修改、查询等）、操作终端标识与操作者标识、操作日期和时间、操作所涉及的对象（表、视图、记录、属性等）、数据的前映象和后映象。DBMS 提供相应的语句供施加和撤销跟踪审计之用。

统计数据库是一种特殊类型的数据库，它和一般的数据库相比，有很多共同点，但是也有许多独特之处。统计数据库，它回答给用户的只能是统计信息。如国家的人口统计数据库、经济统计数据库等。统计数据库存储了大量敏感的数据，但只给用户提供这些原始数据的统计数据(如平均值、总计等)，而不允许用户查看单个的原始数据。用户使用合法的统计查询可以推断出自己不应了解的数据。例如，一个学生想要知道另一个学生 A 的成绩，可以通过查询包含 A 在内的一些学生的平均成绩，然后对于上述学生集合 P，他可用自己的学号取代 A 后得集合 P’的平均成绩。通过这样两次查询得到的平均成绩的差和自己的成绩，就可以推断出学生 A 的成绩。

为了堵塞这类漏洞，必须对数据库的访问进行推断控制。现在常用的方法有数据扰动、查询控制和历史相关控制等。这些方法虽然都获得了应用，取得了很好的效果，但是迄今为止，统计数据库的安全问题尚未彻底解决。

5.5.2 数据系统完整性设计

数据库的完整性是指数据库中数据的正确性和相容性，即为了防止数据库中存在不符合语义的数据，防止错误信息的输入和输出。例如：学生的学号一定是唯一的，学号的长度是 13～15 个字符串；学生的年龄是整数，取值范围为 11～45；当一个用户向数据库插入一个新的学生记录或修改一个学生的数据时必须满足这些条件。

数据库的完整性保证了真实反映现实世界，凡是已经失真的数据都可以说其完整性受到了破坏，这种情况下就不能再使用数据库，否则可能造成严重的后果。完整性受破坏的常见原因包括错误的数据、错误的更新操作、并发访问、各种硬件故障及人为的破坏。

完整性约束条件作用的对象可以是列、元组、关系三种。列约束主要是列类型、取值范围、精度、排序等约束条件；元组约束是元组中各个字段间的联系的约束；关系约束是若干元组间、关系集合上以及关系间的联系的约束。

完整性约束条件的类型可以分为静态约束和动态约束。

1. 静态约束

静态约束是指数据库每一确定状态时的数据对象所应满足的约束条件，是反映数据库状态合理性的约束，这是最重要的一类完整性约束。根据约束作用的对象的不同，又可分为下面三种情况。

(1)静态列约束

对一个列的取值域等的说明或限制，这是最常见、最容易实现的一类完整性约束，包括：对数据类型的约束(例如，数据的类型、长度、单位、精度等)；对数据格式的约束(例如，学生的学号的格式中前四位表示入学年份，中间三位为院号＋系号，后三位为班级号＋顺序编号)；对取值范围或取值集合的约束(例如，大学本科学生年龄范围的取值范围为11～45)；对空值的约束，空值表示未定义或未知的值，与零值和空格不同。有的列允许空值，有的不允许(例如，规定学生的姓名不允许取空值；学号成绩可以为空值)；其他约束(例如，关于列的排序说明、组合列等)。

(2)静态元组约束

一个元组是由若干列值组成的，静态元组约束规定组成一个元组的各个列之间的约束关系(例如，一个学生的科目成绩列，规定每科成绩取值不得低于0，也不得高于100)。

(3)静态关系约束

静态关系约束反映了一个关系中各个元组之间或者若干关系之间存在的联系或约束。包括实体完整性约束(即关键字段的值不为空)、参照完整性约束(即一个关系的外码的取值与另一个关系的关键字的值有关)、函数依赖约束(大部分函数依赖约束都在关系模式中定义)、统计约束(即某个字段值与一个关系多个元组的统计值之间的约束关系)。

2. 动态约束

动态约束是指数据库从一种状态转变为另一种状态时，新、旧值之间满足的约束条件，反映数据库状态改变时应遵守的约束。按照约束对象不同，又分为动态列约束、动态元组约束和动态关系约束。

(1)动态列约束

动态列约束规定修改列定义或列值时应满足的约束条件，包括修改列定义时的约束(例如，将允许空值的列改为不允许空值时，如果该列目前已存在空值，则拒绝这种修改)；修改列值时的约束，修改列值时需要参照其旧值，并且新旧值之间需要满足某种约束条件(例如，学生的年龄只能增长)。

(2)动态元组约束

动态元组约束是指修改某个元组的值时元组中的各个字段之间要满足某种约束条件(例如，职工津贴不得高于个人基本工资的20%等)。

(3)动态关系约束

动态关系约束是加在关系变化时的限制条件(例如，事务一致性、原子性等约束条件)。

现代数据库技术采用对数据完整性的语义约束和检查来保护数据库的完整性，实现方式有两种：一种是通过定义和使用完整性约束规则；另一种是通过触发器和存储过程来实现。

SQL中的完整性约束主要分为三类：域完整性、实体完整性和参照完整性。但是，SQL尚不支持动态完整性约束。域完整性又称为列完整性，指列数据输入的有效性。实现域完整性的方法可通过定义相应的约束、规则等方法实现。

①列约束

定义列约束规定某个属性的值必须符合某种数据类型并且取自某个数据定义域。域完整性约束施加于单个数据上。域完整性可以使用 CHECK 约束、NOT NULL 约束、UNIQUE 约束在表定义的时候实现。CHECK 约束是字段输入时的验证规则，表示一个字段的输入内容必须满足 CHECK 约束的条件，若不满足，则数据无法正常输入。NOT NULL 约束表示列值的非空性，此列不允许为空；UNIQUE 约束表示列值唯一性。

②规则

a. 定义规则对象

语法格式：

```
CREATE RULE rule
    AS condition_expression
```

参数含义：参数 rule 为定义的新规则名，规则名必须符合标识符规则；参数 condition_expression 为规则的条件表达式，该条件表达式可为 WHERE 子句中任何有效的表达式，但规则表达式中不能包含列或其他数据库对象，可以包含不引用数据库对象的内置函数。

b. 将规则对象绑定到列或用户自定义类型

规则对象的绑定，使用的是系统存储过程 sp_bindrule，语法格式如下：

```
sp_bindrule [ @rulename=]'rule ',
[ @objname=]'object_name '
[,[ @futureonly=]'futureonly_flag ']
```

参数含义：参数 rule 为 CREATE RULE 语句创建的规则名，要用单引号括起来。参数 object_name 为绑定到规则的列或用户定义的数据类型，如果 object_name 采用“表名．字段名”格式，则认为绑定到表的列，否则绑定到用户定义的数据类型；参数 futureonly_flag 仅当将规则绑定到用户定义的数据类型时才使用，如果 futureonly_flag 设置为 futureonly，用户定义数据类型的现有列不继承新规则。如果 futureonly_flag 为 NULL，当被绑定的数据类型当前无规则时，新规则将绑定到用户定义数据类型的每一列。

c. 规则对象的删除

删除规则对象前，首先应使用系统存储过程 sp_unbindrule，解除被绑定对象与规则对象之间的绑定关系。语法格式：

```
sp_unbindrule [ @ object_name=]'object_name '
[,[ @futureonly=]'futureonly_flag ']
```

在解除列或自定义类型与规则对象之间的绑定关系后，就可以删除规则对象了。语法格式：

```
DROP RULE {rule}[,…n]
```

参数含义：参数 rule 指定删除的规则名，可以包含规则所有者名；参数 n 表示可以指定多个规则同时删除。

③触发器

触发器就是一类靠事件驱动的特殊过程，一旦由某个用户定义，任何用户对该数据的增、删、改操作均由服务器自动激活相应的触发器，在核心层进行集中的完整性控制。一个触发器应包括下面两个功能：指明什么条件下触发器被执行；指明触发器执行什么动作。

SQL 触发器定义的语法如下：

```
<触发器>::=CREATE TRIGGER <触发器名>
        ON <表名|视图名>
        [WITH ENCRYPTION]  /*说明是否采用加密方式*/
          {FOR| AFTER|INSTEAD OF} <触发事件>
          /*定义触发器的类型*/
        AS
[{IF UPDATE(column)[{AND|OR}UPDATE(column)]
              [...n]
|  IF(COLUMNS_UPDATED(){bitwise_operator}
updated_bitmask)}]
          /*两个IF子句用于说明触发器执行的条件*/
    Sql_statements        /*T-SQL语句序列*/
```

5.6 数据库恢复技术

尽管数据库系统中采取了各种保护措施来防止数据库的安全性和完整性被破坏，保证并发事务的正确执行，但是计算机系统中硬件的故障、软件的错误、操作员的失误以及恶意的破坏仍是不可避免的，这些故障轻则造成运行事务非正常中断，影响数据库中数据的正确性，重则破坏数据库，使数据库中全部或部分数据丢失。因此数据库管理系统(恢复子系统)必须具有把数据库从错误状态恢复到某一已知的正确状态(亦称为一致状态或完整状态)的功能，这就是数据库的恢复。

5.6.1 事务的概念

事务是用户定义的一个操作序列，这些操作要么全做要么全不做，是一个不可分割的工作单位。

“一荣俱荣，一损俱损”这句话很能体现事务的思想，很多复杂的事务要分步进行，但它们组成一个整体，要么整体生效，要么整体失效。这种思想反映到数据库上，就是多个 SQL 语句，要么所有执行成功，要么所有执行失败。

例如：在关系数据库中，一个事务可以是一条 SQL 语句，一组 SQL 语句或整个程序。

事务的开始与结束可以由用户显式控制。如果用户没有显式地定义事务，则由 DBMS 按缺省规定自动划分事务。在 SQL 语言中，定义事务的语句有三条：

BEGIN TRANSACTION，COMMIT，ROLLBACK

事务通常是以 BEGIN TRANSACTION 开始，以 COMMIT 或 ROLLBACK 结束。

COMMIT 表示提交，即提交事务的所有操作。具体地说就是将事务中所有对数据库的更新写回到磁盘上的物理数据库中去，事务正常结束。

ROLLBACK 表示回滚，即在事务运行的过程中发生了某种故障，事务不能继续执行，系统将事务中对数据库的所有已完成的操作全部撤销，滚回到事务开始时的状态。这里的操作指对数据库的更新操作。

5.6.2 数据库故障种类

1. 事务内部的故障

事务内部的故障有的是可以通过事务程序本身发现的，有的是非预期的，不能由事务程序处理的。

例 银行转账事务，这个事务把一笔金额从一个账户甲转给另一个账户乙。

```
BEGIN TRANSACTION
Read(BALANCE)                              //读账户甲的余额 BALANCE
BALANCE=BALANCE-AMOUNT                     //AMOUNT 为转账金额
IF(BALANCE<0)THEN
{  print 'no enough balance,don 't transfer '   //打印'金额不足，不能转账'
   ROLLBACK }                              //撤销刚才的修改，恢复事务
ELSE
{  Read(BALANCE1)                          //读账户乙的余额 BALANCE1
   BALANCE1=BALANCE1+AMOUNT                //实现转账
   COMMIT }
```

这个例子所包括的两个更新操作要么全部完成，要么全部不做。否则就会使数据库处于不一致状态。例如，只把账户甲的余额减少了而没有把账户乙的余额增加。

在这段程序中若产生账户甲余额不足的情况，应用程序可以发现并让事务滚回，撤销已作的修改，恢复数据库到正确状态。

事务内部更多的故障是非预期的，是不能由应用程序处理的。如运算溢出、并发事务发生死锁而被选中撤销该事务、违反了某些完整性限制等。以后，事务故障仅指这类非预期的故障。

事务故障意味着事务没有达到预期的终点（COMMIT 或者显式的 ROLLBACK），因此，数据库可能处于不正确状态。恢复程序要在不影响其他事务运行的情况下，强行回滚（ROLLBACK）该事务，即撤销该事务已经作出的任何对数据库的修改，使得该事务好像根本没有启动一样。这类恢复操作称为事务撤销（UNDO）。

2. 系统故障

系统故障是指造成系统停止运转的任何事件，使得系统要重新启动。例如，特定类型的硬件错误（CPU 故障）、操作系统故障、DBMS 代码错误、突然停电等。这类故障影响正在运行的所有事务，但不破坏数据库。这时主存内容，尤其是数据库缓冲区（在内存）中的内容都被丢失，所有运行事务都非正常终止。发生系统故障时，一些尚未完成的事务的结果可能已送入物理数据库，有些已完成的事务可能有一部分甚至全部留在缓冲区，尚未写回到磁盘上的物理数据库中，从而造成数据库可能处于不正确的状态。为保证数据一致性，恢复子系统必须在系统重新启动时让所有非正常终止的事务回滚，强行撤销（UNDO）所有未完成事务。重做（Redo）所有已提交的事务，以将数据库真正恢复到一致状态。

3. 介质故障

系统故障常称为软故障（Soft Crash），介质故障称为硬故障（Hard Crash）。硬故障指外存故障，如磁盘损坏、磁头碰撞，瞬时强磁场干扰等。这类故障将破坏数据库或部分数据库，并影响正在存取这部分数据的所有事务。这类故障比前两类故障发生的可能性小得多，但破坏性最大。

4. 计算机病毒

计算机病毒是具有破坏性、可以自我复制的计算机程序。计算机病毒已成为计算机系统的主要威胁，自然也是数据库系统的主要威胁。因此数据库一旦被破坏仍要用恢复技术把数据库加以恢复。

总结各类故障，对数据库的影响有两种可能性。一是数据库本身被破坏。二是数据库没有破坏，但数据可能不正确，这是因为事务的运行被非正常终止造成的。

恢复的基本原理十分简单，可以使用数据冗余来实现。这就是说，数据库中任何一部分被破坏的或不正确的数据可以根据存储在系统别处的冗余数据来重建。

尽管恢复的基本原理很简单但实现技术的细节却相当复杂，下文将简单介绍数据库恢复的实现技术。

5.6.3 数据库恢复技术

恢复机制涉及的两个关键问题是如何建立冗余数据和如何利用这些冗余数据实施数据库恢复。

建立冗余数据最常用的技术是数据转储和登录日志文件。通常在一个数据库系统中，这两种方法是一起使用的。

1. 数据转储

转储即 DBA 定期地将整个数据库复制到外存储设备上保存起来的过程。这些备用的数据文本称为后备副本或后援副本。

当数据库遭到破坏后可以将后备副本重新装入，但重装后备副本只能将数据库恢复到转储时的状态，要想恢复到故障发生时的状态，必须重新运行自转储以后的所有更新事务，如图 5.7 所示。

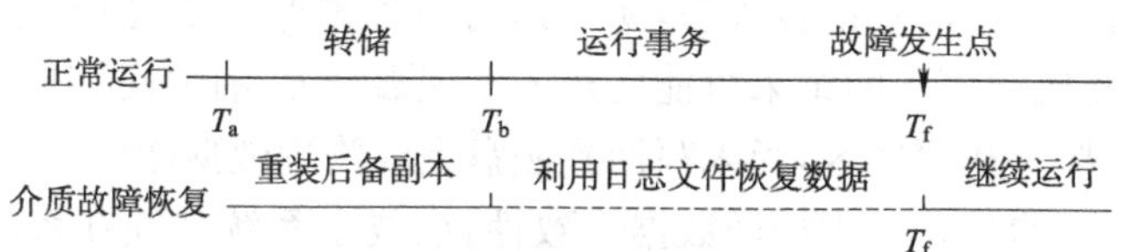

图 5.7 转储和恢复

系统在 T_a时刻停止运行事务进行数据库转储，在 T_b时刻转储完毕，得到 T_b时刻的数据库一致性副本。系统运行到 T_f时刻发生故障。为恢复数据库，首先由 DBA 重装数据库后备副本，将数据库恢复至 T_b时刻的状态，然后重新运行自 T_b时刻至 T_f时刻的所有更新事务，这样就把数据库恢复到故障发生前的一致状态。

转储是十分耗费时间和资源的，不能频繁进行。DBA 应该根据数据库使用情况确定一个适当的转储周期。

转储可分为静态转储和动态转储。

静态转储是在系统中无运行事务时进行的转储操作。即转储操作开始的时刻，数据库处于一致性状态，而转储期间不允许（或不存在）对数据库的任何存取、修改活动。显然，静态转储得到的一定是一个数据一致性的副本。

静态转储简单，但转储必须等待正运行的用户事务结束才能进行，同样，新的事务必须等待转储结束才能执行。显然，这会降低数据库的可用性。

动态转储是指转储期间允许对数据库进行存取或修改，即转储和用户事务可以并发执行。

动态转储可克服静态转储的缺点，它不用等待正在运行的用户事务结束，也不会影响新事务的运行。但是，转储结束时后援副本上的数据并不能保证正确有效。

例如，在转储期间的某个时刻 T_c，系统把数据 $A=100$ 转储到外存储设备上，而在下一时刻 T_d，某一事务将 A 改为 200。转储结束后，后备副本上的 A 已是过时的数据了。为此，必须把转储期间各事务对数据库的修改活动登记下来，建立日志文件(Log File)。这样，后援副本加上日志文件就能把数据库恢复到某一时刻的正确状态。

转储还可以分为海量转储和增量转储两种方式。海量转储是指每次转储全部数据库。增量转储则指每次只转储上一次转储后更新过的数据。从恢复角度看，使用海量转储得到的后备副本进行恢复一般说来会更方便些。但如果数据库很大，事务处理又十分频繁，则增量转储方式更实用更有效。

数据转储有两种方式，分别可以在两种状态下进行，因此数据转储方法可以分为四类：动态海量转储、动态增量转储、静态海量转储和静态增量转储。

2. 登记日志文件

(1)日志文件的格式和内容

日志文件是用来记录事务对数据库的更新操作的文件。不同数据库系统采用的日志文件格式并不完全一样。概括起来日志文件主要有两种格式：以记录为单位的日志文件和以数据块为单位的日志文件。

对于以记录为单位的日志文件，日志文件中需要登记的内容包括：

各个事务的开始(BEGIN TRANSACTION)标记；

各个事务的结束(COMMIT 或 ROLL BACK)标记；

各个事务的所有更新操作。

这里每个事务开始的标记、每个事务的结束标记和每个更新操作均作为日志文件中的一个日志记录(Log Record)。

(2)日志文件的作用

日志文件在数据库恢复中起着非常重要的作用。可以用来进行事务故障恢复和系统故障恢复，并协助后备副本进行介质故障恢复。具体地讲：事务故障恢复和系统故障必须用日志文件。

在动态转储方式中必须建立日志文件，后援副本和日志文件综合起来才能有效地恢复数据库。

在静态转储方式中，也可以建立日志文件。当数据库毁坏后可重新装入后援副本把数据库恢复到转储结束时刻的正确状态，然后利用日志文件，把已完成的事务进行重做处理，对故障发生时尚未完成的事务进行撤销处理。

(3)登记日志文件(Logging)

为保证数据库是可恢复的，登记日志文件时必须遵循两条原则：

①登记的次序严格按并发事务执行的时间次序。

②必须先写日志文件，后写数据库。

把对数据的修改写到数据库中和把表示这个修改的日志记录写到日志文件中是两个不同的操作。有可能在这两个操作之间发生故障，即这两个写操作只完成了一个。如果先写了数据库修改，而在运行记录中没有登记下这个修改，则以后就无法恢复这个修改了。如果先写日志，但没有修改数据库，按日志文件恢复时只不过是多执行一次不必要的UNDO操作，并不会影响数据库的正确性。所以为了安全，一定要先写日志文件，即首先把日志记录写到日志文件中，然后写数据库的修改。这就是"先写日志文件"的原则。

复习思考题

1. 简述系统设计的主要内容。

2. 代码的含义是什么？简述其功能及设计原则。

3. 简述满足1NF、2NF和3NF的基本条件。某信息一览表如下，其是否满足3NF，若不满足请将其化为符合3NF的关系。

考生编号	姓名	性别	考生学校	考场号	考场地点	成绩	
						考试成绩	学分

4. 简述信息系统流程图设计。

5. 数据库安全性的定义是什么？简述数据库安全性控制采取的一些措施。

6. 简述数据库完整性约束条件的类型及完整性控制机制。

第6章　信息系统测试

系统测试(System Testing),是将已经确认的软件、计算机硬件、外设、网络等其他元素结合在一起,进行信息系统的各种组装测试和确认测试。系统测试是针对整个产品系统进行的测试,目的是验证系统是否满足需求规格的定义,找出与需求规格不符或与之矛盾的地方,从而提出更加完善的方案。系统测试发现问题之后要经过调试找出错误原因和位置,然后进行改正,是基于系统整体需求说明书的黑盒类测试,应覆盖系统所有联合的部件。对象不仅仅包括需测试的软件,还要包含软件所依赖的硬件、外设甚至包括某些数据、某些支持软件及其接口等。比较常见的、典型的系统测试包括恢复测试、安全测试、压力测试。

6.1　软件测试基础

软件测试是软件开发过程中的一个阶段,是软件开发的重要组成部分。自从有了程序设计的那天起,测试就一直伴随着软件的开发,测试对于软件生产来说是必需的和重要的。

1983年,IEEE提出的软件工程标准术语中给软件测试下的定义:软件测试是使用人工的或自动的手段来运行或检测某个系统的过程,其目的在于检验它是否满足约定的需求或是比较预期结果与实际结果之间的差别。这一定义非常明确地提出了软件测试以检验是否满足需求为目标。

Glenford J. Myers在其1979年《软件测试技巧》(The Art of Software Testing)一书中对软件测试的定义是:软件测试是为了发现错误而运行程序的过程。这一定义明确指出软件测试的目的是“发现错误”。

微软公司的统计资料显示,在某个软件的开发队伍中:测试人员占到了项目总人数的64%;开发人员只占到项目总人数的31%;软件测试工作量往往占软件开发总工作量的40%以上;在软件开发的总成本中,花费在软件测试上的成本要占30%～50%,如图6.1所示。

软件测试目的是发现错误,而不是消灭错误。软件测试只能表明错误的存在,而不能表明错误的不存在。“软件危机”主要表现:软件项目经常无法按期完成,超出经费预算,软件质量难以控制;开发过程管理不规范,文档不完整,软件维护费用

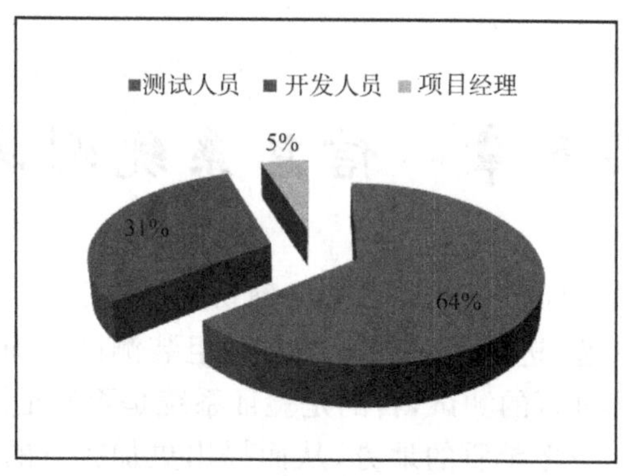

图 6.1 软件项目人员配置图

高，有些系统最后甚至不得不放弃；缺乏严密有效的软件质量检测手段，交付给用户的软件质量差，在运行中暴露出各种各样的问题；系统升级、更新难度大。

6.2 软件测试方法

系统测试的手段有人工测试和计算机测试。人工测试是一种不依赖于计算机，通过人工手段进行测试的技术，如软件审查、代码审查或人工走查等。机器测试是一种依赖于计算机的测试技术，它主要是通过在计算机上运行程序来完成测试。

6.2.1 人工测试

经验表明，使用人工测试方法能够有效地发现 30%～70%的逻辑设计和编码错误。IBM 代码审查会的查错效率更高，能查出全部错误的 80%。由于人工测试技术在检查某些编码错误时，有着特殊的功效，它常常能够找出机器测试不易发现的错误。人工测试至今仍是一种行之有效的测试方法。

早在 20 世纪 70 年代，Weinberg 在《计算机程序设计心理学》一书中就指出采用人工方法阅读程序的必要性。经验表明，人工测试能相当有效地查找错误。因此，为了有效保证软件质量，在一个软件的开发过程中应至少使用一种或多种人工测试技术。

软件审查(Software Review)的对象是各开发阶段的文档，如图 6.2 所示。

软件审查的步骤：制定计划→预审→准备→召开软件审查会→返工→终审。软件审查会可以发现的问题主要有三种：遗漏，在规格说明或标准中指明应该有的内容，送审资料中遗漏。多余，超出规格说明和标准的内容，多给出的信息。错误，应该有的内容，在文档中也的确有，但是相关内容有错误。

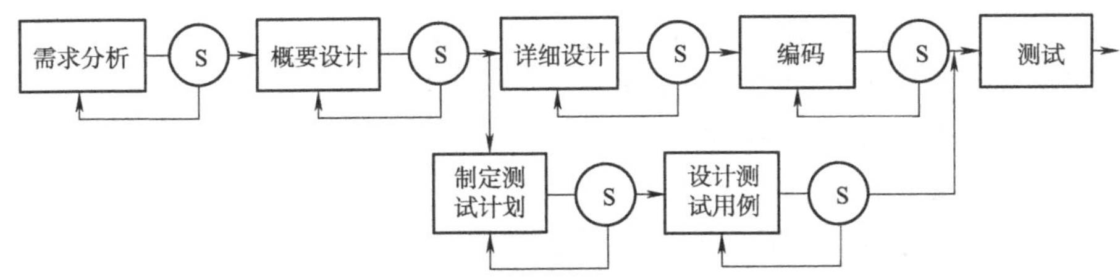

图 6.2 软件开发过程中的审查(用S表示)

代码审查(Code Inspections)的对象是源程序文档。

代码审查的步骤:制定计划→预审→准备→召开代码审查会→返工→终审。代码审查会可以发现的问题主要有三种:遗漏,功能遗漏。多余,冗余代码。错误,数据错误,逻辑错误。

人工走查(Walk Throughs)和代码审查的区别在于,人工走查要通过人工的方式模拟运行程序,并检查程序运行的结果。

人工走查的步骤:制定计划→预审→准备→召开代码审查会→返工→终审。通过人工模拟运行程序的方式,检查程序运行结果与预期结果的差别,发现程序中潜在的错误或缺陷。

6.2.2 计算机测试

计算机测试分为黑盒测试和白盒测试。黑盒测试是基于产品的外部功能的测试,其目的是为了检查程序各个功能是否实现,并检查其中的错误。白盒测试是基于产品内部结构的测试,其目的是为了检查程序内部操作是否按规定运行,各部分代码是否被充分覆盖。

1. 黑盒测试

黑盒测试又称功能测试、数据驱动测试或基于规格说明书的测试,是一种从用户观点出发的测试。用这种方法进行测试时,测试人员把被测程序当作一个黑盒子,如图 6.3 所示。其主要特点是不考虑程序内部结构和内部特性;测试人员只需知道该程序输入和输出之间的关系或功能;设计测试用例的依据是需求规格说明书或用户手册。尤其适合于一些第三方软件测试,由于无法得到源程序,无法用其他方法进行测试。

图 6.3 黑盒测试

由于上述特点，黑盒测试是用来验证软件功能的正确性和可操作性的最重要的和最普遍的方法。但同时黑盒测试依赖于规格说明书的正确性。

2. 白盒测试

白盒测试又称结构测试、逻辑驱动测试或基于代码的测试，如图 6.4 所示。其特点是依赖于软件设计说明书进行测试；对程序内部细节严密检验；针对特定条件设计测试用例；对软件的逻辑路径进行覆盖测试。

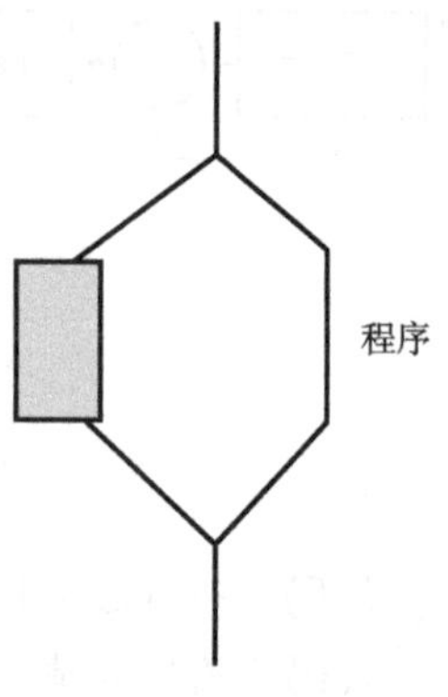

图 6.4 白盒测试

白盒测试的主要测试方法是按照程序的内部结构，设计测试用例，检验“程序的状态”以判定其实际情况是否和预期的状态相一致；在程序的内部特定函数或语句，设置不同测试点，对软件的逻辑路径进行覆盖测试。

由于上述特点，白盒测试按照程序的内部结构，针对特定模块，设计测试用例；可以作为黑盒测试的辅助手段。其主要缺陷是不能做到完全覆盖。黑盒测试与白盒测试的比较，如图 6.5 和表 6.1 所示。

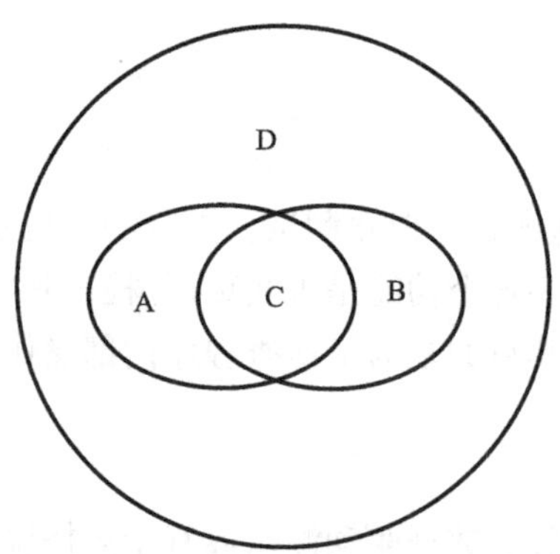

图 6.5 黑盒测试与白盒测试能够发现的错误

注：A 代表只能用黑盒测试发现的错误；B 代表只能用白盒测试发现的错误；C 代表用黑盒测试和白盒测试都能发现的错误；D 代表用黑盒测试和白盒测试均无法发现的错误；A+C 代表能用黑盒测试发现的错误；B+C 代表能用白盒测试发现的错误；A+B+C 代表用黑盒测试和白盒测试都能发现的错误；A+B+C+D 代表软件中的全部错误。

表 6.1 黑盒测试与白盒测试对比

	黑盒测试	白盒测试
测试依据	规格说明书，针对程序外部功能进行测试	程序源代码，针对程序内部结构进行测试

续上表

	黑盒测试	白盒测试
测试方法	等价类划分 边界值分析 因果图	语句覆盖 分支覆盖 条件覆盖 判定/条件覆盖 路径覆盖
优点	能够站在用户立场上进行分析	能够对程序内部的特定部位进行覆盖测试
缺点	不能测试程序内部的特定部位； 如果规格说明书有错误，则无法发现错误	无法检验程序的外部特性； 无法对未实现的程序部分进行测试

6.2.3 软件测试过程

按照瀑布模型，软件开发是一个自顶向下，逐步细化的过程；软件测试过程是依相反顺序，自底向上，逐步集成的过程，如图 6.6 所示。

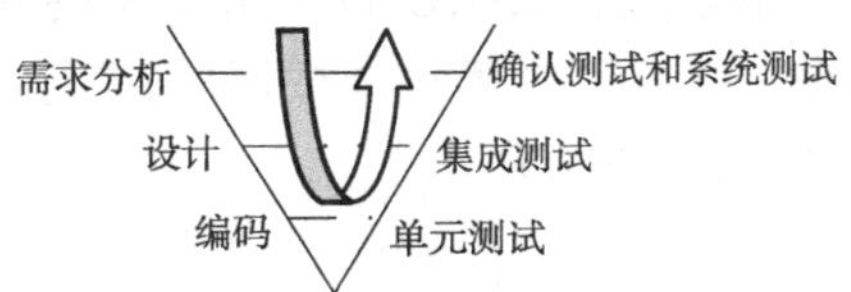

图 6.6　软件开发和软件测试的关系

软件测试过程按测试的先后次序可以分成四个阶段进行：单元测试、集成测试、确认测试和系统测试，如图 6.7 所示。

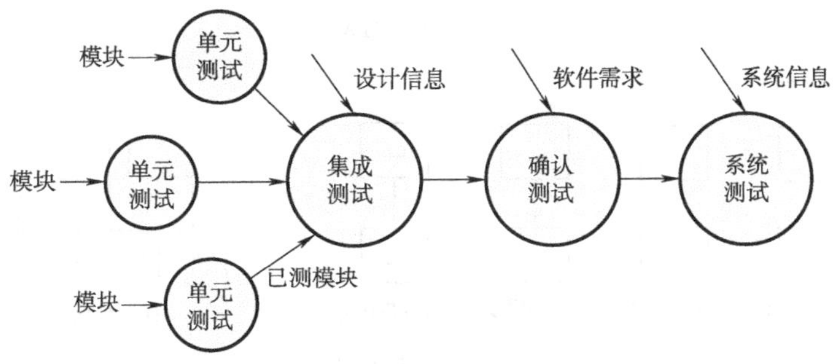

图 6.7　软件测试过程

1. 单元测试

单元测试是分别针对每个程序单元进行的测试，以确保每个单元都能正常工作和确保单元覆盖率。程序单元通常与程序模块相对应，所以单元测试又称为模块测试。单元测试通常采用白盒测试方法，以便尽可能发现程序单元内部的错误。单元测试通常由开发人员来完成，因而一般把单元测试放在编码阶段。

单元是程序的最小组成单位，通常单元可分配给某个程序员开发；单元可接受输入，并经过加工，产生输出或发生状态的改变。原则上，每个程序单元都应有规格说明。

2. 集成测试

在集成测试过程中，首先把已经通过单元测试的模块组装起来，构成一个在设计阶段所定义的程序结构，然后通过集成测试发现与接口有关的问题。一般采用两种方式进行系统集成。

非增量集成，采用一步到位的方法构造完整程序。把系统所有的模块都预先组装在一起，把整个程序作为一个整体来进行测试。

增量集成，不是采用一步到位的方法构造程序，程序先分成小的部分进行构造，然后逐步增加程序功能，直到最后完成整个软件系统。

非增量集成测试：被测程序由 A、B、C、D、E 五个模块组成；程序已经被一次集成起来。首先进行 A、B、C、D、E 五个模块测试；分别进行单元测试以后，再按(a)图连接起来进行集成测试，如图 6.8 所示。

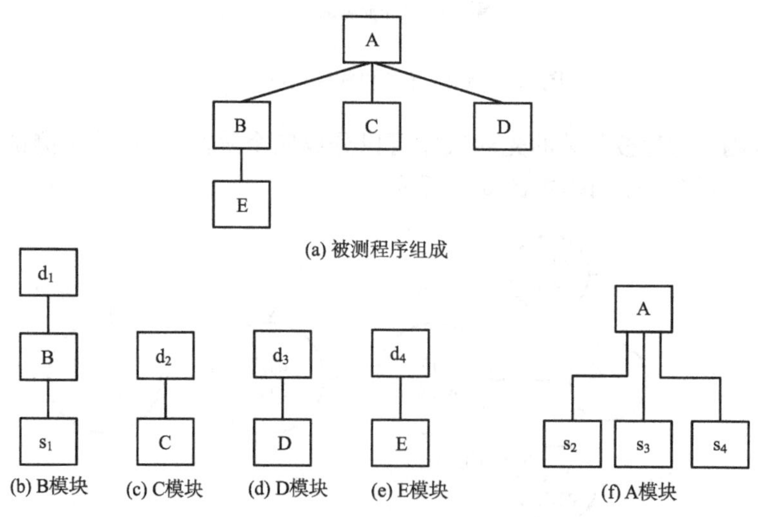

图 6.8　非增量集成测试

增量集成测试：可根据系统集成的不同次序来实施不同的测试。系统集成主要有两种次序，即自顶向下集成和自底向上集成。增量集成测试也有相对应的两种方法，即自顶向下集成测试和自底向上集成测试，如图 6.9 和图 6.10 所示。

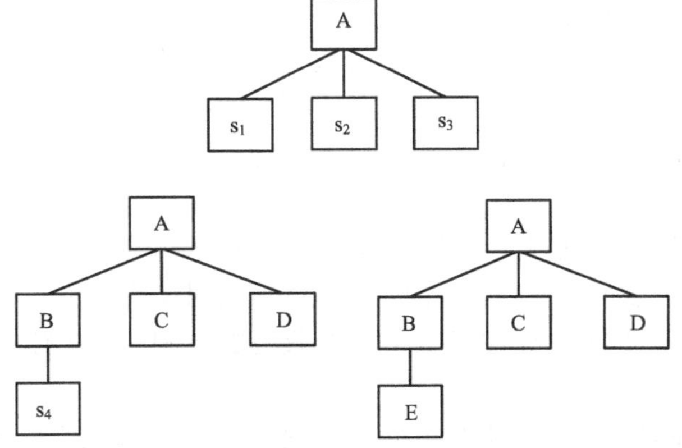

图 6.9 自顶向下增量集成测试

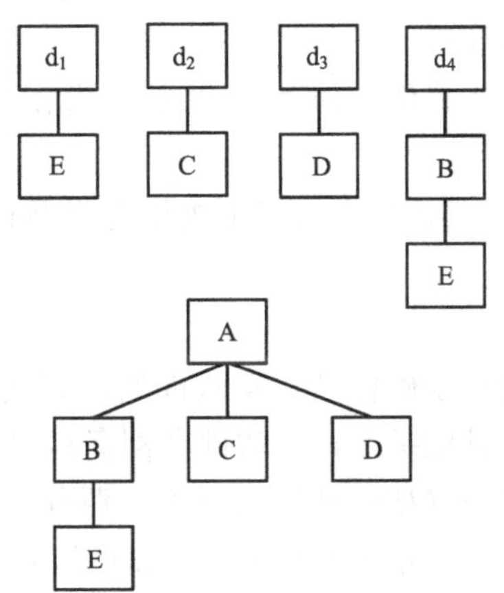

图 6.10 自底向上增量集成测试

自顶向下测试的优点在于它可以自然的做到逐步求精，一开始便能让测试者看到系统的框架。缺点是需要提供桩模块，并且在输入/输出模块接入系统以前，在桩模块中表示测试数据有一定困难。由于桩模块不能模拟数据，如果模块间的数据流不能构成有向的非环状图，一些模块的测试数据难于生成。同时观察和解释测试输出往往也是困难的。

自底向上测试的优点由于驱动模块模拟了所有调用参数，即使数据流并未构成有向的非环状图，生成测试数据也没有困难。如果关键的模块是在结构图的底部，自底向上测试是对于保证系统整体的可靠性有优越性的。缺点是直到最后一个模块被加进去之后才能看到整个系统的框架。

非增量测试是先分散测试，再集中起来一次完成集成测试。如果在模块的接口处存在错误，只会在最后的集成测试时一下子暴露出来。增量测试是逐步集成和逐步测试的办法，把可能出现的错误分散暴露出来，便于找出问题和修改。并且一些模块在逐步集成的测试中，得到了较为频繁的考验，因而可能取得较好的测试效果。增量测试比非增量测试具有一定的优越性。

3. 确认测试

确认测试就是检验所开发的软件是否能按用户提出的需求运行。若能达到这一要求，则认为开发的软件是合格的。确认测试有时又将称为合格性测试。确认测试的方法：有效性测试、软件配置审查、验收测试、α 测试与 β 测试。

(1)有效性测试

有效性测试是在模拟的环境下，运用黑盒测试方法，验证所测软件是否满足需求规格说明书列出的要求。在有效性测试中除考虑功能、性能以外，还需检验其他方面，如可移植性、兼容性，用户界面及系统所提供的文档资料是否符合要求。有效性测试的结果有两种可能性：

①软件的功能、性能及其他要求均已满足需求说明书的规定，软件可以被接受。

②软件的功能、性能及其他要求与需求规格说明书有偏差，得到一个各项缺陷清单，软件被拒绝。

(2)软件配置审查

软件配置审查的目的在于确保已开发软件的所有文档资料均已编写齐全，足以支持投入运行以后的软件维护工作。软件文档资料包括：用户所需资料（如用户手册、操作手册等）、设计资料（如设计说明书等）、源程序以及测试资料（如测试说明书、测试报告等）。软件配置审查与有效性测试的区别如图 6.11 所示。

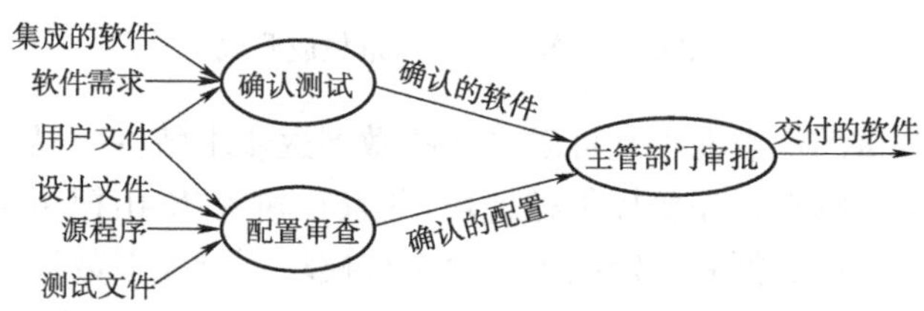

图 6.11　配置审查与有效性测试的区别

(3)验收测试

验收测试由软件用户、开发人员和质量保证人员共同参加，并由用户参加设计测试用例和分析测试的输出结果，其主要目的除了对软件功能和性能进行确认外，还应对软件的可移植性、兼容性、可维护性和错误恢复功能等进行确认。

(4)α 测试与 β 测试

α 测试是在 β 测试以前进行的内部测试，可以由用户在开发环境下进行的测试，也可以是开发机构内部的用户在模拟实际操作环境下进行的测试。α 测试的目的是评价软件产品的 FLURPS(即功能、本地化、可用性、可靠性、性能和支持)。α 测试一般在确认测试测试过程中软件达到一定的稳定和可靠程度之后再开始，同时需要有开发人员参与。

β 测试是发布以前进行的外部测试，由软件用户在实际使用环境下进行的测试。β 测试时开发人员一般不在测试现场，其目的也是评价软件产品的 FLURPS，但着重于产品的支持性，包括文档，客户培训和支持产品生产能力。只有当 α 测试达到一定的可靠程度时才能开始 β 测试，β 测试通常由主持产品发行的人员来管理。

6.3　Web 信息系统测试基础

大多数信息系统都是采用 B-S 结构，能够交付一组复杂的内容和功能给大量的终端用户。Web 信息系统测试是用于测试高质量 Web 应用系统的过程，它借用了许多传统软件测试和系统测试的概念和原理。

Web 信息系统具有网络集约性，就本质而言，一个 Web 应用系统是网络集约的，可以驻留在网络上，并且服务于变化多样的客户群的需要。例如，时下流行的网络游戏或者网络聊天器，都可以看成一个完善的大型 Web 应用系统，服务于各种客户群，但其本身只需要一个服务器端，用各式各样的客户端满足不同要求的客户。一般来说，Web 应用系统不是为了某个或某些特定用户量身定做的，一般都拥有一个广大的服务群体，其服务的内容往往由这些群体的要求所决定，具有内容驱动性。在大多数情况下，一个 Web 应用系统的主要功能是使用 HTML(超文本标记语言)来表示文本、图形、音频、视频内容给终端用户。不同于传统的、按一系列规律发布进行演化的应用软件(如微软每隔 1～2 年发布新的 Office 办公软件)，Web 应用系统一般是采取持续演化的模式，具有持续演化性。对于某些 Web 应用而言，按小时为单位进行更新都是司空见惯的，Web 应用系统具有其他任何软件类型中都没有的即时性，或者称为快速性。对于某些较大规模的 Web 应用系统，开发时间往往也只有几周或者几天，适度复杂的 Web 页面可以仅在几小时内完成。这要求开发者必须十分熟练于开发 Web 应用所需的压缩时间进度的规划、分析、实现以及测试方法。Web 应用系统通过网络访问，为了提高系统效率，需要限制访问终端的用户数量。为了保护敏感内容，必须提供安全的数据传输模式。因此要求 Web 应用系统必须有一定的安全性保障。同时具有美观性，良好的观感会使一个 Web 应用系统锦上添花，在某种应用已经被市场广泛接受或者定义为标准时,美观性可能和技术在同样程度上影响该应用的成功。

Web 系统测试通常由功能测试、性能测试、可用性测试、安全性测试、系统兼容性测试及接口测试组成。

1. 功能测试

功能测试包括链接测试、表单测试、Cookies 测试、数据库测试及应用程序特定的功能需求测试。

(1)链接测试:测试所有链接是否按指示确实链接到了应该链接的页面;测试所链接的页面是否存在;保证 Web 应用系统上没有孤立的页面。所谓孤立页面是指没有链接指向该页面,只有知道正确的 URL 地址才能访问。

(2)表单测试:数据校验,根据业务规则对用户输入进行校验要保证这些校验功能正常工作。

(3)Cookies 测试:用于测试 Cookies 是否能正常工作,是否按预定的时间进行保存,刷新对 Cookies 有什么影响等。

(4)数据库测试:数据一致性错误。输出错误主要是由于网络传输速度或程序设计问题等引起的。

(5)应用程序特定的功能需求测试:测试人员需要对应用程序特定的功能需求进行验证。测试依据程序需求规格说明书,设计语言测试。

2. 性能测试

性能测试包括压力测试、连接速度测试和负载测试。

(1)压力测试

在设计对 Web 服务进行压力测试的测试系统时,要让它们以某种特定的方式运行代码,这种做法超越了功能验证。压力测试的目的是要弄清楚被测试的 Web 服务是不是不仅能做大家认为它能做的事,而且在被施加了某些高强度压力的情况下仍然继续正常运行。

压力测试必须对 Web 服务应用以下四个基本条件进行有效的压力测试。

①重复(Repetition),测试的重复就是一遍又一遍地执行某个操作或功能。比如重复调用一个 Web 服务,确定一个操作能否正常执行,并且能否继续在每次执行时都正常。

②并发(Concurrency),并发是同时执行多个操作的行为。换句话说,就是在同一时间执行多个测试,例如在同一个服务器上同时调用许多 Web 服务。

③量级(Magnitude),压力测试系统应该应用于产品的另一个条件,需要考虑每个操作中的负载量,即也要尽量给产品增加负担。

④随机变化,任何压力系统都多多少少具有一些随机性。随机使用前面的压力原则中介绍的无数变化形式就能够在每次测试运行时应用许多不同的代码路径。压力测试用例参考模板如图 6.12 所示。

1.被测试对象的介绍
2.测试范围与目的
3.测试环境与测试辅助工具的描述
4.测试驱动程序的设计
5.压力测试用例

极限名称A	如“最大并发用户数量”	
前提条件		
输入/动作	输出/响应	是否能正常运行
如10个用户并发操作		
如20个用户并发操作		

图 6.12　压力测试参考模板

(2)连接速度测试

不管用户使用何种方式,系统都不能让用户等较长的时间。连接速度测试的目的,就是要保证在许可的时间内响应用户的请求。根据用户连接方式的不同可分为电话拨号上网、宽带上网、局域网、有限电视网、光纤网和电力网。

(3)负载测试

负载测试是为了测量 Web 系统在某一负载级别上的性能,以保证 Web 系统在需求范围内能正常工作。负载测试包括某个时刻同时访问 Web 系统的用户数量,在线数据处理的数量。

3. 可用性测试

可用性测试包括导航测试、图形测试、内容测试和整体界面测试。

(1)导航测试:导航描述了用户在一个页面内操作的方式,其测试内容包括导航是否直观,Web 系统的主要部分是否可以通过主页访问,Web 系统是否需要站点地图、搜索引擎或其他的导航器帮助,导航条、菜单、连接的风格是否一致,各种提示是否准确,确保用户凭直觉就知道是否还有内容,内容在什么地方等。

(2)图形测试:在 Web 应用系统中,适当的图片和动画既能起到广告宣传的作用,又能起到美化页面的功能。一个 Web 应用系统的图形可以包括图片、动画、边框、颜色、字体、背景、按钮等。背景颜色应该与字体颜色和前景颜色相搭配。图片的大小和质量也是一个很重要的因素,一般采用 JPG 或 GIF 压缩。

(3)内容测试:用来检验 Web 应用系统提供信息的正确性、准确性和相关性。

(4)整体界面测试:对整个 Web 系统的页面结构设计的测试,是用户对系统的一个整体感受。

4. 安全性测试

安全性测试包括目录测试、SSL 套接字测试、登录验证、日志文件及脚本语言测试。

5. 系统兼容性测试

客户端兼容性测试包括平台测试、浏览器测试、分辨率测试及打印机测试。

(1)平台测试:市场上有很多不同的操作系统类型,最常见的有 Windows、Unix、Macintosh、Linux 等。Web 应用系统的最终用户究竟使用哪一种操作系统,取决于用户系统的配置。

(2)浏览器测试:浏览器是 Web 系统客户端最核心的软件,来自不同厂商的浏览器对 Java、Java Script、ActiveX、Plug-ins 或不同的 HTML 有不同的支持。另外,框架和层次结构风格在不同的浏览器中也有不同的显示,甚至根本不能显示。不同的浏览器对安全性和 Java 的设置也不一样。

(3)分辨率测试:可测试页面版式在 640×400、600×800 或 1 024×768 的分辨率模式下是否显示正常?页面版式在 640×400、600×800 或 1 024×768 的分辨率模式下字体是否太小以至于无法浏览?或者是太大?页面版式在 640×400、600×800 或 1 024×768 的分辨率模式下文本和图片是否对齐?

(4)打印机测试:包括网页在设计的时候要考虑到打印问题,注意节约纸张和油墨。需要验证网页打印是否正常。有时在屏幕上显示的图片和文本的对齐方式可能与打印出来的东西不一样。

6. 接口测试

接口测试中第一个需要测试的接口是浏览器与服务器的接口。测试人员提交事务,然后查看服务器记录,并验证在浏览器上看到的正好是服务器上发生的。测试人员还可以查询数据库,确认事务数据已正确保存相关信息。有些 Web 系统有外部接口。例如,网上商店可能要实时验证信用卡数据以减少欺诈行为的发生。测试的时候,要使用 Web 接口发送一些事务数据,分别对有效信用卡、无效信用卡和被盗信用卡进行验证。测试人员需要确认软件能够处理外部服务器返回的所有可能的消息。最容易被测试人员忽略的地方是接口错误处理。

6.4 信息系统测试设计

系统测试应注意要尽早开展测试,避免同化效应,在发现较多错误的地方投入更多的测试,提前确定预期输出;程序员应避免测试自己的程序,程序设计机构不应测试自己的程序;重视非法和非预期的输入,检查程序的“副作用”;测试前不要做查不出错的假设,在进行测试设计时不要设想程序组中不会查出错误。

在测试计划阶段,要根据系统的功能和特性、经费和时间等诸多方面因素,选择不同的测试方案，进而选择不同的测试类型。常用测试类型有 22 种：黑盒测试、白盒测试、单元测试、增量测试、集成测试、功能测试、系统测试、端到端测试、健全测试、回归测试、接受测试、负载测试、压力测试、性能测试、可用性测试、安装/卸载测试、恢复测试、安全测试、兼容测试、比较测试、Alpha 测试、Beta 测试。

测试策略是描述测试小组用于测试整体和每个阶段的方法。测试策略的制定是一项复杂的工作，需要由经验丰富的测试员来做，因为这将决定测试工作的成败。测试策略描述测试过程的总体方法和目标，描述目前在进行哪一阶段的测试（单元测试、集成测试、系统测试）以及每个阶段内在进行的测试种类（功能测试、性能测试、覆盖测试等）。

一般的测试策略测试开始于单元级，然后"延伸"到整个系统中。不同的测试技术适用于不同的时间点，测试是由软件的开发人员和独立测试组织来管理的。

工程实践中常用的有黑盒测试和单元测试。

黑盒测试的测试策略是用边界值分析法和等价类划分法提出基本的测试用例，用错误猜测法补充新的测试用例。如果在程序的功能说明中含有输入条件的组合，则在测试一开始时就使用因果图法，然后再按以上步骤进行。

单元测试的测试策略首先用黑盒测试方法，设计一组基本测试用例进行测试。如果发现未能满足覆盖标准，就用白盒测试法补充新的测试用例。或者首先用白盒测试法分析模块的逻辑结构，设计一批测试用例进行测试。如果发现未能满足覆盖标准，根据模块的功能用黑盒测试法进行补充。

1. 主测试环境配置设计

为了尽可能多地找出程序中的错误，生产出高质量的软件产品，加强对测试工作的组织和管理就显得尤为重要。在建立测试配置中主测试环境配置要求如下：

(1)符合软件运行的最低要求。测试环境首先要保证能支撑软件正常运行。

(2)选用比较普及的操作系统和软件平台。例如，一个软件若能支持"Windows 9X/ME/NT/2000 Professional"和"MS Office 97/2000/XP"，一般选用如"Windows 2000 Professional + MS Office 2000"的流行环境。

(3)营造相对简单、独立的测试环境。除了操作系统，测试机上只安装软件运行和测试必需的软件，以免不相关的软件影响测试实施。

(4)无毒的环境。利用有效的正版杀毒软件检测软件环境，保证测试环境中没有病毒。

2. 辅助测试环境配置设计

辅助测试环境配置设计如下：

(1)兼容性测试：在满足软件运行要求的范围内，可选择一些典型的操作系统和常用应用软件对其安装卸载和主要功能进行验证。

(2)模拟真实环境测试:有些软件,在测试时常常需要考察在真实环境中的表现。如测试杀毒软件的扫描速度时,硬盘上布置的不同类型文件的比例要尽量接近真实环境,这样测试出来的数据才有实际意义。

(3)横向对比测试:利用辅助测试环境"克隆"出完全一致的测试环境,从而保证各个被测软件平等对比。

有条不紊地仔细制定测试计划是达成测试目标的必由之路。一个良好的、完善的测试计划是进行成功测试的基础。必须要制定一个能够起到总体框架作用的测试计划。测试的计划应该作为测试的起始步骤和重要环节。即使在小型软件测试项目上,也可能有数千个测试用例。建立测试用例可能需要一些测试员经过几个月甚至几年的时间。正确的计划会组织好测试用例,以便全体测试员和其他项目小组成员有效地审查和使用。在项目开发期间内有必要多次执行同样的测试,以寻找新的系统缺陷,保证老的缺陷得以修复。假如没有正确的测试计划,就不可能知道最后执行哪些测试用例及其执行情况,以便重复原有的测试。

3. 测试跟踪设计

在整个项目开发期间,计划执行多少个测试用例?在系统最终版本上执行多少个测试用例?多少个通过,多少个失败?有无忽略的测试用例?等等。如果没有测试计划,就不能回答这些问题。

在少数高风险行业中,测试小组必须证明确实执行了计划执行的测试。发布忽略某些测试用例的系统实际上是不合法和危险的。正确的测试计划和测试跟踪提供了一种验证手段:列出所有要测试的功能项(测试项)。凡是没有出现在这个清单里的功能项都排除在测试的范围之外。从理论上讲,测试要覆盖所有的功能项,划分功能项将会是一个浩大的工程,但是有利于测试的完整性。设计的测试还要考虑对于一些用户界面、菜单的结构还有窗体的设计是否合理等的测试。这里的合理性包括美观性、可用性、易用性等方面。系统的外观是很重要的,它要求有尽可能好的合理性。在整体考虑测试中需求要考虑到数据流从软件中的一个模块流到另一个模块过程中的正确性。保证上述正确性是保证信息系统正确的前提。例如,我们要保证一个计算器程序中的数据在运算模块和输入输出模块之间的一致性,否则程序将出现错误。

测试记录描述要对测试的公正性、依照的标准做一个说明,证明测试是客观的。在整体上,描述软件功能要满足需求、实现正确和用户文档的描述保持一致。同时要保证测试的客观,就要保证测试人员能客观的完成测试任务。

在测试的计划阶段,应该明确建立一个软件问题报告的方法和工具。工具的来源是什么,如何执行的,用了什么样的数据。针对一些外界环境的影响,要对软件进行一些特殊方面的测试。例如,对于一些用于高尖端产品的信息系统,如水下机器人、太空探测器等,测试者应给予某些特殊的测试,使它们能在恶劣的环境下有着较高的可靠性和适应性。

对于数据库系统,数据的操作(存取、删除、修改等)是其基本功能,同时也是经常出现问题(如数据冗余、死锁等)的地方。

软件测试发现的问题,需要对问题进行分级。定义软件问题级别分为3级:

第1级:严重问题,系统功能不能完成,或者是权限限制方面的失误等,也可能是某个部分的改变造成了别的部分的问题。

第2级:一般问题,系统功能没有按设计要求实现或者是一些界面交互的实现不正确。

第3级:建议问题,功能运行得不像要求的那么快,或者不符合某些约定俗成的习惯,但不影响系统的性能,如界面使用不方便,系统中信息格式不对,提示信息含义模糊混淆等。

6.5 信息系统转换

信息系统转换是指用新的信息系统代替原有信息系统的一系列的过程。新系统测试通过以后,并不能马上投入运行,还存在一个新老系统如何交替的问题,系统转换就是指以新系统替换老系统的过程,即老系统停止使用,新系统开始运行。

6.5.1 信息系统转换方式

信息系统转换有直接转换、并行转换和分段转换三种方式。

1. 直接转换

直接转换是在原有系统停止运行时,新系统立刻投入运行,中间没有过渡阶段的信息系统转换方式,如图6.13所示。采用这种转换方式时,方法较为简单,人力和费用最为节省,但风险大,万一最后系统运行不起来,就会给业务和管理工作造成混乱。直接转换方式适用于新系统不太复杂且不太重要,或原有系统完全不能使用的情况。

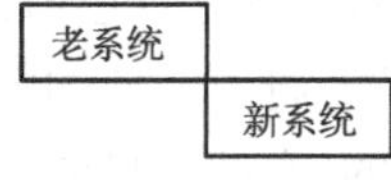

图6.13 直接转换

2. 并行转换

并行转换就是新系统和原有系统并行工作一段时间,新信息系统经过这段时间的考验后,新信息系统正式替代原有

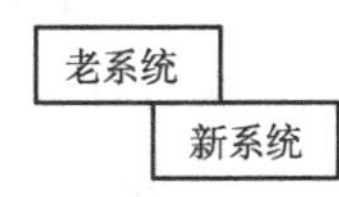

图6.14 并行转换

信息系统,如图 6.14 所示。采用平行转换的优点是风险较小,在并行工作期间,原有系统和新系统并存,一旦新系统出现问题,可以暂时停止而不会影响原有系统的正常工作;在转换期间还可同时比较新、旧两个系统的性能,让系统操作员和其他有关人员得到全面培训。其缺点是在平行运行期间,要两套系统或两种处理方式同时并存,因而人力和费用消耗较大。在银行、财务和一些企业的核心信息系统中,这是一种经常使用的转换方式。

3. 分段转换

分段转换又称逐步转换、向导转换、试点过渡转换,是采取分期分批逐步转换方式,在新信息系统正式使用之前,一部分一部分地替代原有信息系统,如图 6.15 所示。分段转换实际上是上述两种转换方式的结合。这种转换方式既能保证系统平稳运行,人力和费用消耗也不太高,但要求子系统之间具有一定的独立性,对信息系统的设计和实现也有较高的要求。一般比较大的系统采用这种转换方式较为适宜。

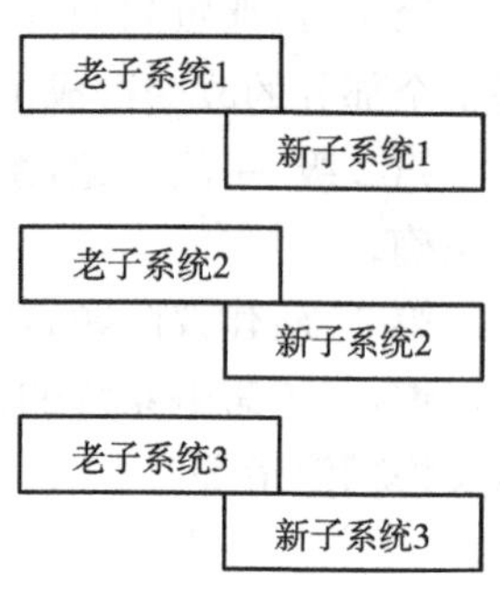

图 6.15 分段转换

6.5.2 信息系统转换的准备

在系统转换之前,必须预先做好大量的准备工作,如数据的准备、文档的完善、用户的培训等,只有这样才能保证转换工作顺利进行。

1. 数据的准备

系统切换工作中的一项十分艰巨的工作就是数据准备。如果新系统是在手工管理基础上建立起来的,那么就要将手工处理的各类数据如单证、报表、账册和卡片等按照新系统的规则进行分类并集中在一起,然后组织人力进行数据的录入工作,将这些纸介质中存放的数据转换成机内信息。由于系统运行可能是比较长时间段内的数据,因此数据的录入工作量非常大,要耗费大量的人力和时间等。如果信息系统是在已有的计算机信息系统上开发的,那么就要通过合并、更新、转换等方法,将原系统的数据转换到新系统中来。这种转换工作也是非常复杂而耗费时间的,有的还可能涉及数据库的改建或重组,但现在有些则使用数据仓库。

2. 文档的完善

软件产品开发完毕后,要交给用户使用。而软件是程序以及开发、使用和维护程序需要的所有文档,一个软件产品必须有一个完整的配置组成。总体规划,系统分析、系统设计、系统实施、系统测试等各阶段都有最终产品的一个或几个组成部分(这些组成部分通常以文档资料的形式存在),这些组成部分记录了开发过程的轨迹,是开发人员工作的依据,也是用户运行系统、维护系统的依据,因此文档资料必须符合一定的规范。在系统交付使用后，必须将整套文档资料准备齐全，形成正规的文件。

系统说明性文件主要有 3 类：

(1)系统的一般性说明文件。包括以下内容：

①用户手册，给用户介绍系统全面情况，包括目标和有关人员情况。

②系统规程，为系统的操作和编程等人员提供的总的规程，包括计算机操作规程、监理规程、编程规程和技术标准。

③特殊说明，结合具体情况有些特殊要求，有时是不断进行补充和发表的。

(2)系统开发报告。包括以下内容：

①系统可行性分析报告，提出系统分析的理由、系统实现的必要性、系统规模、子系统的开发安排等。

②系统分析报告，描述系统的逻辑模型。

③系统设计报告，涉及输入、输出、数据库组织、处理程序等方面。

④系统验收报告。

⑤系统评价报告，涉及系统对管理和职工的影响、费用/效益分析、运行情况等。

(3)程序说明书。包括以下内容：

①整个系统程序包的说明。

②系统的计算机系统流程图和程序流程图。

③作业控制语句说明。

④程序清单。

⑤程序实验过程说明。

⑥输入/输出样本。

⑦程序所有检测点设置说明。

⑧各个操作指令、控制台指令。

⑨修改程序的手续，包括要求填表的手续和样单。

⑩操作人员指示书。告诉操作员操作顺序、需要的输入/输出介质、程序中断时应采取的行动、例外情况的分析、各种参数输入条件、输出的份数等。

3. 用户培训

系统转换过程中最关键的问题是把新系统应用于实际操作。由于系统转换工作牵涉到人力、物力和财力各个方面，所以整个过程要有计划、有组织地进行，在进行过程中会遇到许多困难，需要高层领导的参与和解决，也需要广大用户的支持和理解。软件系统转换后，要想发挥它应有的作用，就需要有人去操作，在管理信息系统中人是最重要的因素；管理信息系统运行成功基本上依靠系统分析员、系统设计员、程序员和管理人员的密切配合，因此要重视人员培训。

大多数系统在系统调试的同时就开始进行各种水平的培训。例如，对于操作人员或数据录入人员要进行操作培训，使他们掌握系统操作规则和操作过程；对于管理人员（各层的管理人员）要进行使用培训，使他们能够灵活地使用系统提供的各项功能，实现信息的查询检索，利用系统提供的各类信息进行决策；对于系统管理人员（维护人员、数据库管理员等）要进行系统技术培训，使他们掌握各种技能以保证整个系统的正常运行。除了上述的培训内容外还要进行信息管理规则的培训。用户培训可以根据实际需要采取不同的方式进行。

总之，在系统转换前要充分做好各方面的组织、准备工作，特别是要做好人的工作，为系统转换和运行奠定基础。

6.6 信息系统维护

信息系统维护是指为适应系统的环境和其他因素的各种变化、保证系统正常工作而对系统所进行的修改，包括系统功能的改进和解决系统在运行期间发生的问题。

6.6.1 信息系统维护类型

1. 按维护的性质分类

(1)更正性维护

众所周知，系统测试不可能发现系统中的所有错误，还有许多潜在的错误，只有在系统运行过程中具备一定的激发条件才可能出现，人们把诊断和改正这类错误的维护工作称为更正性维护。

出现这些错误的原因通常是由于遇到了调试阶段从未使用过的输入数据的某种逻辑组合或判断条件的某种组合，即没有测试到这些情况。在系统运行期中遇到的错误，有些可能不太重要或者很容易处理或回避，有的可能相当严重，甚至会使系统无法正常工作。但无论错误的严重程度如何，都要设法去改正。修改工作需要制定修改计划，提出修改要求，经领导审查批准后，并在严格的管理和控制下进行系统的更正性维护。

(2)适应性维护

适应性维护是指信息系统的外部环境发生变化时需要进行的系统维护。计算机技术（包括硬件和软件）的发展速度非常快，而一般的系统使用寿命都超过最初开发这个系统时的系统环境的寿命。计算机硬件系统的不断更新，新的操作系统或操作系统新版本的出现，都要求对系统做出相应的改动。此外，数据环境的变化

(如数据库管理系统的版本升级、数据存储介质的变动等)也要求系统进行适应性维护。适应性维护也要制定维护计划,有步骤、分阶段地组织实施。

(3)完善性维护

当信息系统投入使用并成功运行以后,由于企业业务需求变化和扩展,用户可能会提出修改某些功能、增加新的功能等要求,这种系统维护被称为完善性维护。其目的是为了改善和加强信息系统的功能,满足用户对系统日益增长的需求。

此外,还有一些其他的完善性维护工作,例如,系统经过一段时间的运行,发现系统某些地方运行效率太低而需要提高,或者某些功能界面的可操作性有待提高,或者需要增加一些新的安全措施等,这类维护也属于完善性维护。

(4)预防性维护

预防性维护是一种主动性的预防措施,对一些使用时间较长,目前尚能正常运行,但可能要发生变化的部分模块进行维护,以适应将来的修改或调整。与前三种维护类型相比,预防性维护工作相对较少。

在信息系统的维护中,四种维护类型出现的比例见表 6.2。

表 6.2　维护类型比较表

维护类型	描述	在维护中占的百分比(%)
更正性维护	修复系统设计和规划错误	70
适应性维护	因环境改变而修改系统	10
完善性维护	维护系统解决新的问题或者为新问题解决提供有利条件	15
预防性维护	维护系统将来的问题	5

2. 按维护对象分类

系统维护面向信息系统中的各种构成因素,按照维护对象的不同,系统维护的内容可分为以下几类。

(1)应用软件维护

应用软件的维护即对程序的维护。由于系统的各种业务流程是先于应用程序发生的,因此当业务流程出现问题或有某些变化时,就必然要修改应用程序,以适应新的变化。所以,应用程序的维护是系统维护中最主要的内容。应用软件系统维护的内容主要包括 4 类:完善性维护、更正性维护、适应性维护和预防性维护。

(2)数据维护

在系统运行过程中,随着业务流程的变化,对数据的要求也在不断改变,包括删除过时数据,增加新的数据,调整数据结构,备份和恢复数据等。

(3)代码维护

由于信息系统应用范围和应用环境的变化,系统中的各种代码需要进行某些增加、删除、修改的操作，或者设置一些新的代码，这些工作均属代码的维护。

(4)计算机硬件设备的维护

计算机硬件系统是保障信息系统运行的物质基础，因此，必须注意对硬件设备的维护，操作人员要严格遵守操作顺序和规则，维护人员要做好对设备的日常维护与管理，及时进行易损件的更换及一般故障的处理。因此，必须时刻监视系统硬件的工作情况，及时发现系统不正常运行的现象或苗头，以便采取预防措施。平日要做好对计算机设备的定期检修与维护，有关备品配件的准备及补充计算机的日常消耗品。同时，做好系统运行记录。

(5)数据库与代码维护

系统的正常运行有赖于状态良好的数据库提供存取信息的支持。为了防止特殊情况下(如断电、严重的误操作等)对数据库的损害，为了适应业务变化引起的对数据库的某些更改要求，必须加强对数据库的维护。一方面，为防止数据库的丢失、损坏，应定时进行数据库备份，防止因原数据库系统发生问题时，备份数据库能保障信息系统的正常运行。另一方面，系统运行一段时期后，由于对数据库不断进行增、删、改的操作，可能引起数据库物理结构的破坏，影响对数据库存储空间的利用和降低数据的存取效率。为此，需要进行数据库的重组织操作，按原设计要求重新安排数据记录的存储位置。

(6)系统安全维护

系统安全主要是指硬件设备的安全，也包括应用软件与文档的安全及数据的安全。

①硬件的安全。为保证系统中硬件的安全，应建立并严格执行有关制度，如进入机房的制度，禁止非机房值班人员随意进入机房；设备操作制度，禁止非值班人员操作机器；设备的保养维修制度，应定期、定时检查设备的运行状态，保证有足够的设备备件及备品，及时排除各种故障苗头。

②应用软件及文档的安全。系统的工作是靠应用软件来实现的，故保证应用软件的安全十分重要。信息系统维护过程中必须加强对原版应用软件的管理，以备日后需要时进行复制，而在系统中运行工作的，是复制的应用软件。各种文档资料是保证系统有序工作及进行系统维护与日常运营管理的重要依据。因此，也应建立备份并妥善保管，应建立使用文档资料的制度并严格执行。

③数据的安全。为防止系统中数据资料的丢失、损坏及防止他人篡改、滥用系统内的数据信息，应利用加密技术及规定进入系统的权限，来保证系统中数据的安全。

6.6.2　信息系统维护管理

系统维护工作的全过程步骤如图 6.16 所示，在某个维护目标确定以后维护人员必须先理解要维护的系统，然后建立一个维护方案。由于程序的修改涉及面较广，某个模块的修改很可能会影响其他模块，所以建立维护方案后要加以考虑的重要问题是修改的影响范围和波及面的大小，然后按预定维护方案修改程序，还要对程序和系统的有关部分进行重新测试。若测试发现较大问题，则要重复上述步骤。若通过，则可修改相应文档并交付使用，结束本次维护工作。

必须强调的是，维护是对整个系统而言的，因此，除了修改程序、数据、代码等部分以外，必须同时修改涉及的所有相应文档。

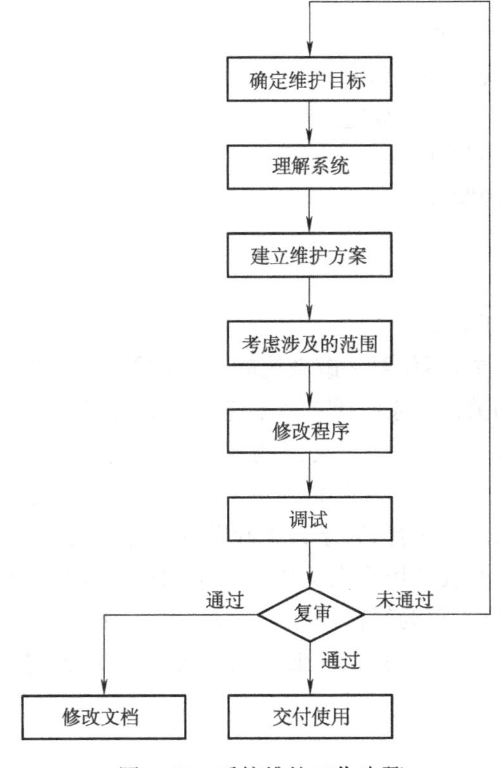

图 6.16　系统维护工作步骤

信息系统开发完成并经过严密的测试和系统切换后，就进入了系统日常运行阶段。信息系统是一个面向管理领域的人机交互系统，在其运行过程中要完成管理、维护、评价分析等工作。如果系统的运行管理不善，新系统的优越性就无法充分发挥出来，不能达到系统开发的目标。

1. 信息系统维护机构及制度

信息系统的组织管理机构是信息系统开发、维护和管理的综合性部门，在许多大型企业中都设有信息中心（或计算中心），专门负责企业的信息化建设。信息系统的维护部门一般由软硬件维护部门、数据和信息维护部门、行政管理部门等组成。

完善的管理制度是保证系统正常运行的必要条件之一。只有建立了完善的管理制度，企业信息系统在日常运行中才能做到有章可循，为企业的生产、经营和管理奠定基础。

从系统安全、操作等多个方面规定了系统日常运行的工作以及对意外情况处理的管理制度如下：

（1）系统运行操作规程。

（2）系统信息的安全保密制度。

（3）系统运行日志及填写规定。

（4）系统定期维护制度。

（5）系统安全管理制度。

（6）用户操作规程。

（7）系统修改规程。

2. 对维护人员的要求

作为系统维护人员，不仅要了解系统的开发过程，而且要善于建立良好的维护人员和操作员之间的关系。系统维护人员应能够预测那些可能要出错的地方，还要根据业务需求的改变，考虑必要功能的改变，根据系统需求的改变考虑修改硬件、软件及其接口。因此，维护工作涉及的范围较广，是一项长期复杂的工作。

对于系统维护人员的选择，属于自主开发或联合开发的信息系统，可以由程序开发人员或参与系统开发的用户人员作为系统的维护人员，他们清楚系统的构架和程序的体系内容，可以较为轻松地完成系统的维护任务；对于委托开发方式或是购买商品化软件，企业应该培养系统维护人员或者是委托软件公司负责系统的维护工作。

3. 管理维护任务

信息系统在运行过程中会遇到各种类型的维护任务，必须对其进行统一有效的管理，才能保证系统维护工作有条不紊地进行。

一般来说，首先要确定维护任务的类型。例如，对于更正性维护，要判断引起错误故障的重要性，如果非常重要，就需要给它赋予较高的优先权，把它放在任务队列的前面，等待维护处理。再如，有些维护任务不是由错误引起的，而是为了系统适应新技术，或者是为了业务改变而增加新的业务功能。同样，也需要对这些任务进行评估、分类以及排序，然后放到任务队列上。需要注意的是，必须有一个共同的标准，来评价和判断每一个系统维护任务，并作为其分类和排序的依据。

在信息系统的开发过程中，占用时间最多的是系统编码和测试工作。而且，在系统维护中，如果系统修改被批准后，仍然要进行代码修改和测试工作。与此同时，还必须将已修改的信息更新到系统文档和说明书中，目的是为了保证所有的系统文档的一致性。但是，这些工作往往很枯燥、费时，因而往往系统中许多维护工作被维护人员所忽略，这必然会给以后的维护工作带来困难。

4. 维护自动化工具

为了解决上面的问题并提高维护工作效率，很多公司开发出了支持系统维护的CASE自动化工具，它们能够实现对代码修改和文档更新同步化，为系统的维护工作提供了支持。特别是在使用一些综合的CASE开发环境时，系统能自动生成系统分析、设计以及维护的所有文档，例如数据流图、代码设计、输出设计等。而且，如果对系统设计文档进行了修改，系统会自动地修改代码并生成新的版本。同时，大多数文档的维护工作也会自动完成。

6.6.3　信息系统评价

系统评价是对提供的各种可行性方案，从社会、政治、经济、技术方面给出综合考察，全面权衡利弊得失，从而为系统决策选择最优方案提供科学的依据。

评价是决策的基础。系统评价是系统科学研究评价理论的一个重要分支，也是系统工程的主要内容，是一项非常困难但十分重要的工作。系统评价是对系统分析过程和结果的鉴定，主要目的是判别设计的系统是否达到了预定的各项技术经济指标，从而为能否投入使用提供决策需要的信息，评价的好坏影响着决策的正确性。

1. 系统评价工作应遵循的原则

(1)评价的客观性。系统评价的目的是为了以后的决策工作，因此评价过程与结果影响着决策的准确性，必须保证整个评价工作的客观性。保证评价人员的客观公正性以及评价资料的全面、正确和可靠。

(2)评价方案的可比性。各种替代方案，在保证实现系统的基本功能上应具有可比性和一致性。

(3)评价指标的系统性与合理性。评价指标要包括系统目标所涉及的诸多方面，对于一些定性问题要有恰当的评价指标，以保证评价指标的全面性，使其具有多元、多层次、多时序的特点。另一方面系统评价指标必须与国家大政方针的要求一致，与相关行业的产业政策一致。

系统评价指标的设立因研究系统不同而不同。通常的评价指标体系考虑以下七个方面：

①政策性指标。包括政府的方针、政策、法令以及法律约束和发展规划等方面的要求。

②技术性指标。包括产品的性能、寿命、可靠性、安全性等。

③经济性指标。包括方案成本、效益、建设用期、回收期等。

④社会性指标。包括社会福利、社会节约、综合发展、污染、生态环境等。

⑤资源性指标。包括工程项目中所涉及的物资、人力、能源、水源、土地等条件。

⑥时间性指标。包括工程进度、时间节约、试制周期等。

⑦其他指标。指在具体的系统评价过程中所涉及的某些具体指标。

上面考虑的是一些大类指标，遇到具体问题时每一个指标又可以分成许多子指标。由这些主指标以及子指标所构成的具有多层次结构、多元的以及多时间指标系统就构成了指标体系。

2. 系统评价步骤

(1)评价系统分析。这是在进行系统评价时必须进行的工作，以达到明确系统目标，熟悉系统方案的目的。主要包括确定评价目的、明确评价系统范围、确定评价主体在系统评价过程中的位置、明确评价项目和分析系统的评价环境等工作。

(2)评价资料收集。对评价系统的功能、费用、时间及使用寿命进行预测和估计，为以后设定系统的评价尺度、建立评价函数等收集评价所需的相关资料。

(3)确定评价指标体系。对于所评价的系统，必须建立能对照和衡量各个方案的统一尺度，即评价指标体系。注意系统评价指标是否与评价目标密切相关，评价指标是否构成了一个完整的体系，评价指标数是否合理，各大类指标的设置以及大类指标和单项指标的权重确定等。

(4)选取评价函数。评价函数是使评价定量化的一种数学模型。不同问题一般评价函数不同，同一问题也可能使用不同的评价函数，因此选用什么样的评价函数本身也必须作出相应的评价。

(5)计算评价值。确定了评价函数，评价尺度也随之确定。在计算评价值之前，还需确定相关评价项目的权重。

(6)综合评价。综合评价就是对系统进行技术、经济、社会等各方面的全面评价。一般根据设立的指标体系，首先计算某大类指标下各单项指标的综合评价值，然后对各单项指标进行综合，得出对方案的总体结论。综合评价是最后判定方案优劣的依据，因此，在系统评价中占有重要地位。

3. 系统评价的理论与方法

第一类是以数理为基础的理论。用数学理论和解析方法对评价系统进行严密的定量描述和计算。通常为了使评价工作能够正常进行，不出现矛盾，经常需要在假定的条件下才能进行评价。

第二类是以统计为基础的理论和方法。通过统计数据建立只能凭感觉而不能测量的评价项目的评价模型，是一种经验性的评价方法，是心理学领域的常用方法。但由于是统计处理，故存在少数行为在评价中不能反映的缺点。

第三类是重现决策支持的方法。也就是从另一个角度考虑评价，当我们想方设法对评价系统进行客观正确的评价时，倒不如研究如何才能比较容易地决定与目标一致的人类行为。

复习思考题

1. 简要阐述系统测试的含义。
2. 简述人工测试的步骤。
3. 分别阐述黑盒测试和白盒测试的特点及优缺点。
4. 简述 Web 信息系统测试的组成。
5. 简述信息系统维护类型。

第7章 信息系统界面设计基础

信息系统界面设计是任何级别的系统都必须面对的，界面设计尤其是友好性关系到软件系统的优劣，本章从 WWW 基础、HTML 语言基础、图像处理技术、Dreamweaver 的使用等角度出发，详细阐述具体的操作，并辅以相关实例。

7.1 WWW 基础

WWW 服务是目前应用最广的一种基本互联网应用，每天上网都要用到这种服务。通过 WWW 服务，只要用鼠标进行本地操作，就可以到达世界上的任何地方。由于 WWW 服务使用的是超文本链接(HTML)，则可以很方便地从一个信息页转换到另一个信息页。它不仅能查看文字，还可以欣赏图片、音乐、动画。最流行的 WWW 服务的程序就是微软的 IE 浏览器。

轨道交通信息系统工作原理如图 7.1 所示，通过 Web 服务器利用 ASP 技术生成活动页面，实现用户对系统数据信息的访问和操作。

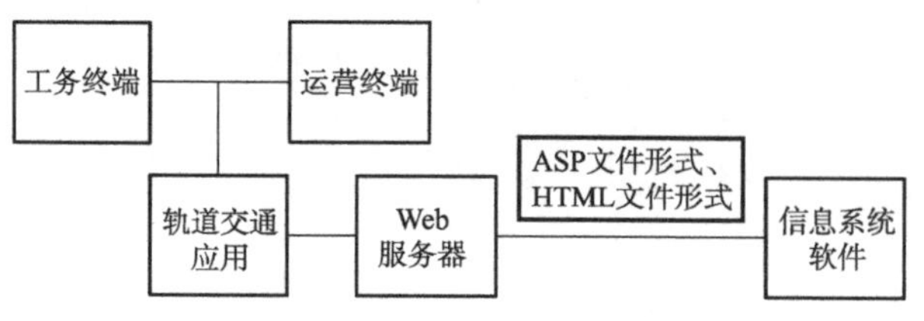

图 7.1 信息系统工作原理图

7.1.1 WWW 的特点及原理

WWW 以超文本方式组织网络多媒体信息；用户可以在世界范围内任意查找、检索、浏览及添加信息；能够提供生动直观、易于使用且统一的图形用户界面；服务器之间可以互相链接并且可以访问图像、声音、影像和文本型信息。

Web 服务器不仅能够存储信息，还能在用户通过 Web 浏览器提供的信息基础上运行脚本和程序。

Web 服务器的工作原理如图 7.2 所示。

(1)客户端发送请求。客户端(通过浏览器)和 Web 服务器建立 TCP 连接，连

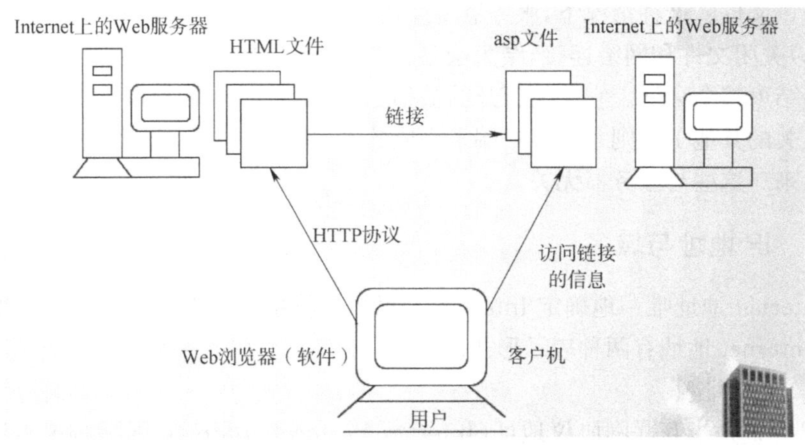

图 7.2 Web 服务器工作原理

接建立以后，向 Web 服务器发出访问请求(如 GET)。根据 HTTP 协议，该请求中包含了客户端的 IP 地址、浏览器的类型和请求的 URL 等一系列信息。

(2)服务器解析请求。Web 服务器对请求按照 HTTP 协议进行解码来确定进一步的动作，设计的内容有三个要点：方法(GET)、文档(/sample. html)、和浏览器使用的协议(HTTP/1. 1)。其中方法告诉服务器应完成的动作，GET 方法的含义：服务器应定位、读取文件并将它返回给客户。找到文件/sample. html，并使用 HTTP/1. 1 协议将内存返回给客户。信息是经过与请求到来相同的连接发出的，所以服务器不需要定位客户或创建新的连接。

(3)读取其他信息(非必要步骤)。Web 服务器根据需要去读取请求的其他部分。在 HTTP/1. 1 下，客户还应给服务器提供关于它的一些信息。元信息(Meta Information)可用来描述浏览器及其能力，以使服务器能据此确定如何返回应答。

(4)完成请求的动作。若现在没有错误出现，WWW 服务器将执行请求所要求的动作。要获取(GET)一个文档，Web 服务器在其文档树中搜索请求的文件(/sample. html)。这是由服务器机器上作为操作系统一部分的文件系统完成的。若文件能找到并可正常读取，则服务器将把它返回给客户。

首先，Web 服务器发送一个状态码及一些描述信息。既然文件已经找到，则发送状态码 200，表示一切都 OK，文档随后发出，因为发送的信息是 HTML 文档，所以 Content-type 取值为 text/html。文档长为 1 024 个字节，所以 Content-type 取 1 024。服务器软件的标识及文件的时间属性信息也被包含在头域中。

如果请求的文件没有找到或找到但无法读取，则请求无法满足。这时将返回不同于 200 的状态码。最常见的问题是请求中的文件名拼写有误，所以服务器无法找到该文件。这种情况下，服务器将发送一个状态码—404 给客户。

(5)关闭文件和网络连接，结束会话。当文件已被发送或错误已发出后，Web 服务器结束整个会话。它关闭打开的被请求文件，关闭网络端口从而结束网络连接。有关的其他工作则是由客户端来完成的，包括接收数据，并以用户可读的方式呈现出来。这些与服务器无关。

7.1.2 IP 地址与域名

Internet 地址唯一地确定 Internet 上每台计算机与每个用户的位置。对用户来说，Internet 地址有两种表示形式。

(1)IP 地址

IP 地址是指互联网协议地址(Internet Protocol Address，网际协议地址)，是 IP Address 的缩写。IP 地址是 IP 协议提供的一种统一的地址格式，它为互联网上的每一个网络和每一台主机分配一个逻辑地址，以此来屏蔽物理地址的差异。

IP 地址编址方案：IP 地址编址方案将 IP 地址空间划分为 A、B、C、D、E 五类，其中 A、B、C 是基本类，D、E 类作为多播和保留使用。

最初设计互联网络时，为了便于寻址以及层次化构造网络，每个 IP 地址包括两个标识码(ID)，即网络 ID 和主机 ID。同一个物理网络上的所有主机都使用同一个网络 ID，网络上的一个主机(包括网络上工作站、服务器和路由器等)有一个主机 ID 与其对应。Internet 委员会定义了 5 种 IP 地址类型以适合不同容量的网络，即 A 类～E 类。

其中 A、B、C，3 类(表 7.1)由 InternetNIC 在全球范围内统一分配，D、E 类为特殊地址，不做介绍。IP 地址分前后二部分，前面部分叫网络号，后面部分叫主机号。

表 7.1 IP 地址段分布情况

类别	IP 地址范围	最大主机数	私有 IP 地址范围
A	0.0.0.0～127.255.255.255	16 777 214	10.0.0.0～10.255.255.255
B	128.0.0.0～191.255.255.255	65 534	172.16.0.0～172.31.255.255
C	192.0.0.0～223.255.255.255	254	192.168.0.0～192.168.255.255

(2)域名

用一串字母来表示 IP 地址，便于用户记忆，通过解析后访问。

7.1.3 Internet 提供的服务

1. 电子邮件

电子邮件(E-mail，或 Electronic mail)是指 Internet 上或常规计算机网络上的各个用户之间，通过电子信件的形式进行通信的一种现代邮政通信方式。

电子邮件最初是作为两个人之间进行通信的一种机制来设计的，但目前的电子邮件已扩展到可以与一组用户或与一个计算机程序进行通信。由于计算机能够自动响应电子邮件，任何一台连接 Internet 的计算机都能够通过 E-mail 访问 Internet 服务，一般的 E-mail 软件设计时就考虑到如何访问 Internet 的服务，使得电子邮件成为 Internet 上使用最为广泛的服务之一。

电子邮件是 Internet 最为基本的功能之一，在浏览器技术产生之前，Internet 网上用户之间的交流大多是通过 E-mail 方式进行的。

尽管电子邮件是 Internet 的最常见的服务，但不使用 Internet 也能收发电子邮件。早期通过计算机网络进行工作的研究人员，在工作中意识到通过网络可以提供一种将电话通信与邮政信件相结合的通信手段，最终产生了这种全新的通信方式，即电子邮件。世界上许多公司和机构每天都要使用电子邮件，但可能只是利用局域网与其他计算机连接，并通过这些网络传输电子邮件。当然在局域网环境中可以收发电子信件的只有那些与局域网联机的用户，而一旦局域网与 Internet 连接，则该局域网上的每个用户就可以跨越时空，与遍布全球各地的 Internet 用户进行电子邮件的收发。

2. 文件传输服务

文件传送协议 FTP(File Transfer Protocol)是 Internet 文件传送的基础。通过该协议，用户可以从一个 Internet 主机向另一个 Internet 主机复制文件。

FTP 是 Internet 中的一种重要的交流形式。目前，常常用它来从远程主机中复制所需的各类软件。与大多数 Internet 服务一样，FTP 也是一个客户机/服务器系统。用户通过一个支持 FTP 协议的客户机程序，连接到在远程主机上的 FTP 服务器程序。用户通过客户机程序向服务器程序发出命令，服务器程序执行用户所发出的命令，并将执行的结果返回到客户机。比如说，用户发出一条命令，要求服务器向用户传送某一个文件的一份复制，服务器会响应这条命令，将指定文件送至用户的机器上。客户机程序代表用户接收到这个文件，将其存放在用户目录中。

在 FTP 的使用当中，用户经常遇到两个概念："下载"(Download)和"上传"(Upload)。"下载"文件就是从远程主机复制文件至自己的计算机上；"上传"文件就是将文件从自己的计算机中复制至远程主机上。用 Internet 语言来说，用户可通过客户机程序向(从)远程主机上载(下载)文件。

3. WWW 服务

WWW(World Wide Web)服务是由欧洲粒子物理实验室(CERN)研制的，将位于全世界 Internet 网上不同地点的相关数据信息有机地编织在一起。WWW

提供友好的信息查询接口，用户仅需要提出查询要求，而到什么地方查询及如何查询则由 WWW 自动完成。因此，WWW 是世界范围的超级文本服务：只要操纵电脑的鼠标器，就可以通过 Internet 从全世界任何地方调来用户所希望得到的文本、图像（包括活动影像）和声音等信息。另外，WWW 还可提供“传统的”Internet 服务：Telnet、FTP、Gopher 和 Usenet News（Internet 的电子公告牌服务）。

WWW 与传统的 Internet 信息查询工具 Gopher、WAIS 最大的区别是它展示给用户的是一篇篇文章，而不是那种令人时常费解的菜单说明。因此，用它查询信息具有很强的直观性。

WWW 的成功在于它制定了一套标准的、易为人们掌握的超文本开发语言 HTML、信息资源的统一定位格式 URL 和超文本传送通信协议 HTTP。

4. 新闻公告类服务

提供针对某问题展开讨论的服务，如 BBS（电子公告牌）、网络新闻组等。万维网上不仅可以看到文字、图片，而且可以带声音、带动画。WWW 服务是通过客户机上的 Web 浏览器和 Web 站点上的 Web 服务器之间的通信来实现的。

7.1.4 超文本

超文本是用超链接的方法，将各种不同空间的文字信息组织在一起的网状文本。超文本是一种用户界面范式，用以显示文本及与文本之间相关的内容。超文本普遍以电子文档方式存在，其中的文字包含有可以链接到其他位置或者文档的连接，允许从当前阅读位置直接切换到超文本链接所指向的位置。超文本的格式有很多，目前最常使用的是超文本标记语言。在 WWW 系统中，信息是按超文本方式组织的。超文本方式是实现 WWW 的关键技术。

1. HTML 语言

HTML（Hyrer Text Markup Language）超文本标记语言，存放在 Web 服务器上。“超文本”就是指页面内可以包含图片、链接，甚至音乐、程序等非文字元素。超文本标记语言的结构包括“头”部分（Head）、和“主体”部分（Body），其中“头”部提供关于网页的信息，“主体”部分提供网页的具体内容。

<head></head>，这 2 个标记符分别表示头部信息的开始和结尾。头部中包含的标记是页面的标题、序言、说明等内容，它本身不作为内容来显示，但影响网页显示的效果。头部中最常用的标记符是标题标记符和 Meta 标记符，其中标题标记符号用于定义网页的标题，它的内容显示在网页窗口的标题栏中，网页标题可被浏览器用作书签和收藏清单。

设置文档标题和其他在网页中不显示的信息，比如 Direction 方向、语言代码

Language Code(实体定义)、指定字典中的元信息等,表 7.2 列出了 HTML-head 元素。

表 7.2　HTML-head 元素

标　签	描　述
<head>	定义文档的信息
<title>	定义文档的标题
<base>	定义页面链接标签的默认链接地址
<link>	定义一个文档和外部资源之间的关系
<meta>	定义 HTML 文档中的元数据
<script>	定义客户端的脚本文件

<body></body>,网页中显示的实际内容均包含在这 2 个正文标记符之间,正文标记符又称为实体标记。

2. HTTP 协议

HTTP(Hyper Text Transfer Protocol)超文本传输协议是互联网上应用最为广泛的一种网络协议。WWW 服务是执行 HTTP 协议进行传输的。所有的 WWW 文件都必须遵守这个标准。设计 HTTP 最初的目的是为了提供一种发布和接收 HTML 页面的方法。

HTTP 协议是用于从 WWW 服务器传输超文本到本地浏览器的传输协议。它可以使浏览器更加高效,使网络传输减少。它不仅保证计算机正确快速地传输超文本文档,还确定传输文档中的哪一部分,以及哪部分内容首先显示(如文本先于图形)等。

HTTP 是客户端浏览器或其他程序与 Web 服务器之间的应用层通信协议。在 Internet 上的 Web 服务器上存放的都是超文本信息,客户机需要通过 HTTP 协议传输所要访问的超文本信息。HTTP 包含命令和传输信息,不仅可用于 Web 访问,也可以用于其他因特网/内联网应用系统之间的通信,从而实现各类应用资源超媒体访问的集成。

浏览器的地址框中输入一个 URL 或是单击一个超级链接时,URL 就确定了要浏览的地址。浏览器通过超文本传输协议(HTTP),将 Web 服务器上站点的网页代码提取出来,并翻译成功能全面复杂的网页。

3. WWW 浏览器

通过 WWW 浏览器可以去找到并浏览 Internet 上各种 WWW 服务器上的主页。浏览器是指可以显示网页服务器或者文件系统的 HTML 文件内容,并让用户与这些文件交互的一种软件。网页浏览器主要通过 HTTP 协议与网页服务器交互并获取网页，这些网页由 URL 指定，文件格式通常为 HTML，并由 MIME 在 HTTP 协议中指明。一个网页中可以包括多个文档，每个文档都是分别从服务器获取的。大部分的浏览器本身支持除了 HTML 之外的广泛的格式，例如 JPEG、PNG、GIF 等图像格式，并且能够扩展支持众多的插件(plug-ins)。另外，许多浏览器还支持其他的 URL 类型及其相应的协议，如 FTP、Gopher、HTTPS(HTTP 协议的加密版本)。HTTP 内容类型和 URL 协议规范允许网页设计者在网页中嵌入图像、动画、视频、声音、流媒体等。

4. 搜索引擎

搜索引擎(Search Engine)是指根据一定的策略，运用特定的计算机程序从互联网上搜集信息，在对信息进行组织和处理后，为用户提供检索服务，将用户检索相关的信息展示给用户的系统。搜索引擎包括全文索引、目录索引、元搜索引擎、垂直搜索引擎、集合式搜索引擎、门户搜索引擎与免费链接列表等。

搜索引擎是 Internet 上的一种 WWW 服务器，它能在 Internet 中主动搜索其他 WWW 服务器中的信息并对其索引，将索引内容存储在大型数据库中，供用户查询。

一个搜索引擎由搜索器、索引器、检索器和用户接口四个部分组成。

搜索器的功能是在互联网中漫游，发现和搜集信息。

索引器的功能是理解搜索器所搜索的信息，从中抽取出索引项，用于表示文档以及生成文档库的索引表。

检索器的功能是根据用户的查询在索引库中快速检出文档，进行文档与查询的相关度评价，对将要输出的结果进行排序，并实现某种用户相关性反馈机制。

用户接口的作用是输入用户查询、显示查询结果、提供用户相关性反馈机制。

7.2 HTML 语言基础

HTML(Hyper Text Markup Language，超文本标记语言)是一种用来制作超文本文档的简单标记语言。一个 HTML 文件应具有下面的结构。

```
<html>   html 文件开始
    <head>   文件头开始
    文件头
    </head>   文件头结束
    <body>   文件体开始
    文件体
    </body>   文件体结束
</html>   html 文件结束
```

7.2.1 单标记与双标记

1. 单标记

(1)<标记名称>

单一型,无属性值,如:
。

(2)<标记名称 属性="属性值"

单一型,有属性值,如:<hr width="80%"/>。

2. 双标记

(1)<标记名称>...</标记名称>

没有属性值,如:<title>...</title>。

(2)<标记名称 属性="属性值">...</标记名称>

有属性值,如图7.3所示。

说明:标记与属性,属性之间以空格分隔;属性不区分先后顺序;且属性不是必要的。

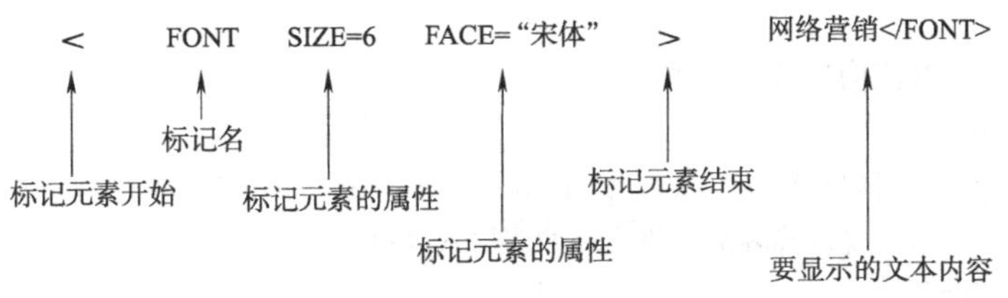

图7.3 双标记格式

7.2.2 HTML文档的一般结构

HTML是目前网络上应用最为广泛的语言,也是构成网页文档的主要语言。HTML文本是由HTML命令组成的描述性文本,HTML命令可以说明文字、图形、动画、声音、表格、链接等。HTML的结构包括头部(Head)、主体(Body)两大部分,其中头部描述浏览器所需的信息,而主体则包含所要说明的具体内容。

在HTML网页文档的基本结构中主要包含以下几种标记:

1. HTML文件标记

<HTML>和</HTML>标记放在网页文档的最外层,表示这对标记间的内容是HTML文档。<HTML>放在文件开头,</HTML>放在文件结尾,在这两个标记中间嵌套其他标记。

2. HEAD文件头部标记

文件头用<HEAD>和</HEAD>标记,该标记出现在文件的起始部分。标记内的内容不在浏览器中显示，主要用来说明文件的有关信息，如文件标题、作者、编写时间、搜索引擎可用的关键词等。

在 HEAD 标记内最常用的标记是网页主题标记，即 TITLE 标记，它的格式为：<TITLE>网页标题</TITLE>。

网页标题是提示网页内容和功能的文字，它将出现在浏览器的标题栏中。一个网页只能有一个标题，并且只能出现在文件的头部。

3. BODY 文件主体标记

文件主体用<BODY>和</BODY>标记，它是 HTML 文档的主体部分。网页正文中的所有内容包括文字、表格、图像、声音和动画等都包含在这对标记对之间。通常的标记样式如下：

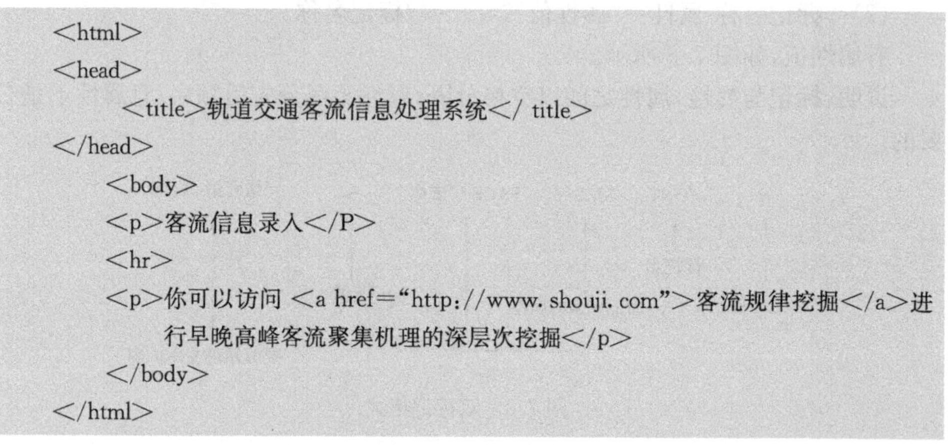

```
<html>
<head>
      <title>轨道交通客流信息处理系统</ title>
</head>
    <body>
    <p>客流信息录入</P>
    <hr>
    <p>你可以访问 <a href="http://www. shouji. com">客流规律挖掘</a>进
        行早晚高峰客流聚集机理的深层次挖掘</p>
    </body>
</html>
```

7.2.3 HTML 常用标记元素

HTML 标记是 HTML 语言中最基本的单位，最重要的组成部分，常用的 HTML 标记元素见表 7.3。

表 7.3 HTML 常用标记元素

标记元素开始	标记元素结束	标记元素的功能
<! 注释内容>	<!>	注释标记
<A>	</A>	锚元素，定义超文本链接点
<B>	</B>	字体颜色加深
<BODY>	</BODY>	超文本正文主体的起止
 		回车换行
<CENTER>	</CENTER>	元素间的内容居中
<FONT>	</FONT>	变化字体大小和颜色

续上表

标记元素开始	标记元素结束	标记元素的功能
<FRAME>	</FRAME>	展示页的版面分割
<HEAD>	</HEAD>	超文本文件头的起止
<HR>		画水平间隔线
<HTML>	</HTML>	超文本文的开始和结束
<I>	</I>	字体为斜体
<IMG>	</IMG>	插入图形图像文件
<INPUT>		输入信息元素
<MARQUEE>	</MARQUEE>	字符移动方式控制
<P>	</P>	段落的起止，也可以加空行
<STRONG>	</STRONG>	字体颜色加重
_		下角标
[	]	上角标
<TABLE>	</TABLE>	表格的起止，图文混排时也使用
<TR>	</TR>	表中一行的起止
<TD>	</TD>	表格中一栏内容的起止
<TEXTAREA>	</TEXTAREA>	用文本区输入信息
<TITLE>	</TITLE>	超文本标题的起止
<U>	</U>	下划线

7.2.4　HTML 标记应用举例

1. 常用标记

(1)<body>…</body>

<body>…</body>作为网页的主体部分，可以设置很多的属性，这些属性用于定义网页的总体风格。

例如，bgcolor 属性用来指定网页背景颜色，background 来指定网页背景图片，当设置了背景颜色时，背景颜色被覆盖。

(2)字体 <font>

<font>元素的属性有 color、size、face 等。color 属性指定字体的颜色，其数值含义与网页背景颜色参数相同，如果不设置该属性，则默认字体颜色为黑色。size 属性指定字体大小，其值从 1～7 表示字体从小到大。face 属性设置字体格式，例如宋体。

<font color=“＃FF0000” size=“7” face=“楷体”>信息</font>

(3)分段<p></p>

文本分段完全依赖于分段元素<p> 。<p>标签也可以有多种属性,例如align属性可以控制其对齐方式,clear属性可以控制图文混排方式,align为对齐属性,而clear属性含义为:

clear="left":下一段显示在左边界处的空白区域。

clear="right":下一段显示在右边界处的空白区域。

clear="all":下一段的左右两边都不许有别的内容。

(4)居中<center>

很多元素都有对其方式属性align,例如段落<p>、表格<table>、标题<hn>、单元格<td>等,其用法如下:

<p align="center"> 段落居中。

<table align="center"> 表格居中。

<h1 align="center"> 标题居中。

<td align="center"> 单元格内容居中。

也可以直接使用<center></center>元素使所包含内容居中显示。

(5)超链接<a href=“”> * * * * * </a>

创建超链接就是在当前页面与其他页面间建立链接。创建超链接使用<a>…</a>标记。

含有的属性有:链接目标的位置href、显示链接目标的框架target。

<a href=“http://www.shouji.com” target=“blank”>手机网站</a>

(6)插入图像

插入图像的格式为<img>…</img>。含有的属性有:图像来源位置src、图像宽度width、图像高度height、替代文字alt、图像边框border和对齐方式align。

(7)表格元素

一个表格由<table>开始,</table>结束,表的内容由<tr>和<td>定义。<tr>说明表的一行,表有多少行就有多少个<tr>;<td>则填充由<tr>组成的表格。是否用表格线分开为部分内容用border属性说明。

①有横向通栏的表用<td colspan=#>属性说明。colspan表示横向栏距,#代表通栏占据的网格数,它是一个小于表的横向网格数的整数。

②有纵向通栏的表用rowspan=#属性说明。rowspan表示纵向栏距,#表示通栏占据的网格数,应小于纵向网络数。需要说明的是有纵向通栏的表,每一行必须用</tr>明确给出一横向栏目结束,这是和表的基本形式不同的。

③表的大小、边框宽度、表格间距:

a. 表的大小用 width=＃和 height=＃属性说明。前者为表宽，后者为表高，＃是以像素为单位的整数。

b. 边框宽度由 border=＃说明，＃为宽度值，单位是像素。

c. 表格间距即划分表格的线的粗细用 cellspacing=＃表示，＃的单位是像素。

(8)表单的使用

①创建表单的基本步骤如下：

a. 确定需要收集的信息，根据信息特点设计表单。

b. 在表单中插入不同的表单元素。

c. 设置表单域的属性。

d. 设置通过表单所收集的信息的处理方式。

e. 设置确认网页，确认已经接收到用户填写的信息，并请用户核对是否正确。

②表单的属性可以通过“属性”面板进行设置。表单属性如下所示：

a. 表单名称：为表单设置一个名称。表单命名之后就可以用脚本语言对它进行控制。

b. action：识别处理表单信息的服务器端应用程序。

c. 方法：定义表单数据处理的方式。

d. Get：追加表单值到 URL 并发送服务器 Get 请求。

e. Post：在消息正文中发送表单值并发送服务器 Post 请求。

2. 表单控件

(1)文本域

文本域是常见表单元素之一，在文本域内可输入任何文本、字母或数字类型。输入的文本可以显示为单行、多行、项目符号或星号(多用于密码保护)。要插入文本域，将光标定位后，单击“插入”工具栏“表单”分类上的“文本字段”按钮即可。

(2)单选按钮

单选按钮只可以取其一的按钮。在一组按钮内只能选取一个按钮。要插入单选按钮，将光标定位后，单击“插入”工具栏“表单”分类上的“单选按钮”按钮。

(3)复选框

复选框就是在一组选项中允许选取多个选项。要插入复选框，将光标定位后，单击“插入”工具栏“表单”分类上的“复选框”按钮。

(4)列表/菜单

弹出(下拉)菜单和列表都列出了一组用户可以从中选择的值，弹出菜单和列表对象是有一些区别的。弹出菜单只允许单项选择，而列表框则可选取多项。要插入列表/菜单，将光标定位后，单击“插入”工具栏“表单”分类上的“列表/菜单”。

(5)按钮

按钮可以执行提交或重置表单的标准任务，也可以执行自定义功能。在插入时可以设置自定义按钮标签或使用预先定义的标签。要插入表单按钮，将光标定位后，单击“插入”工具栏“表单”分类上的“按钮”。

可以结合软件演示功能的应用，新增安全法律条文的表单如图 7.4 所示。

图 7.4　表单填写界面

图 7.4 的对象表单代码为：

```
<form name="form1" method="post" action="addfalv. asp">
<table width="667" height="479" border="0" align="center" cellpadding="1" cellspacing="1">
<tr bgcolor="#FFFFFF"><td width="91" height="36"><div align="center">发文部门：</div></td>
<td width="252"><input name="bumen" type="text" id="bumen"></td>
<td width="79"><div align="center">生效时间：</div></td>
<td width="240"><input name="shengxiao" type="text" id="shengxiao" size="12">2015-09-16</div></td></tr>
<tr><td height="35"><div align="center">发文名称：</div></td>
<td><input name="title" type="text" id="title" size="20"></td>
<td><div align="center">版本：</div></td>
<td><input name="banben" type="text" id="banben" size="12">
```

```
发文的版次</td></tr>
<tr bgcolor="#FFFFFF"><td height="35"><div align="center">法律级别:
</div></td>
<td colspan="3"><select name="kind" id="kind">
                <option>国家安全法</option>
                <option>地方条例规定</option>
                <option>安全行业标准</option>
                <option>其他法律法规</option>
                </select></td></tr>
<tr><td>法律全文:</div></td>
<td colspan="3"><textarea name="body"></textarea></td></tr>
<tr><td> </td>
<td><input type="submit" name="Submit" value="提交"></td>
<td> </td>
<td><input type="reset" name="Submit2" value="重置"></td></tr>
</table></form>
```

7.3 图像处理技术

7.3.1 图像格式

1. BMP 格式

位图(BMP,BitMaP)是一种与硬件设备无关的图像文件格式,使用非常广。它采用位映射存储格式,除了图像深度可选以外,不采用其他任何压缩,因此,BMP 文件所占用的空间很大。BMP 文件存储数据时,图像的扫描方式是按从左到右、从下到上的顺序。

由于 BMP 文件格式是 Windows 环境中交换与图有关的数据的一种标准,因此在 Windows 环境中运行的图形图像软件都支持 BMP 图像格式。

2. JPEG 格式

联合照片专家组(JPEG,Joint Photographic Expert Group),文件后缀名为 .jpg 或 .jpeg,是最常用的图像文件格式,是一种有损压缩格式,能够将图像压缩在很小的储存空间,图像中重复或不重要的资料会被丢失,因此容易造成图像数据的损伤。尤其是使用过高的压缩比例,将使最终解压缩后恢复的图像质量明显降低,如果追求高品质图像,不宜采用过高压缩比例。JPEG 是一种很灵活的格式,具有调节图像质量的功能,允许用不同的压缩比例对文件进行压缩,支持多种压缩级别，压缩比率通常在 10∶1 到 40∶1 之间，压缩比越大，品质就越低；相反地，压缩比越小，品质就越好。

JPEG 格式是目前网络上最流行的图像格式，是可以把文件压缩到最小的格式，在 Photoshop 软件中以 JPEG 格式储存时，提供 11 级压缩级别，以 0～10 级表示。其中 0 级压缩比最高，图像品质最差。即使采用细节几乎无损的 10 级质量保存时，压缩比也可达 5∶1。以 BMP 格式保存时得到 4.28 MB 图像文件，在采用 JPEG 格式保存时，其文件仅为 178 KB，压缩比达到 24∶1。经过多次比较，采用第 8 级压缩为存储空间与图像质量兼得的最佳比例。

3. GIF 格式

图形交换格式（GIF，Graphics Interchange Format），是 CompuServe 公司在 1987 年开发的图像文件格式。GIF 文件的数据，是一种基于 LZW 算法的连续色调的无损压缩格式。其压缩率一般在 50%左右，它不属于任何应用程序。目前几乎所有相关软件都支持 GIF 图像文件。

GIF 图像文件的数据是经过压缩的，而且是采用了可变长度等压缩算法。所以 GIF 的图像深度从 1 bit 到 8 bit。GIF 格式的另一个特点是其在一个 GIF 文件中可以存多幅彩色图像，如果把存于一个文件中的多幅图像数据逐幅读出并显示到屏幕上，就可构成一种最简单的动画。

GIF 格式产生的文件较小，常用于网络传输，在网页上见到的图片大多是 GIF 和 JPEG 格式的。GIF 格式与 JPEG 格式相比，其优点在于 GIF 格式的文件可以保持动画效果。

4. PNG 格式

便携式网络图形（PNG，Portable Network Graphics），是网上接收的最新图像文件格式。PNG 能够提供长度比 GIF 小 30%的无损压缩图像文件。它同时提供 24 位和 48 位真彩色图像支持以及其他诸多技术性支持。

7.3.2 图像的颜色模式

1. RGB 颜色模式

RGB 是色光的彩色模式，R 代表红色，G 代表绿色，B 代表蓝色。因为三种颜色每一种都有 256 个亮度水平级，所以三种色彩叠加就能形成 1 670 万种色彩。即“真彩色”。

就编辑图像而言，RGB 色彩模式是首选的色彩模式，Photoshop 中所有图像编辑的命令都可在 RGB 模式下执行。一般在 Photoshop 中将 RGB 模式作为预设的模式。

2. CMYK颜色模式

CMYK是一种专门针对印刷业设定的颜色标准，通过对青(C)、红(M)、黄(Y)颜色变化以及它们相互之间的叠加来得到各种颜色。因为在实际应用中，以上三色很难形成真正的黑色，最多不过是褐色，因此又引入了黑色(K)。

在Photoshop中，这种色彩模式就形成了四个色彩通道，最后又由这四个通道组合形成了一个综合通道。因此如果是放在网页上的图片，直接用RGB模式就已经可以了；如果是教程、广告上需要打印出来的图片，可以先用RGB模式编辑，再用CMYK模式打印，或是直接到印刷前再转换，然后加以必要的校色、锐化和修饰。这样，虽然Photoshop在CMYK模式下慢了许多，但是可以节省大部分编辑时间。

7.3.3　Photoshop常用功能介绍

Photoshop是迄今为止最畅销的图像编辑软件，它已经成为很多涉及图像处理的行业标准。

1. 新建图片

输入名称、设置宽度、高度、分辨率等，点击确定即可得到新建工作区。

2. 新建图层、图层选择

图层是将一副图像分为几个独立的部分，每一部分放在相应独立的层上。在合并图层之前，图像中的每个层都是相互独立的，可以对其中某一个图层中的元素进行绘制、编辑以及粘贴等操作，而不会影响到其他图层。此外，Photoshop cs4的图层混合模式和不透明度功能可以将两个图像混合在一起，从而得到许多特殊效果。

Photoshop中的图层与实际绘画中所用到的图层相似，也是将图像的各个部分放在不同的图层上(图层中没有图像的区域是完全透明的，而有图像的区域则是不透明的)，然后将这些图层叠放在一起，形成一副完整的图像。

Photoshop中的图层与实际绘画的图层不同的是，Photoshop中的图层可以设置图层不透明度与色彩混合模式，并且为其添加许多特殊效果。

图层的操作：

(1)图层的选择、显示和隐藏

按住Ctrl键可选择不连续的多个图层；按Shift键可选择连续的多个图层。隐藏图层的方法很简单，只需在要隐藏的图层左边单击眼睛图标即可关闭该层的显示。

(2)图层的复制与删除

要复制图层，可执行如下操作之一：选中要复制的层，将其拖至“图层”调板底部的“创建新图层”按钮上即可。选择“图层”主菜单或“图层”调板快捷菜单中的“复制图层”菜单项，也可复制层。要删除图层可执行如下操作之一：选中要删除的图层，单击“图层”调板下方的“删除图层”按钮。选择“图层”主菜单或“图层”调板快捷菜单中的“删除图层”菜单项。

(3)调整图层的叠放顺序

在 Photoshop 中，通过调整图层的叠放次序，可以获得不同的图像处理效果。

(4)图层的合并

在编辑图像时，为了便于对多个图层进行统一处理时，还可以合并图层。向下合并可以合并当前图层与位于其下方的图层。合并可见图层可将所有的可见图层合并至当前选择的图层中。拼合图像可合并当前所有的可见图层，并删除隐藏图层。

3. 选择框图

使用矩形选择工具，将需要处理的区域选中，并做相应的操作，该操作使用频率较高，需熟练掌握。

4. 图层添加文字

选择要添加文字的图层，点击“T”字图标，在图层上编辑文字，实现系统需要实现的效果。

5. 羽化

使像素选区的边缘模糊，并有助于所选区域与周围的像素混合。

6. 图层样式

图层样式分为背景图层、普通图层、文字图层和调节图层，其中背景图层不可以调节图层顺序，永远在最下边，不可以调节不透明度和加图层样式，以及蒙版。可以使用画笔，渐变，图章和修饰工具。普通图层可以进行一切操作。文字图层可以通过文字工具，可以创建。文字层不可以进行滤镜，图层样式等的操作。调节图层是一种比较特殊的图层，它就是在图层上添加一个图层蒙板。

7. 图片修补

PS 图片修补一般来说，是希望拿画面中的某一块画面的效果，去修补另外一个地方的效果。比如，照片某个角太亮，就完全可以拿另外一个与这个角画面类似的画面，来修补这个角。修补工具是有两种用法的。第一种，就是拿别处的修补此处；第二种是拿此处的修补别处的。

第一种情况，拿别处修补此处。点修补工具，看 PS 属性栏，点选上“源”，在画面上圈上想修补的区域，直到画成一个封闭的多边形选区，然后单击区域并保持左键不要放开，拖动到目标区域，松开，那么，选定区域画面，就被目标区域内容修补了。

第二种情况，拿此处修补别处。这一次在PS属性栏上点选上"目标"，在画面上圈上一块区域，这个区域是打算拿来修补另一个区域的画面。点击并保持左键拖动到要修补的区域，松开左键，修补完成。修补过程中，手动的区域是经过羽化的，并经过PS内部程序处理，是"混合"，不是粘贴。边缘不生硬，色彩也不生硬。

8. 图片保存

当图片的所有操作都处理完后，需要将其保存到本地，保存的格式为：psd，jpeg，gif，png等，需要注意各个格式的特点。

9. 图片模式转换

点击文件，另存为，在格式中即可选择转换模式。

10. 抠图技术

(1)魔术棒法——最直观的方法

适用于图像和背景色色差明显，背景色单一，图像边界清晰的图像。

使用方法：

①点击"魔术棒"工具；

②在"魔术棒"工具条中，在"连续"项前打勾；

③"容差"值填入"20"(值可以看之后的效果好坏进行调节)；

④用魔术棒点背景色，会出现虚框围住背景色；

⑤ 如果对虚框的范围不满意，可以先按CTRL+D取消虚框，再对上一步的"容差"值进行调节；

⑥ 如果对虚框范围满意，按键盘上的DELE键，删除背景色，就得到了单一的图像。

(2)色彩范围法——快速

适用范围于图像和背景色色差明显，背景色单一，图像中无背景色的图像。

使用方法：

①颜色吸管拾取背景色；

②点击菜单中"选择"功能里的"色彩范围"功能；

③在"反相"项前打勾，确定后就选中了图像。

(3)磁性索套法——方便、精确、快速

适用于图像边界清晰的图像。

使用方法：

①右击"索套"工具，选中"磁性索套"工具；

②用"磁性索套"工具，沿着图像边界放置边界点，两点之间会自动产生一条线，并黏附在图像边界上；

③边界模糊处需仔细放置边界点；

④索套闭合后,抠图完成。

(4)(索套)羽化法——粗加工

适用于粗略的抠图。

使用方法:

①点击“索套”工具;

②用索套粗略地围住图像,边框各处要与图像边界有差不多的距离;这点能保证之后羽化范围的一致性,提高抠图的精确性;

③右击鼠标,选择“羽化”功能;

④调节羽化值,一般填入“20”,确定后就粗略选中图像了。羽化值的大小,要根据前一步边框与图像的间距大小调节。

(5)(索套)钢笔工具法——最精确最花工夫的方法

适用范围于图像边界复杂,不连续,加工精度高的图像。

使用方法:

①索套建立粗略路径

a. 用“索套”工具粗略圈出图形的外框;

b. 右键选择“建立工作路径”,容差一般填入“2”。

②钢笔工具细调路径

a. 选择“钢笔”工具,并在钢笔工具栏中选择第二项“路径”的图标;

b. 按住 CTRL 键不放,用鼠标点住各个节点(控制点),拖动改变位置;

c. 每个节点都有两个弧度调节点,调节两节点之间弧度,使线条尽可能的贴近图形边缘,这是光滑的关键步骤;

d. 增加节点:如果节点不够,可以放开 CTRL 按键,用鼠标在路径上增加;

e. 删除节点:如果节点过多,可以放开 CTRL 按键,用鼠标移到节点上,鼠标旁边出现“—”号时,点该节点即可删除。

③右键“建立选区”(羽化一般填入“0”)

a. 按 CTRL+C 复制该选区;

b. 新建一个图层或文件;

c. 在新图层中,按 CTRL+V 粘贴该选区,操作成功;

d. 取消选区快捷键:CTRL+D。

(6)蒙版抠图法——直观且快速

使用方法:

①打开照片和背景图;

②点击移动工具把照片拖动背景图;

③添加蒙版;

④前景色设为黑色，选择画笔45；

⑤这样就可以在背景上擦，擦到满意为止。如果万一擦错了地方，只要将前景色改为白色，就可以擦回来。

7.4　Dreamweaver的使用

1. 页面的布局

(1)打开Dreamweaver mx，并新建一个HTML网页；

(2)点击：插入菜单，然后选择HTML项；

(3)紧接着，在对应的下拉菜单选择框架，及所需要的布局(如：上方及左嵌套等)；

(4)为了区分，给每框架设置背景颜色；在对应的框架区域，鼠标右键→页面属性→选择背景颜色→点击确定即可；

(5)框架布局插入成功，如果还想加入其他设计布局，只需在相应的框架部位继续插入，修改布局即可。

2. 表格的使用

(1)新建一个HTML空白页；

(2)点击"插入"→表格；

(3)会弹出一个"表格"对话框，填入设计表格行数、列数、宽度、高度之类的参数，点击确定即可；

(4)在弹出"表格"对话框的时候，在"标题"和"摘要"分别输入需要的文本。

3. 超链接的制作

(1)新建一个HTML空白页；

(2)打开后，在页面上输入超级链接的文字，这里以"轨道交通运营管理"为例，把输入的文字选中，点击工具栏上的超级链接功能，如图7.5所示；

(3)点击后，弹出超级链接对话框，在这里主要填写链接和选择目标。

还有一种方法添加超级链接，就是选中文字后，在下方的属性栏下的链接直接添加超级链接。

4. 表单的设计

(1)新建一个HTML空白页；

(2)在菜单栏选择，"插入"→"表单"属性；

(3)在"属性"面板选择需要的参数。

5. 其他特效的制作

(1)利用脚本语言制作浮动广告；

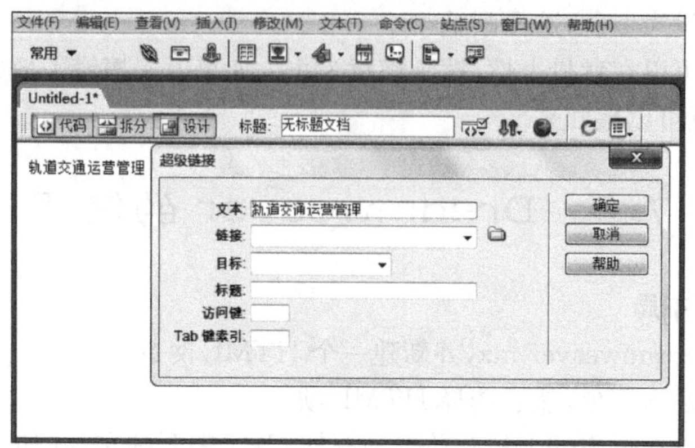

图 7.5 超级链接

(2)制作跑马灯效果；

(3)制作文字跟踪鼠标特效；

(4)插入 Flash 动画。

6. 数据库的创建与读取操作

(1)用数据源名称连接数据库

首先在 Dreamweaver 中打开站点目录中的一个网页文件，然后在“应用程序”面板中的“数据库”选项卡中单击“＋”按钮，选择“数据源名称(DSN)”。

在弹出的“数据源名称(DSN)”对话框中的“连接名称”中输入数据库连接字符串名称(自定义)，单击“定义”按钮创建 DSN(如果已创建，则直接选择)。

(2)用自定义字符串连接数据库

在“应用程序”面板的“数据库”选项卡中单击“＋”按钮，选择“自定义连接字符串”。

7.5 用户界面设计

用户界面是人与计算机之间的媒介。用户通过用户界面来与计算机进行信息交换。因此，用户界面的质量，直接关系到应用系统的性能能否充分发挥，能否使用户准确、高效、轻松、愉快地工作。目前国内系统开发者在设计过程中很注重系统的开发技术及其具有的业务功能，而忽略了用户对用户界面的需求，影响软件的易用性、友好性。其实用户界面是一个系统很重要的一面——它直接影响程序的使用价值。对于大多数用户来说，用户界面就是用户对一个产品的全部了解。所以，一个内部设计良好但用户界面不好的系统就是一个不好的程序。一个系统的用户界面框架是决定它的商业价值的重要因素。

7.5.1　用户界面设计需求分析中要考虑的因素

1. 界面元素

通常一个用户界面的元素包括界面主颜色、字体颜色、字体大小、界面布局、界面交互方式、界面功能分布、界面输入输出模式。其中，对用户工作效率有显著影响的元素包括：输入/输出方式、交互方式、功能分布，在使用命令式交互方式的系统中，命令名称、参数也是界面元素的内容，如何设计命令及参数也很重要。影响用户对系统友好性评价的元素则有：颜色、字体大小、界面布局等，这种划分不是绝对的，软件界面作为一个整体，其中任何一个元素不符合用户习惯、不满足用户要求都将降低用户对系统的认可度，甚至影响用户的工作效率，而使用户最终放弃使用系统。围绕界面元素所要达到的设计目的是让最终用户能够获得美感、提高工作效率、易于操作使用系统。目前在界面元素的选择、布局设计等方面的研究进行得较多，内容涵盖了可用性工程学、人机工程学、认知心理学、美学、色彩理论等方面的探讨。

2. 用户角色

界面需求分析必须围绕用户为中心，不同于客观功能需求分析，具有很大的主观性。虽然，界面设计人员可以按照通常的原则来设计，但是用户个体的文化背景、知识水平、个人喜好等是千差百异的，其界面需求也是相差很大。不同的用户，对软件界面有不同的要求，表达自己要求的方式也不尽相同。而且用户的界面要求通常不像业务功能需求那样容易明确、有据可查、又很难利用专门工具进行分析。多数用户往往并不能提出明确的、全局的界面需求，其需求同自身主观因素联系紧密，是模糊、变化的。调查用户的界面需求，必须先从调查用户自身特征开始，将不同特征用户群体的要求进行综合处理，再有针对性地分析其界面需求。因此这里引出用户角色这个概念模型。

用户角色是指按照一定参考体系划分的用户类型，是能够代表某种用户特征、便于统一描述的众多用户个体的集合。用户调查的目标是通过调查分析用户特征，将每个不能建立模型的单一用户归纳为集合，将用户集合定义为角色模型，同时赋予不同的优先级别，了解记录其界面需求。用户的需求调查和其特征调查即用户角色定义，往往同时进行。调查的方法有很多种，如直接交流、资料统计、焦点小组、卡片排序等。用户角色定义的原则是有代表性、同系统功能有关并有利于界面的需求分析。一个用户角色可能包括大量的用户个体，他们对于界面的要求可以按照一定的界面模型进行定义。在一个软件系统中，用户角色定义时所依据体系可以多种多样，一个单一用户可以属于不同参考体系下的不同用户角色，但是一个用户角色要求能够代表一种界面需求类型。用户角色通常可以分为两类：熟练用户和新手用户。

定义用户角色的目的，是因为不同的用户角色在需求分析过程中的需求目标不同，侧重点也不同，甚至互相矛盾。只有明确了用户角色，需求分析人员才能在纷乱复杂而又不甚明了的用户要求中理出脉络，依据用户角色不同的优先级别，平衡众多用户需求中的矛盾，抽象出完整的GUI界面模型。不同用户角色对界面的要求体现在界面元素的属性上，界面元素构成用户界面。界面元素的属性不同，最终的界面风格就不同。用户需求是否在目标系统中得到体现，取决于实现用户需求所带来的成本、效益，并不是所有的用户界面需求都会体现在系统界面中。友好的目标系统应该是同用户的理想模型接近甚至一致的，因此需求分析最终应该充分明确用户的潜在需求，并将用户需求在目标系统中实现。在需求分析过程中用户面对的始终是感性的可视化的实际运行界面，因此界面需求的结果就是满足用户要求的目标系统界面。

3. 需求变化

用户对于界面通常只能提出基本的要求，而且提出的要求也不一定合理的，因此如何启发用户在项目进行中尽早明确自己的需求，是任何需求分析人员都会面临的问题。用户根据自己想象中的理想系统向分析开发人员提出自己的要求。开发方实现目标后交给用户，在系统实施运行后，用户将实际目标系统同自己想象中的理想系统对比，同时目标系统的使用会刺激用户修正想象中的理想系统，然后提出新的需求。由于用户界面的评审因素同用户的心理状况、认识水平有很大关系，所以对于用户界面，用户只有在使用过之后才能知道是否符合自己的操作习惯，颜色、字体等界面元素是否满足自己的要求，从而提出更明确的要求。

4. 界面原型

由于在软件开发前期，用户的界面需求很模糊，甚至没有自己的理想模型，用户提出的要求就很难量化，结果很容易被需求分析人员忽略。因此在用户角色定义完成后应用快速原型法来设计用户界面，可以帮助用户尽快完善自己的理想模型。利用界面原型可以将界面需求调查的周期尽量缩短，并尽可能满足用户的要求。快速原型法是迅速地根据软件系统的需求产生出软件系统的一个原型的过程，其主要好处是可尽早获得更完整、更正确地需求和设计。利用界面原型，用户可以感性地认识到未来系统的界面风格以及操作方式，从而迅速做出判断：系统是否符合自己的感官期望，是否满足自己的操作习惯，是否能够满足自己工作的需要。需求分析人员可以利用界面原型，引导用户修正自己的理想系统，提出新的界面要求。因此，界面需求分析的步骤可为：确定所涉及的界面元素，分析用户特征并定义用户角色，依据用户角色的界面需求设计界面原型并不断改进完善。

7.5.2　用户界面设计原则

在用户界面的问题上，每一类软件都有其流行的界面风格和设计惯例。下面列出常见的在界面设计方面的原则，相信这些原则在设计用户界面方面能有一些帮助。

（1）简易性

界面的简洁是要让用户便于使用、便于理解、并能减少用户发生错误选择的可能性。“10 分钟法则”是一个评估系统是否简易性的标准。

（2）用户的语言

界面中要使用能反应用户本身的语言，而不是设计者的语言。要用友好性、人性化的提示，言语要友好，减少用户的挫折感，语言是主动式而非被动式，富于提示和启发。

（3）记忆负担最小化

人脑不是电脑，在设计界面时必须要考虑人类大脑处理信息的限度。人类的短期记忆也是有限的。所以对用户来说，浏览信息要比记忆信息更容易。这也是用户为何愿意使用带有用户界面的应用而不是只用命令行的原因。

（4）一致性

一致性是每一个优秀界面都具备的特点。界面的结构必须清晰且所用的术语要保持一致，风格必须与内容相一致，界面的色调字体也要保持一致。

（5）利用用户的熟悉程度

设计的界面要充分利用用户对大多数应用的熟悉程度，帮助用户通过已掌握的知识来使用界面。其实窗口的布局、色彩的搭配、字体风格等方面处处模仿微软的是一个好办法，因为他们的设计都是遵守业界的标准或惯例。

（6）从用户的观点考虑

用户总是按照他们自己的方法理解和使用。在界面设计中采用以用户为中心的设计方法（User Centered Design），让用户真正参与到界面设计当中来。在最终界面设计中体现用户的想法，是设计出让用户满意的用户界面的关键。

（7）排列分组

一个有序整齐的排列分组界面能让用户轻松的使用。如果非要把“复制”和“粘贴”功能放在“工具”菜单项里就不合适了（应该放在“编辑”菜单项里）。在实际设计中同样可让用户参与进来，利用可用性工程中卡片分类的方法了解用户所期待的信息结构。

（8）安全性

用户能自由的对界面上的每一项做出选择，且所有选择都是可逆的。在用户做出危险的选择时有信息提示是减少用户错误的有效方法。

（9）人性化

高效率和用户满意度是人性化的体现。应具备熟练用户和新手用户两种界面,即用户可依据自己的习惯定制界面,并能保存设置。最好能设计出类似于Windows操作系统的自适应菜单项。根据用户的操作来判断是熟练用户还是新手用户既而给出适合于用户的用户界面。

以上是用户界面设计需求分析中要考虑的因素和一般应该遵循的原则。通常在设计界面时,还要充分考虑到用户的机器配置,在设计字体和图片时要注意分辨率的选择,这样才能使用户界面获得最佳的显示效果。

7.6 上海轨道交通智能导向综合信息系统的交互界面设计

轨道交通智能导向综合信息系统作为信息亭直接服务于广大乘客,对其交互设计的研究与探索对公共信息产品的开发设计有重要的意义。研究以交互界面为切入点、以用户需求为核心,通过对试行的上海轨道交通智能导向综合信息系统的界面、用户需求进行定性与定量的分析,从理解用户需求、综合利用系统、增加服务功能、加强视觉信息设计等方面提出可行的交互界面设计建议,为上海轨道交通智能导向综合信息系统的完善以及交互设计的发展做有益的探索。

7.6.1 轨道交通信息亭界面

新版轨道交通信息亭的交互界面有两个区域:一为触摸查询区域,由一块大型触摸式显示器构成;二是路条打印区域,免费为乘客打印出交通换乘信息路条。系统的主页提供看地图、查轨交、看站厅3个主要项目的触摸式图文及时刻表、线路图、小知识3个次要级项目的小图标,如图7.6所示。

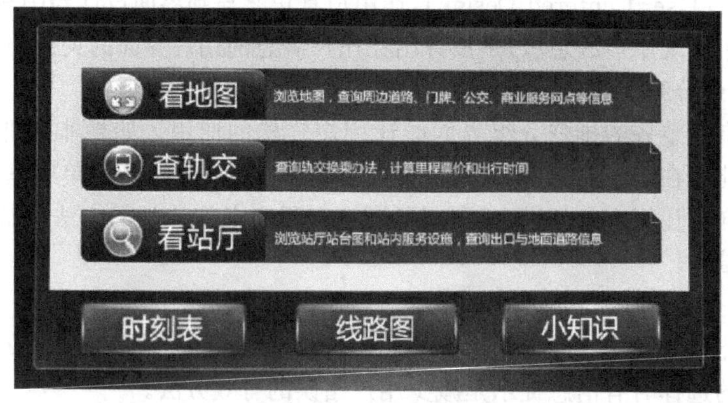

图7.6 系统主页

进入非主菜单的页面后，显示器右上方有“返回”图标，下端显示“主菜单”图标，“主菜单”图标在触摸后旋转出“看地图”、“查轨交”、“看站厅”、“返回首页”4个选项。

“看地图”为乘客提供可供浏览的地图来查询周边道路、门牌、公交、商业服务网点等信息。点击后可进入“附近逛逛”、“想去哪里”两个图标，通过输入汉语拼音首字母对周边进行公厕、银行、餐饮、购物、旅游景点、医院、学校、工商业区等常用查询信息搜索，如图7.7所示。

“查轨交”为乘客提供轨交换乘办法，计算里程票价和出行时间的查询。

“看站厅”为乘客提供站厅站台图浏览和站内服务设施，查询出口与地面道路信息。

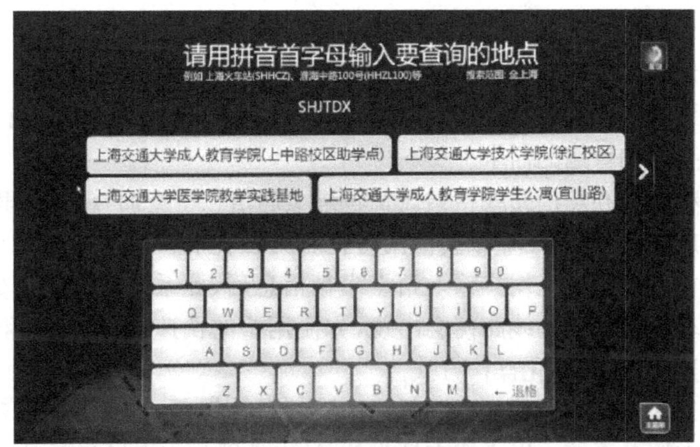

图7.7 汉语拼音首字母输入页面

另外，还有“时刻表”为乘客提供各条轨交线路的首末班车时刻表，并标注出在该站点可换乘的轨交线路；“线路图”为乘客提供上海轨道交通运行线路总图和多种换乘方式；“小知识”为乘客提供上海地铁介绍、乘坐地铁须知、地铁风采、地铁磁卡俱乐部和志愿者天地5个板块内容。

7.6.2 轨道交通信息亭的交互界面设计探索

目前上海轨道交通信息亭主要分为两种类型，即交易型和探索型。地铁自动售票机属于交易型，即为乘客提供限定范围的交易与服务；轨道交通信息亭则属于探索型，为乘客提供信息服务与体验。通过对轨道交通信息亭的使用状况调研，可以发现，现有的信息亭从外观上看整体感强，设计流畅、简洁。在功能实现上其信息较为简洁、明确，主次分明。但在为用户提供信息服务方面还存在一些较为明显的不足，有待进一步探索改进。

不同用户对于信息亭的使用能力不一样。作为为大众服务的信息终端，要充分考虑公共场所中用户的操作特点，操作界面应该简单易懂。在调查中发现外地乘客查询能力相对较弱，主要是其对上海的道路和公交线路没有概念，对查询方式不熟悉，几次查询受阻后就放弃使用，然后采用直接询问的方式解决。如：现有界面的查询方式只有一种：汉语拼音首字母输入方式（图 7.7），输入常会出错，如输入“SHJTDX”，屏幕出现与上海交通大学有关的单位名称，如上海交通大学出版社等 4 个单位，而没有“上海交通大学”，只有输入“SHJD”才出现“上海交通大学”的名称，其他几所大学也有类似情况。这对于汉语拼音不准或不会的乘客，基本上无法查询使用。此外，轨道交通信息亭不支持多种语言操作，也是设计上较为明显的缺失。

站点出口的位置与商业、卫生、服务等公共设施、旅游场所及周边道路交通的链接关系可进一步简化与强调。对这些用户较为关注的焦点问题，在界面交互设计上可提前到首链接层或次链接层。因为发现目标、到达目的地，对绝大多数乘客而言是最为直接和普遍的需求。

增加模糊搜索和热门路线检索。在轨道交通信息亭查询“想去哪里”项目的大多为外地差旅游客，且都是非频繁使用者，因而，在界面设计中可以增加模糊搜索和热门路线检索功能。在用户输入站点模糊信息后，此系统被查询次数最多的路线和一些著名旅游景点的线路便会出现，方便用户的快速选择、切换和获取，实现目标的直接选择，从而简化操作方式。

轨道交通换乘空间上方、墙面、地面的导向设施以及地图、出口指示与信息亭共同构成导向服务系统。以上海南站为例，站点地图与查询机相距近百米，自动售票机周围既无大型地图也无小型图册可查询，不熟悉路况的乘客除了询问无计可施。在国外，主要交通站点附近都设有信息服务中心（Information Center），免费为乘客提供小型图册和服务指南，值得借鉴。在交通换乘过程中，信息亭使用者大多是中青年乘客，目标群体较为集中，他们没有足够的动机和时间排队等待使用。为增加使用效率，可在信息亭周围增加辅助设施，如信息手册、大型地图，乘客可以先通过地图查找大致方位与线路，再在机器上进行进一步的检索，这样可大大地缩减使用时间，提高使用效率。同时，提高相关服务设施的使用频率和效率，这要求所有的服务设施与导向设施能互相结合、补充，发挥更大的作用。

由于乘客需求的多样性，不应将信息系统的内容仅限于轨道交通。其他公共交通系统和轨道交通系统之间的换乘也是城市公共交通系统的重要方面，能否提供方便快捷的一站式服务是这个系统设计好与坏的标准之一。系统中应当增加其他交通方式的站点信息，标注出附近的公交站点、站点停靠车辆、出租车上客点等信息，并且可以对选择的公交系统线路进行查询，方便交通方式之间的换乘。同时信息系统可使用多通道接收用户输入信息，在视觉交互界面和触觉交互界面以外，增加用户友好的、多种感官的、多维信息输入的人机交互界面，如可增加语音提示功能等，协助特殊人群如老年人、残障人士等的信息查询。

界面的视觉设计重点在于选择与运用适当的视觉元素，有效地传达信息、引导行为。界面中图形的形态、尺度、色彩、亮度、位置等各因素各有属性又交互关联。如何建立清晰的视觉层次关系，协调比例、形态、色彩关系对信息的有效认知有重要意义。如在“查看本站”查询中(图 7.8)，图形显示本站的建筑俯视图、出入口及相关设施是最为重要的信息。然而，现有的界面中字体只有 6 mm 左右高，与屏幕 22 英寸(1 英寸＝2.54 cm)相比显得十分微小；在色彩设计方面，主要信息区域的色调较为灰暗，层次不清晰。在界面设计中可通过更好地利用网格系统法和需求层级法，增加动线指示或色彩、文字引导，帮助用户更快地找到界面元素，使信息服务的有效性进一步提高。

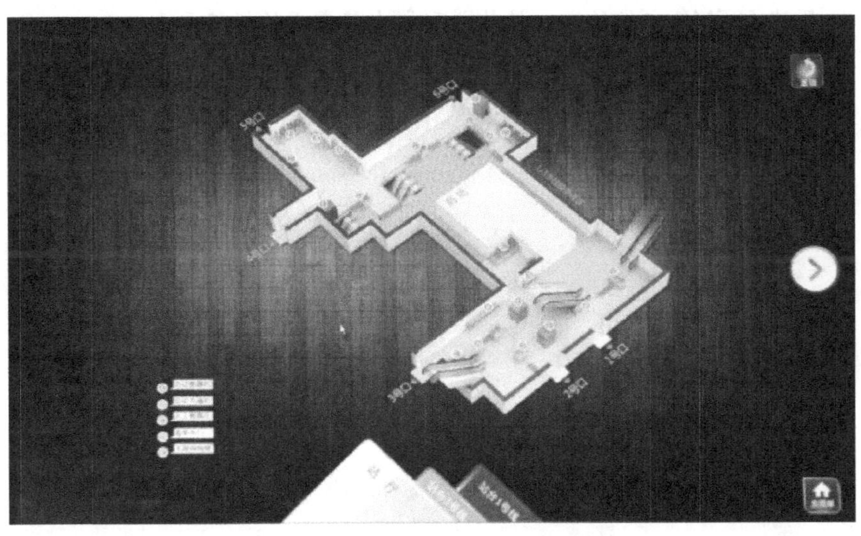

图 7.8 “查看本站”页面效果

美国哲学家 Marcuse 指出，“技术，作为工具领域，既可以增强人的力量，也可以加强人的软弱性。”信息技术和信息产品的发展对人们的生活理念与生活方式产生了深远的影响，人们既需要技术也日益依赖技术。如何在技术的限制与人的需求间平衡，以实现“以用户为中心”的目标，实践以人为本的思想，已成为产品开发中协调人机关系的重要任务。在结构层面，以更清晰而简单的逻辑、更快速的检索构架、更贴切的需求，满足以保证界面级数少而统一，响应快、体验更直观，实现更人性、更便捷的交互体验。在信息处理层面，综合应用视线跟踪、语音识别与输出、手写输入等多种技术的多通道人机交互界面，允许用户利用多个交互通道以并行、非精确的方式与计算机系统进行交互，提高人机交互的自然性和高效性。如多点触控技术，语境交互界面的应用，能更有效、更多样地给用户提供可选择性，并在服务老年人、残疾人等特殊人群方面具有独特优势。在表达层面，模拟真实场景的交互体验方式、新材料在交互媒体中的应用都将带来更人性化的使用方式，为人们出行提供更多的方便。相信在不久的将来，交通信息导向服务系统会更易用、高效、友好，交互设计也将有更大的发展空间。

复习思考题

1. Internet 提供的服务有哪些？简述各自特点。
2. 简述 Web 服务器的工作原理。
3. 简述 HTML 文档的一般结构并列举出其常用的标记元素。
4. 简述表单的创建步骤及其常见元素的使用。
5. 简述 Photoshop 的常用功能。

第 8 章　轨道交通信息处理系统开发

大容量快速轨道交通(地下铁道、高架轻轨以及独轨交通等)以其快速便捷的优点成为中国未来城市交通发展的主要方向之一,是构成中国未来立体城市公共交通网络的主体。预计在未来 10 年内,中国将集中全球近 3/4 的轨道交通的投资。目前全国各大城市已经进入大力发展轨道交通系统的高潮期,北京、上海、广州、南京、深圳的建设正如火如荼地进行,其必将产生海量运营数据,开发相应的信息处理系统迫在眉睫。

8.1　ASP 概述

ASP 中的脚本程序是在服务器端运行的(而不是在客户端运行),传送到浏览器上的 Web 页是在 Web 服务器上生成的。因此,客户端浏览器并没有处理这些脚本,Web 服务器已经完成了这些脚本的处理,并将标准的 HTML 页面传输到浏览器。ASP 解释器读取并执行所有在<%和%>标签之间的脚本代码,并生成内容。由于只有脚本的执行结果返回到浏览器,因此,用户看不到正在浏览的网页的脚本命令,而只能看到脚本的执行结果。

使用 VB Script 或 Java Script 等简单易懂的脚本语言,结合 HTML 代码,即可快速方便地创建大部分的 Web 应用信息系统。同时使用简单的文本编辑器(如 Windows 的记事本)即可创建和编辑 ASP 程序,并且 ASP 程序无须编译,即可在服务器端直接执行。ASP 提供了与后台数据库连接和访问的功能,并且可以使得动态网页的内容随着相关数据库内容的更新而自动更新。ASP 的源代码不会被传送到客户端的浏览器,因而可以避免所编写的源程序被他人剽窃,同时也提高了程序的安全性。

ASP 的基本应用有:处理由浏览器传送到服务器的表单输入;访问和编辑服务器端的数据库表;读写站点服务器的文件;利用 cookies 与用户交互,保存用户状态;扩充功能的能力强,可利用 VC,VB 等多种开发。ASP 程序工作原理如图 8.1 所示。

ASP 处理步骤可概括为,用户调出站点内容,默认页面的扩展是 . asp;浏览器从服务器上请求 ASP 文件;服务器端脚本开始运行 ASP;ASP 文件按照从上到下的顺序开始处理,执行脚本命令,执行 HTML 页面内容;生成页面信息发送到浏

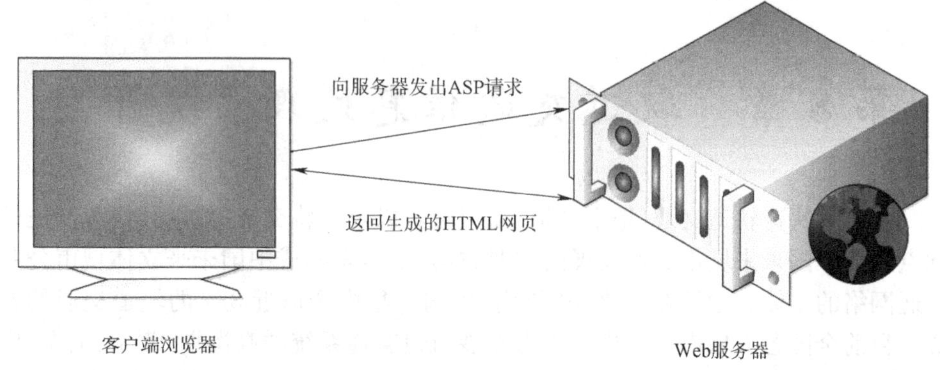

图 8.1　ASP 程序工作原理

览器。

ASP 组成要素有 HTML 代码、ASP 内置对象、ActiveX 组件及 ASP 脚本语言。

ASP 文件的创建与运行步骤：

(1)利用编辑器如“Dreamweaver”输入程序代码；

(2)将文件保存为 *.asp；

(3)将 *.asp 文件传至服务器某目录下；

(4)在客户端浏览器调用：http://地址或域名/目录/ *.asp。

8.2　ASP 编程基础

8.2.1　基本术语

VB Script(Microsoft Visual Basic Scripting Edition)，可应用于 Web 客户端脚本和 Web 服务器端脚本的编写。

VB Script 语句书写要注意代码编写不分大小写；以行的形式编写，用下划线连接多行；注释：用“ ‘ ”标出。

VB Script 语法基础：

(1)变量的声明：

方式一：使用 Dim 语句、Public 语句和 Private 语句在 Script 中显式声明变量。例如：Dim Degrees Fahrenheit。声明多个变量时，使用逗号分隔变量。例如：Dim Top,Bottom,Left,Right。

方式二：通过直接在 Script 中使用变量名这种隐式声明变量方法。

最好使用 Option Explicit 语句显式声明所有变量，并将其作为 Script 的第一条语句。

(2)变量命名规则:第一个字符必须是字母;不能包含嵌入的句点;长度不能超过 255 个字符;在被声明的作用域内必须唯一。

(3)变量的作用域:变量的作用域指的是变量的有效范围。为了能正确地使用变量的值,应当明确可以在程序的什么地方访问该变量。

(4)给变量赋值:B=200。

(5)标量变量和数组变量:

①标量和数组变量

只包含一个值的变量被称为标量变量。包含一系列值的变量,称为数组变量。

```
Dim A(3)
A(0)=256
A(1)=324
A(2)=100
```

②VB Script 常数

```
Const    aa=10
```

8.2.2 Asp 函数体系

VB Script 有一套完整的运算符,包括算术运算符、比较运算符、逻辑运算符和连接运算符,见表 8.1。

表 8.1　VB Script 运算符

算术运算符		比较运算符		逻辑运算符		连接运算符	
描述	符号	描述	符号	描述	符号	描述	符号
求幂	^	等于	=	逻辑非	Not	字符串连接	&
负号	-	不等于	<>	逻辑与	And		
乘	*	小于	<	逻辑或	Or		
除	/	大于	>	逻辑异或	Xor		
整除	\	小于等于	<=	逻辑等价	Eqv		
求余	Mod	大于等于	>=	逻辑隐含	Imp		
加	+	对象引用比较	Is				
减	-						

当表达式包含多个运算符时,将按预定顺序计算每一部分,这个顺序被称为运算符优先级。可以使用括号越过这种优先级顺序,强制首先计算表达式的某些部分。

运算时，总是先执行括号中的运算符，然后再执行括号外的运算符。但是，在括号中仍遵循标准运算符优先级。当表达式包含多种运算符时，首先计算算术运算符，然后计算比较运算符，最后计算逻辑运算符。所有比较运算符的优先级相同，即按照从左到右的顺序计算比较运算符。

当乘号与除号同时出现在一个表达式中时，按从左到右的顺序计算乘、除运算符。同样当加与减同时出现在一个表达式中时，按从左到右的顺序计算加、减法运算符。字符串连接(&)运算符不是算术运算符，但是在优先级顺序中，它排在所有算术运算符之后和所有比较运算符之前。Is 运算符是对象引用比较运算符。它并不比较对象或对象的值，而只是进行检查，判断两个对象引用是否引用同一个对象。

在程序设计语言中，所谓内置函数或标准函数都是事先写好的具有某种特定功能的一组程序。像其他语言一样，VB Script 提供了相当多的内置函数可供使用，如表 8.2 的时间函数、表 8.3 的数学运算函数和表 8.4 的字符处理函数。

表 8.2 VB Script 时间函数

函　　数	功　　能
Now()	返回当前系统日期与时间
Date()	返回当前系统日期
Time()	返回当前系统时间
Day()	返回一个 1～31 之间的整数，包括 1 和 31，代表一个月中的日期值
Month()	返回 0～12 之间的一个整数，包括 0 和 12，代表一年中的月份值
Year()	返回一个整数，代表指定日期中的年份值
WeekDay()	返回一个整数，代表一周中的第几天
Hour()	返回一个 0～23 之间的整数，包括 0 和 23，代表一天中的小时值
Minute()	返回 0～59 之间的一个整数，包括 0 和 59，代表一个小时中的分钟值
second()	返回一个 0～59 之间的整数，包括 0 和 59，代表一分钟内的多少秒

表 8.3 数学运算函数

函　　数	功　　能
Abs()	返回指定数值的绝对值
Sqr()	返回指定数值的算术平方根
Int()	返回不大于指定数值的最大整数
fix()	返回指定数值的整数部分
Rnd()	返回 0～1 之间的一个随机数

表 8.4　字符处理函数

函　　数	功　　能
Asc()	返回指定字符串中第 1 个字符对应的 ASCII 码
Chr()	返回指定 ASCII 码值所对应的字符
UCase()	将指定字符串中各个字母转换为大写字母后返回
LCase()	将指定字符串中各个字母转换为小写字母后返回
Len()	返回指定字符串中字符的个数
Left()	返回字符串中从左端开始计的指定个数的字符
Right()	返回字符串中从右端开始计的指定个数的字符
Mid()	截取指定字符串从第 n 个字符开始的 k 个字符，n 值由第二个参数指定，k 值由第三个参数指定
Trim()	去除指定字符串两端的空格

8.3　VB Script 程序流程控制

并非所有的程序都是从上到下顺序执行的，程序往往包含一些根据不同的情况选择执行的语句，以及根据某些条件重复执行的语句。为了能实现这样的功能，VB Script 中设置了相应的流程控制语句控制程序的执行，具体包含以下内容：

条件语句：If... Then；

多分支语句：Select Case；

计数式循环：For... Next；

集合元素循环：For each；

条件式循环：While 和 Do... Loop。

8.3.1　If 的表达格式(一)

格式如下：

If 条件 Then 语句组

这是 If 指令最简单的格式“单一选择”，其中的“条件”是一个表达式，它所计算的结果必须是一个逻辑数据，如果“条件”的计算结果是“TRUE”，那么就会执行 Then 后面的“语句组”：如果“条件”的计算结果是“FALSE”，那么就会跳过整个 If 语句，而不会执行 Then 后面的“语句组”。如果 Then 后面的“语句组”较长，不便于写在同一行，可以另起一行书写，并在最后加上 End If 以结束 If 条件语句。形式如下：

If 条件 Then

```
  语句组
End If
```

例 8.1 简单的 If 语句。

```
<HTML>
<HEAD>
<TITLE>If</TITLE>
<SCRIPT LANGUAGE="VB Script">
<!--
Score=70
If Score>=60 Then MsgBox"及格!"
-->
</SCRIPT>
</HEAD>
</HTML>
```

上述代码演示了“If... Then”的基本用法，首先将表示分数的变量 Score 赋值为 70，接下来就判断该变量的值是否大于 60(表示是否及格)，若大于等于 60，则显示消息框“及格”，这里由于 70>60，所以显示如图 8.2 所示。如果不满足这个条件，则什么也不做。

代码中的“Score>=60”表示分数高于或等于 60，如果这个表达式的值为真，表示条件成立，则执行 Then 后的语句，显示出信息框；如果表达式的值为假，也就是条件不成立，则跳出 If 语句，执行 If 语句之后的语句。

图 8.2 条件满足时显示的消息框

在 If 语句的格式中，Then 后面可以写多个语句，如：

```
If x>3 Then y=1:z=2
```

这时，可以把 If 语句写成如下形式：

```
If x>3 Then
  Y=1
  Z=2
End If
```

注意：形式中 End If 不能省。另外，若把上述形式写成如下将产生错误：

```
If x>3 Then Y=1
  Z=2
End If
```

由于浏览器环境下系统不显示错在哪里，因此，对于这样的问题应特别小心。当然，可以借助编程环境来帮助查找脚本的中错误。

8.3.2 If 的表达格式(二)

格式如下：

```
If 条件 Then
    语句组一
Else
    语句组二
End If
```

这个格式跟前一个格式不同的地方是多了 Else 部分，意思就是说如果上面的条件没有产生“TRUE”的话，那就执行 Else 后面的“语句组二”，所以叫作双向选择，比前一个格式又多了一种变化，范例如下。

例 8.2　双向选择。

```
<HTML><HEAD>
<TITLE>If</TITLE>
<SCRIPT LANGUAGE="VB Script">
<!--
  Score=InputBox("请输入计算机成绩:","输入成绩")
  If Score>=60 Then
    Msg="及格!"
  Else
    Msg="不及格!"
  End If
  MsgBox"你的计算机成绩"& Msg
-->
</SCRIPT>
</HEAD></HTML>
```

为了验证本例中的代码，应首先输入代码并保存成一个 HTML 文件，双击该文件图标后，将显示如图 8.3 所示输入框，若此时输入“87”，按“确定”按钮，将显示及格信息，如图 8.4 所示。

图 8.3　成绩输入框

图 8.4　显示及格提示

若输入“48”，如图 8.5 所示，按“确定”按钮，会显示不及格信息，如图 8.6 所示。

图 8.5 在输入框中输入数据

图 8.6 显示不及格提示

本例代码中的 If 语句也可写在同一行，形式如下：

```
If Score>=60 Then Msg="及格!" Else Msg="不及格!"
```

但是，如果写成以下形式，则是错误的。

```
If Score>=60 Then Msg="及格!"
            Else Msg="不及格!"
```

即使再加上 End If，也是错误的。

另外，格式中，条件满足时执行的语句和条件不满足时执行的语句都可以是另外一个条件语句，这时，就构成所谓的条件嵌套。

8.3.3 If 的表达格式(三)

当有多种情况需要进行分别处理时，可以使用如下格式的 If 语句：

```
If 条件 1 Then
  语句组 1
Elseif 条件 2
  语句组 2
Elseif 条件 3
  语句组 3
……
……
Else
  语句组 N+1
End If
```

前面介绍的两种 If 语句都只能处理一个条件，而此格式可以同时处理许多条件。程序执行时，先检查“条件 1”，若返回值为“TRUE”，则执行“语句组 1”，然后跳到 End If 的下一个指令；若“条件 1”的返回值为“FALSE”，则检查“条件 2”，若返回值为“TRUE”，则执行“语句组 2”，再跳到 End If 的下一个指令，否则检查“条件 3”，依此类推。若所有条件都不成立，则执行 Else 后的“语句组 N+1”。这里，“语句组 1”至“语句组 N+1”只有一个会被执行。这种程序逻辑翻译成一般用语就是“如果…就…否则如果…就…否则…”。

例 8.3　使用多种条件。

```
<HTML>
<HEAD><TITLE>如果就否则如果就</TITLE>
<SCRIPT LANGUAGE="VB Script">
<!--
  Score=InputBox("请输入计算机成绩:","输入成绩")
  If Score>=90 Then
    Msg="优等"
  ElseIf Score<90 And Score>=80 Then
    Msg="甲等"
  ElseIf Score<80 And Score>=70 Then
    Msg="乙等"
  ElseIf Score<70 And Score>=60 Then
    Msg="丙等"
  Else
    Msg="丁等"
  End If
  MsgBox"你的计算机成绩为"& Msg
-->
</SCRIPT>
</HEAD>
</HTML>
```

执行本例中的代码时，若输入“99”，然后按“确定”，会显示“优等”，如图 8.7 和图 8.8 所示。

图 8.7　输入框

图 8.8　显示等第

若输入“46”，然后选取“确定”，则会显示“丁等”。

上例中是对输入的一个数进行一系列判断，而实际上，当浏览各种网页时，很少见到这样的输入框。那么条件语句用在哪里呢？示例如下。

例 8.4 根据时间不同显示不同的问候信息。

```
<HTML>
<HEAD>
<TITLE>判断语句</TITLE>
<SCRIPT language="VB Script">
  Dim iTime
  Dim strmsg
  iTime=HOUR(TIME)
  If iTime<3 then
    strmsg="凌晨了,还没睡,小心身体噢。"
  elseIf iTime<7 then
    strmsg="起这么早?"
  elseIf iTime<12 then
    strmsg="上午好。"
  elseIf iTime<18 then
    strmsg="下午好。"
  else
    strmsg="晚上好,吃过晚饭了?"
  end If
  msgbox strmsg
</Script>
</HEAD>
<BODY onload="ShowMsg()"
随时间变化的问候。
</BODY>
</HTML>
```

当用户在深夜浏览该网页时，将得到如图 8.9 所示的问候，会给用户带来不同的体验。

8.3.4 多分支语句

图 8.9 不同时间的问候

这种流程控制结构可以根据一个变量的值选择不同的执行方向，相当于一个有多重入口的车库，这个车库可以根据要进来的车种而分配停车的位置。

Select...Case 就是依据这种方法来进行流程控制，其格式如下：

Select Case 变量
Case 值 1
语句组 1
Case 值 2
语句组 2
Case 值 3
语句组 3
……
Case Else
语句组 N+1
End Select

必须先给 Select...Case 语句一个变量，这个变量就是它执行判断的对象，就如同上面所比喻的车库要以车的种类来当作判断的对象。接下来的 Case 就是要写出这个变量可能的情况，就好同车库可以停那几种车型，语句组就是指出相应的车型应停靠的位置。Select 会从第一个值依次比较，看看是否和变量的值相等，如果相等就会执行其后的语句组，执行完之后再跳到 End Select 继续执行后面的程序。举例说明如下：

例 8.5　多向选择。

```
<HTML>
<HEAD><TITLE>多向选择 1</TITLE>
<SCRIPT LANGUAGE="VB Script">
<! --
    NO=InputBox("请输入一个 1-5 之间的数字:","汉译英")
    Select Case NO   '以 NO 作为比较对象
    Case 1
      MSG="ONE"
    Case 2
      MSG="TWO"
    Case 3
      MSG="THREE"
    Case 4
      MSG="FOUR"
    Case Else
      MSG="FIVE"
    End Select
    MsgBox NO &"的英文为:"& MSG
```

```
-->
</SCRIPT>
</HEAD>
<BODY></BODY>
</HTML>
```

像这样用“Select... Case”的结构写出的程序也可以用“If... Then”结构来表示，但用“If... Then”写出的程序看起来会复杂一些。

本例中的代码在浏览时，首先将给出一个输入框，若输入“1”，然后按“确定”，将显示如图 8.10 所示信息框，若输入 5，则将显示如图 8.11 所示信息框。

图 8.10 输入 1 后的显示

图 8.11 输入 5 后的显示

这个程序会将用户所输入的数值翻译成英文，然后显示出来。程序一开始会将用户输入的数值存入变量“NO”之中，然后再使用 Select 把变量“NO”的值同 Case 后面的各值进行比较，相等时就执行其后的语句组。如果变量 NO 的值同所有的 Case 后面的值都不相等时，就会跳到 Case Else，再执行其后的语句组。

在上面的范例中，如果用户输入“6”，结果还是显示“FIVE”，因为程序只写出判断值有没有等于 1 到 4，若没有就会显示“FIVE”，但还是可以把最后的 Else 那段改成如下：

```
Case 5
Msg="FIVE"
```

这样就算用户输入“6”，也不会判断错误。其实不管在 Select 或 If 判断语句中，都不一定要加入 Else 语句，可以根据需求来决定。

上面的程序也可以用“If... Elseif... End If”语句来完成，程序如下：

例 8.6 用 If 语句实现的多向选择。

```
<HTML>
<HEAD><TITLE>多项选择 2</TITLE>
<SCRIPT LANGUAGE="VB Script">
<! --
    NO=InputBox("请输入一个 1-5 之间的数字:","汉译英")
    If NO=1 Then
    MSG="ONE"
```

```
    Elseif NO=2 Then
    MSG="TWO"
    Elseif NO=3 Then
    MSG="THREE"
    Elseif NO=4 Then
    MSG="FOUR"
    Elseif NO=5 Then
    MSG="FIVE"
    End If
    MsgBox NO &"的英文为"& MSG
-->
</SCRIPT>
</HEAD>
</HTML>
```

Select...Case 语句的好处就在于它可以清楚显示出要执行的结果，程序越大就越能看到其优点。不过“Select...Case”的缺点是它执行的判断语句只能针对一个变量，而 If...Then 则没有这个限制。

有时，当需要对多个值进行同样处理时，可以将多个值放在同一个 Case 后面。示例如下：

例 8.7　求本月的天数。

```
<HTML>
<HEAD><TITLE>多向选择 1</TITLE>
<SCRIPT LANGUAGE="VB Script">
<!--
    m=month(date()):y=year(date())
    Select Case m  '以 m 作为比较对象
    Case 1,3,5,7,8,10,12
      D=31
    Case 2
      If y mod 4=0 and y mod 100<>0 or y mod 400=0 then
        D=29
      Else
        D=28
      End If
    Case Else
      D=30
```

```
    End Select
    MsgBox"本月共有:"& d &"天"
-->
</SCRIPT>
</HEAD>
</HTML>
```

本例代码中首先通过函数求得当前日期的月份和年份,分别放入变量 m 和变量 y 中,再根据月份的值,求出相应月份的天数,放入变量 D,最后显示该变量的值。由于1月、3月等很多月份的天数相同,所以,例中把天数相同的那些月份放在同一个 Case 中。写成如下形式:

```
Case 1,3,5,7,8,10,12
```

注意:在 VB 中,Case 后面可以使用如下两种形式:

```
Case 1 To 10
Case IS<4
```

这在 VB Script 脚本语言中都不能使用。

另外,本例代码中,对于2月份,使用了一个条件语句,进一步判断是否是闰年,因为闰年的二月为29天,不是闰年的二月为28天。

本例代码在浏览时,将显示如图8.12所示的信息框。

图 8.12　显示本月天数的信息框

8.3.5 循环语句

计算机最擅长的功能就是重复执行某段程序,如果每执行一次就要写一次程序代码的话,大部分的程序必然非常庞大冗长,"循环"指令就是用来解决重复执行的问题。例如要打印一个班级的成绩单,只要使用循环逐一将每个学生的成绩取出送给打印机即可,程序代码写一次便可完成工作。最常见的循环范例有"算出1加2加3一直加到50的总和","显示九九表"等。

```
For 变量=起始值 To 终止值 [Step 步长]
  语句组
Next
```

这个"循环"指令以 For 开始,Next 结束。VB Script 开始执行循环时,会将初始值赋给变量,然后判断变量的值是否小于等于"终止值",若是,执行 For 和 Next 间的"语句组"(也称为循环体);否则跳到 Next 后面的语句执行(即离开循环)。当 VB Script 执行完一次循环体后,将变量值加上"步长"后再与"终止值"比较,若仍小于等于“终止值”，则再次执行循环体。以此类推，直到变量值大于“终止值”为止。“Step 步长”可有可无，若没有设置步长，则步长为 1。

通常“步长”为正，若“步长”为负时，处理过程类似，只是每次判断时，变量大于等于“终止值”，则继续执行循环体，否则结束循环。

例 8.8　求 1 加到 10 的总和。

```
<HTML>
<HEAD><TITLE>循环 1</TITLE>
<SCRIPT LANGUAGE="VB Script">
<!--
    '计算 1 加到 10 的总和
    TOTAL=0
    For COUNTER=1 TO 10
      TOTAL=TOTAL+COUNTER
    Next
    MsgBox"1 加到 10 的总和为"& TOTAL
-->
</SCRIPT>
</HEAD>
</HTML>
```

本例代码浏览时将显示如图 8.13 所示的信息框。

由于 VB Script 并未提供程序调试器。通过用列表的方式来跟踪循环是理解循环结束时各变量值的最好方式。本例中循环执行时，循环体（Total = Total + Counter）中各变量的值变化情况见表 8.5。

图 8.13　显示 1 加到 10 的和

表 8.5　循环过程跟踪

次数	COUNTER	等号右边的 TOTAL	等号左边的 TOTAL
第一次	1	0	1
第二次	2	1	3
第三次	3	3	6
…	…	…	…
第九次	9	36	45
第十次	10	45	55

如果要算出 1～100 之间的偶数和，又该如何处理呢？示例如下。

例 8.9 设置步长的循环。

```
<HTML>
<HEAD>
<TITLE>循环 2</TITLE>
<SCRIPT LANGUAGE="VB Script">
<!--
    '用循环求 2+4+6+....+100 的和
    TOTAL=0
    For I=2 TO 100 STEP 2
      TOTAL=TOTAL+I
    Next
    MsgBox"2+4+6+...+100="& TOTAL
-->
</SCRIPT>
</HEAD>
<BODY></BODY>
</HTML>
```

本例浏览结果如图 8.14 所示。

图 8.14 设置步长的循环

例 8.10 步长为负时的循环。

```
<HTML>
<HEAD>
<TITLE>输出一由星号组成的三角形</TITLE>
<SCRIPT language="VB Script">
<!--
    For i=10 To 1 step -1
      document. write String( i," * ")&"<BR>"
    Next
-->
```

```
</SCRIPT>
</HEAD>
</HTML>
```

本例代码中使用了一个步长为负 1 的循环，这时，初始值应大于终止值，否则循环一次也不执行。

本例中循环的循环体为一个语句，它使用文档对象的输出方法每次输出 *I* 个“ * ”号。这样，当循环结束后，显示结果如图 8.15 所示。

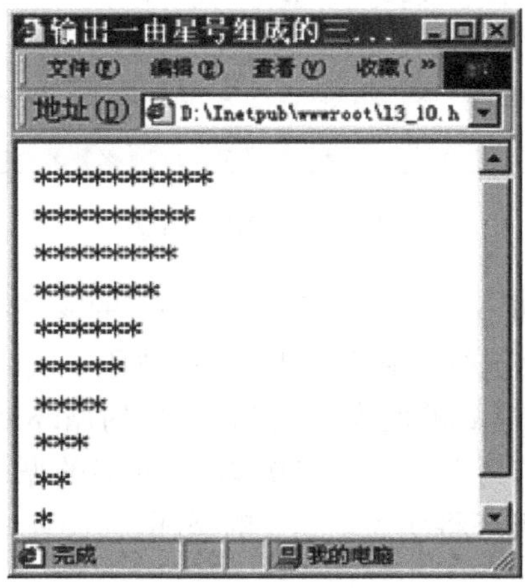

图 8.15　步长为负数时的循环

如果循环体中执行的语句又是循环语句时，这种形式称为嵌套循环。示例如下。

例 8.11　输出九九表。

```
<HTML><HEAD>
<TITLE>九九表</TITLE>
<SCRIPT language="VB Script">
<! --
    For a=1 To 9
      For b=1 To a
        Document. write  a &" * "& b &"="& a * b &""
        If b=a Then document. write"<BR>"
      Next
    Next
-->
</SCRIPT>
</HEAD></HTML>
```

执行结果如图 8.16 所示。

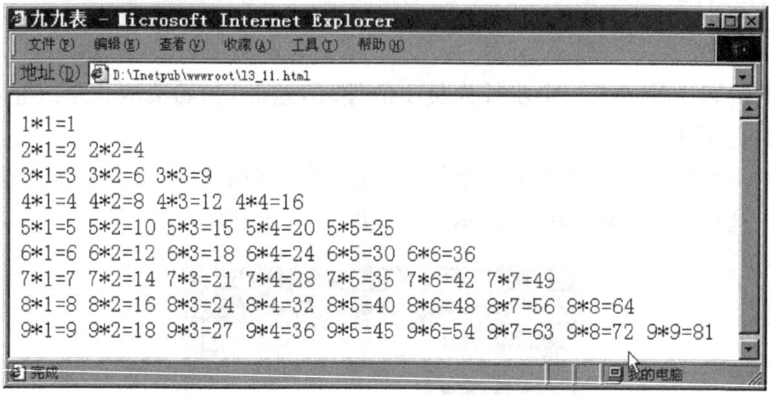

```
九九表 - Microsoft Internet Explorer
文件(F) 编辑(E) 查看(V) 收藏(A) 工具(T) 帮助(H)
地址(D) D:\Inetpub\wwwroot\13_11.html

1*1=1
2*1=2 2*2=4
3*1=3 3*2=6 3*3=9
4*1=4 4*2=8 4*3=12 4*4=16
5*1=5 5*2=10 5*3=15 5*4=20 5*5=25
6*1=6 6*2=12 6*3=18 6*4=24 6*5=30 6*6=36
7*1=7 7*2=14 7*3=21 7*4=28 7*5=35 7*6=42 7*7=49
8*1=8 8*2=16 8*3=24 8*4=32 8*5=40 8*6=48 8*7=56 8*8=64
9*1=9 9*2=18 9*3=27 9*4=36 9*5=45 9*6=54 9*7=63 9*8=72 9*9=81

完成  我的电脑
```

图 8.16 输出九九表

本例代码中的循环里又套着一个循环，当外层的循环第 1 次执行时，a 的值为 1，这时，内层的循环就会执行 1 到 1 的循环，只循环 1 次，打印出一个等式。当外层的循环执行到第 2 次时，a 的值为 2，这时，内层的循环就会执行 1 到 2 的循环，循环 2 次，输出第 2 行的两个等式。依次类推，外层的循环执行到最后一次时，a 的值为 9，这时，内层的循环将变为 1 到 9 的循环，共循环 9 次，将输出最后一行的九个等式。

循环经常用在对数组的处理方面，示例如下。

例 8.12 使用循环处理数组。

```
<HTML>
<HEAD>
<TITLE>循环与数组 1</TITLE>
<SCRIPT LANGUAGE="VB Script">
<!--
    DIM A(99)
    For I=0 TO 99
    A(I)=I+1
    Next
-->
</SCRIPT>
</HEAD>
</HTML>
```

这个程序定义了一个可以存放一百个元素的数组，然后使用循环，当第 1 次执行循环体时，I 的值为 0，执行结果将把值 1(I+1)赋给数组元素 A(0)；当第 2 次执行循环体时，又把值 2 赋给数组元素 A(1)。依次类推，实际上本例脚本的作用是将数组各元素的值依序设置为 1～100。显然，用循环比一行一行写简单得多。

例 8.13　输出数组内容。

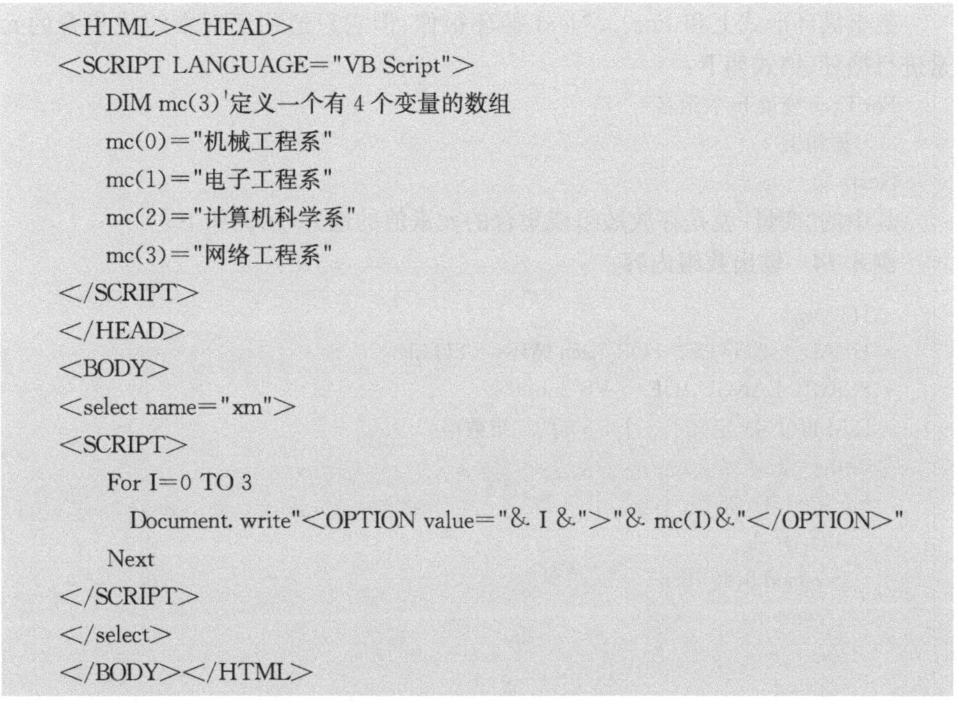

```
<HTML><HEAD>
<SCRIPT LANGUAGE="VB Script">
    DIM mc(3)'定义一个有 4 个变量的数组
    mc(0)="机械工程系"
    mc(1)="电子工程系"
    mc(2)="计算机科学系"
    mc(3)="网络工程系"
</SCRIPT>
</HEAD>
<BODY>
<select name="xm">
<SCRIPT>
    For I=0 TO 3
      Document.write"<OPTION value="& I &">"& mc(I)&"</OPTION>"
    Next
</SCRIPT>
</select>
</BODY></HTML>
```

本例代码中包含两处 VB Script 脚本，其中前一部分定义了一个数组，并设置了一些初始值。后一部分示意性地说明，可以把数组元素的值作为表单中的一个选项，构成一个下拉列表框。浏览结果如图 8.17 所示。

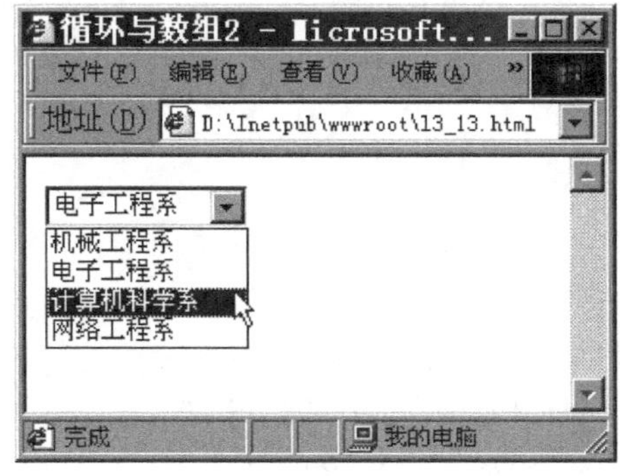

图 8.17　用数组构成的列表框

其实，只要是有规律性的变化都可以用循环来执行，关键是如何发现其中的规律。

8.3.6　数组循环

数组循环形式上和 For...Next 循环很像，但它只适用于对数组或集合的元素进行循环，格式如下：

```
For Each 变量 In 数组名
    语句组
Next
```

其中的“变量”就是存放数组或集合的元素值的地方，示例如下。

例 8.14　输出数组内容。

```
<HTML>
<HEAD><TITLE>FOR Each 循环</TITLE>
<SCRIPT LANGUAGE="VB Script">
  DIM hf(4,4)'定义了一个 5*5 的二维数组
  i=0:j=2
  For k=1 To 25
    hf(i,j)=k
    If k mod 5=0 then
      i=i+1
    else
      i=i-1
      If i=-1 then i=4
      j=j+1
      If j=5 then j=0
    end If
  next
</SCRIPT>
</HEAD>
<BODY>
<SCRIPT>
    j=0
    For each i in hf
      If j mod 5=0 then document. write"<BR>"
      Document. write" "& i &" "
      j=j+1
```

```
    Next
</SCRIPT>
</BODY>
</HTML>
```

本例代码中的 VB Script 脚本还是分成两部分，前面部分给数组赋值，这里定义了一个 5 行 5 列的二维数组，至于给它赋了些什么值，建议读者暂时不要去管它，下面部分用 For each 循环输出所有元素的值，其中，用了一个 If 语句用于控制每行输出 5 个元素。浏览结果如图 8.18 所示。

为了理解前面一部分脚本的含义，不妨把后一部分脚本改为如下形式：

```
For I=0 To 4
  For J=0 To 4
    Document.write" "& hf(I,j)&" "
  Next
  Document.write"<BR>"
Next
```

输出结果如图 8.19 所示。可以发现对于二维数组是按列的顺序输出的。

图 8.18　输出数组元素(按行)

图 8.19　输出数组元素(按列)

For each 循环对于不知道元素个数的数组或集合是非常有用的。示例如下。

例 8.15　显示表单域中各元素名称。

```
<HTML>
<HEAD><TITLE>FOR EACH 循环</TITLE>
</HEAD>
<BODY>
<form name="abc">
姓名:<Input name="txt1"type="text"><BR>
年龄:<Input name="txt2"type="text"><BR>
```

```
学号:<Input name="txt3"type="text"><BR>
<Input name="button"type="button"value="提交">
</form>
表单中包含以下名称的元素:
<SCRIPT language="VB Script">
  For each i in document. abc. elements
    document. write i. name &" "
  next
</SCRIPT>
</BODY>
</HTML>
```

本例代码中,定义了一个名称为“abc”的表单,在脚本中通过循环输出表单中所有元素(在 elements 集合中)的名称。

本例浏览时将显示如图 8.20 所示的结果。

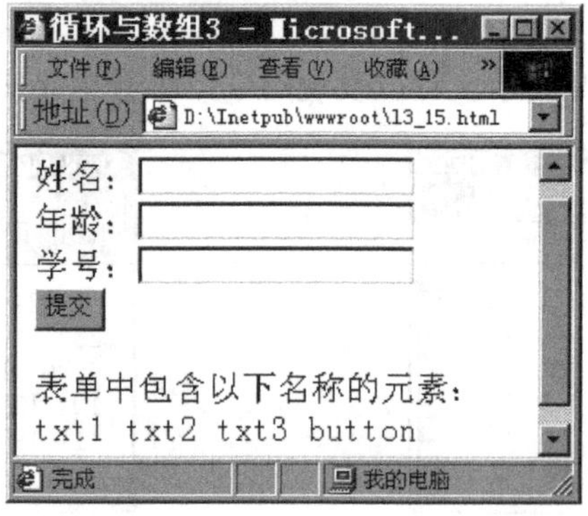

图 8.20 显示表单中的所有元素名称

8.3.7 条件式循环

接下来要介绍的是另一种循环形式,称为“条件式循环”。条件式循环不同于 For...Next 循环,后者是以其内的计数器来当作循环执行的依据,而前者则没有计数器,它以条件来判断循环的执行与否,类型有两种:

(1)Do While...Loop 循环

```
Do While 条件
  语句组
Loop
```

这种循环在执行到 Do While 时，会检查“条件”的返回值，若返回值为“True”，就执行“语句组”，碰到 Loop 时又回到 Do While 再检查“条件”的成立与否。若“条件”的返回值为“False”，则跳到 Loop 的下一个指令（即离开循环）。此处的“条件”弹性很大，只要“条件”为“False”时就会结束循环，不必限制循环执行的次数，使用范围比 For... Next 大很多。

例 8.16　使用 Do... While 循环。

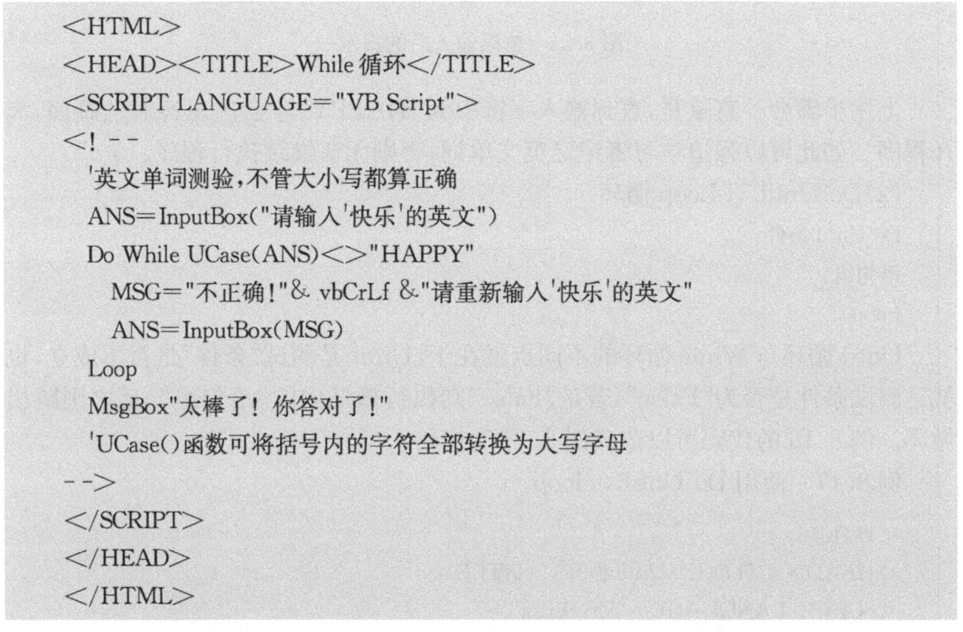

```
<HTML>
<HEAD><TITLE>While 循环</TITLE>
<SCRIPT LANGUAGE="VB Script">
<!--
  '英文单词测验，不管大小写都算正确
  ANS=InputBox("请输入'快乐'的英文")
  Do While UCase(ANS)<>"HAPPY"
    MSG="不正确!"& vbCrLf &"请重新输入'快乐'的英文"
    ANS=InputBox(MSG)
  Loop
  MsgBox"太棒了！ 你答对了!"
  'UCase()函数可将括号内的字符全部转换为大写字母
-->
</SCRIPT>
</HEAD>
</HTML>
```

本例中使用的函数可以将括号内的字符全部转换为大写字母，所以使用者不管输入大小写英文字母都正确。

本例代码浏览时，首先显示如图 8.21 的输入框，若输入字符串为“HAPPY”或“happy”或“Happy”，然后按“确定”，会出现如图 8.22 的信息框。

图 8.21　初始显示输入框

图 8.22　正确输入后的提示

若输入字符串不是“HAPPY”，然后按“确定”，会出现如图 8.23 所示的信息框。

图 8.23 错误输入后的提示

上述步骤会一直重复,直到输入字符串为“HAPPY”才会出现答对的画面,离开程序。如此可以强迫学习者记忆英文单词,否则无法继续执行程序。

(2)Do Until...Loop 循环

```
Do Until 条件
语句组
Loop
```

Until 循环与 While 循环的不同点就在于,Until 是测试“条件”是否不成立,也就是测试条件是否为“False”,若是“False”则执行循环内的“语句组”,反之则跳出循环。例 8.16 的代码可以改成例 8.17 的代码。

例 8.17 使用 Do Until...loop。

```
<HTML>
<HEAD><TITLE>Until 循环</TITLE>
<SCRIPT LANGUAGE="VB Script">
<!--
    '英文单词测验,不管大小写都算正确
    ANS=InputBox("请输入'快乐'的英文")
    Do Until UCase(ANS)="HAPPY"
      MSG="不正确!"& vbCrLf &"请重新输入'快乐'的英文"
      ANS=InputBox(MSG)
    Loop
    MsgBox"太棒了! 你答对了!"
    'UCase()函数可将括号内的字符串全部转换为大写字母
-->
</SCRIPT>
</HEAD>
<BODY></BODY>
</HTML>
```

这个程序和前面的范例一样，都是要求用户输入“HAPPY”，但唯一的不同点就是使用 Until 来判断，不是使用 While 来判断。

(3)循环后测试

前面讲的两种循环都是在进入循环之前就测试条件是否成立，也可以把循环写成下面的形式：

```
Do
语句组
Loop While(Until)条件
```

这样开始循环时，它就会先执行一次“语句组”再进行“条件”的测试，所以它至少会执行一次循环，请看下面的范例。

例 8.18　循环后测试。

```
<HTML>
<HEAD><TITLE>循环测试 1</TITLE>
<SCRIPT LANGUAGE="VB Script">
<! --
        Do
           A=InputBox("请输入小于 10 的数字")
        Loop While A>10
-->
</SCRIPT>
</HEAD>
<BODY></BODY>
</HTML>
```

若输入一个小于 10 的数字，然后按下“确定”，就会结束程序。若输入的数字大于 10，程序就会要求重新输入。如图 8.24 所示。

图 8.24　输入一个小于 10 的数

这个例子的判断是放在循环之后，和判断放在前面相比，这种循环形式中，循环体部分至少执行一次，这对于某些场合下是合适的。例如要求输入一个偶数，这时,必须首先输入数,再判断是否为偶数,若不是,再重新输入。尽管这样的问题用前面所讲的形式也能实现,但需在循环前加一行输入语句,这样增加了不必要的代码长度。

如果在使用条件式循环时,忘了使用 While 或 Until 来做判断,程序就会变成一个死循环,所以必须避免这种情形,为此,也可以在循环体中使用 Exit Do 语句强制结束循环。示例如下。

例 8.19 强制结束循环。

```
<HTML>
<HEAD><TITLE>循环测试 2</TITLE>
<SCRIPT LANGUAGE="VB Script">
<! --
    '英文单词测试,不管大小写都算正确
    ANS=InputBox("请输入'快乐'的英文")
    Do While UCase(ANS)<>"HAPPY"
          If ANS=""Then Exit Do
       MSG="不正确!"& CHR(13)& CHR(10)&"请重新输入'快乐'的英文"
       ANS=InputBox(MSG)
    Loop
       If ANS<>""Then
    MsgBox"太棒了! 你答对了!"
  Else
     MsgBox"结束"
    End If
  'UCase()函数可将括号内的字符串全部转换为大写字母
-->
</SCRIPT>
</HEAD>
<BODY></BODY>
</HTML>
```

这个范例也和前面的范例一样,都会要求用户输入“HAPPY”这个单词,但这次的范例还可以让用户按“取消”按钮来结束程序,当用户按下“取消”按钮时,InputBox 返回的值是空字符串,所以就能使用 If 来撰写一个判断语句,判断如果返回字符串是“”(空字符串),就强制结束循环(Exit Do)。

到了循环之外还要再写一个判断语句的原因是当用户按下了“取消”按钮来结束循环时,循环外并不知道,照样还是显示“答对了!”,但很明显的,用户并没有答对，所以还要写一个判断语句判断用户是否真的答对了。判断的方法也是一样的，如果用户输的空字符串，那就会显示出“结束”，如果不是那就会显示“答对了！”。

例 8.20　猜数小游戏。

```
<HTML>
<HEAD><TITLE>Loop</TITLE>
<SCRIPT LANGUAGE="VB Script">
<! --
  Do
    ANS=InputBox("请输入一个数字")  '要求输入数字
    If ANS=""Then
    MsgBox"结束"
    Exit Do  '按取消跳出循环
    Elseif ANS>678 Then
      MsgBox"输入的数太大了"
    Elseif ANS<678 Then
      MsgBox"输入的数太小了"
    Elseif ANS=678 Then
    MsgBox"答对了"
    Exit Do
    End If
  Loop
-->
</SCRIPT>
</HEAD></HTML>
```

这是一个简单的小游戏，用户必须输入一个数字，如果输入的数字太大，则会显示“输入的数太大了”，若输入的数字太小，则会显示“输入的数太小了”，若输入的数字正好，则会显示“答对了！”。在用户不想答的时候，也可以按“取消”按钮来结束程序。

程序一开始就会进入一个死循环，然后要求用户输入数字，接下来就会判断用户输入的数字是多少，不过要先判断用户是否按“取消”按钮，也就是 InputBox 是否返回空字符串，如果是的话就跳出循环，不是的话就继续判断数的大小，如果条件都不成立，就判断是否相等，相等则显示“答对了！”，然后跳出循环结束程序。

执行结果如图 8.25 所示。

先输入一个数字，例如 500，然后单击“确定”，结果出现“输入的数太小了”信息如图 8.26 所示。当输入“678”时，显示如图 8.27 所示。

图 8.25 初始状态

图 8.26 输入 500 后的显示

图 8.27 输入 678 后的显示

(4)While... Wend 循环

这种循环和 Do... Loop 循环作用完全一样,它的格式如下:

```
While 条件
  语句组
Wend
```

执行时会先测试"条件"的返回值,若"条件"的返回值为 False,会跳出循环;若"条件"的返回值为 True,则执行"语句组",然后执行到 Wend 时,又会跳回循环的开头,再测试"条件"返回值;如果"条件"的返回值为 True,就继续执行循环,若"条件"的返回值为 Flase,则跳出循环,如此继续下去。

一般来讲,这种循环并不常用,原因是它的功能 Do... Loop 循环都可以取代,并且这种循环形式中没有 Exit Do 这样的语句来强制跳出循环,所以只要用 Do... Loop 循环就行了。

例 8.21 使用 While 循环。

```
<HTML>
<HEAD><TITLE>While... Wend 循环</TITLE>
<SCRIPT LANGUAGE="VB Script">
<! --
    '英文单词测验,不管大小写都算正确
    ANS=InputBox("请输入"快乐"的英文")
    While UCase(ANS)<>"HAPPY"   '用 While 来写
      MSG="不正确!"& CHR(13)& CHR(10)&"请重新输入"快乐"的英文"
```

```
        ANS=InputBox(MSG)
      Wend
      MsgBox"太棒了！你答对了！"
      'UCase()函数可将括号内的字符串全部转换为大写字母
  -->
  </SCRIPT>
  </HEAD>
  <BODY></BODY>
  </HTML>
```

这个范例是将以前的“Do... Loop”范例改成用“While... Wend”循环来写，它们的执行结果是完全一样的。

最后以实例来结束本章的讨论。这里给出了一个显示当月月历的代码，代码中多处使用 VB Script 脚本来求有关的时间、月份，其中 tweekday 变量中存放的是该月 1 日是一星期中的第几天。浏览结果如图 8.28 所示。

例 8.22　显示当月月历。

```
<HTML>
<BODY>
<div align="center">
<p>
<SCRIPT language="VB Script">
  document.write year(date())&"年"& month(date())
</SCRIPT>
月   <font size="6">月 历</font></p>
<table border="1"width="512">
<SCRIPT>
  document.write"<tr>"
  For i=1 To 7
  document.write"<th width='67 'height='38 '>星期"
  document.write mid("日一二三四五六",i,1)&"</th>"
next
document.write"</tr>"
tday=day(date())
tweekday=weekday(date())
tweekday=((tweekday-tday)mod 7+7)mod 7+1
t=0
i=1
```

```
        do
        document. write"<tr align='center '>"
        For j=1 To 7
          If j=tweekday and i=1 then t=1:k=1
          If t=1   then
                If k=tday then
                  document. write"<td bgcolor='Olive '>"& k &"</td>"
                else
                  document. write"<td>"& k &"</td>"
                end If
                k=k+1
                else
                  document. write"<td>"&" "&"</td>"
                end If
                If k>=28 and day(k+date()-tday)=1 then t=0
             next
        document. write"</tr>"
        i=i+1
        loop until t=0
        </SCRIPT>
    </table>
    </div>
    </BODY>
    </HTML>
```

D:\Inetpub\wwwroot\13_21.html - Microsoft Internet...

文件(F) 编辑(E) 查看(V) 收藏(A) 工具(T) 帮助(H)

地址(D) D:\Inetpub\wwwroot\13_21.html

2017 年 7 月 月 历

星期日	星期一	星期二	星期三	星期四	星期五	星期六
						1
2	3	4	5	6	7	8
9	10	11	12	13	14	15
16	17	18	19	20	21	22
23	24	25	26	27	28	29
30						

完成　　我的电脑

图 8.28　显示月历

本节讨论了作为常用的两种控制结构的五种表现形式，即分支语句和循环语句。根据条件选择执行某些语句的 If 语句，有三种基本形式，即简单的 If 语句，包含 Else 部分的 If 语句和使用 Elseif 的 If 语句。它们都是根据某一条件的满足与否来决定选择哪一些语句执行。

根据某个变量或表达式的值的种类或大小来确定选择执行哪一组语句，通常使用 Select 引导的多分支语句。

循环语句是用于控制重复执行一组语句的语句。VB Script 中可用的循环有四种形式，即 For... Next、While... Wend、Do... Loop 和 For Each... Next。其中 For... Next 往往用在循环次数事先确定的场合；For Each 用在集合或数组中；Do... Loop 是功能较强的条件式循环。

8.4　ASP 内置对象

在 ASP 引擎中提供了六大内置对象，见表 8.6。这些对象使用户更容易收集通过浏览器请求发送的信息、响应浏览器以及存储用户信息(如用户首选项)。

表 8.6　ASP 内置对象

对象名	功能说明
Response 对象	用来传输数据到客户端浏览器
Request 对象	用来读取客户端浏览器的数据
Server 对象	用来提供某些 Web 服务器端的属性与方法
Application 对象	用来存储本程序所有使用者共用的数据
Session 对象	用来存储单个使用者的数据
ObjectContext 对象	用来处理与事务相关的问题

8.4.1　Response 对象

Response 对象的作用是向浏览器输出文本、数据和 cookies，并用来控制向浏览器传送网页的每一个阶段。

1. Response. Write 方法

Response. Write 方法是 Response 对象最常用的方法，用来向浏览器输出动态数据。

例如：<% response. write(“今天是：”&now())%>，可输出今天的日期及时间。

2. Response. Redirect 方法

Response. Redirect 方法用来将客户端的浏览器重新定向到一个新的网页。

形如：Response. Redirect("URL")

例如：<%response. redirect("www. china. com. cn")%>。

3. Response. End 方法

Response. End 方法的主要作用是告诉浏览器数据已经全部下载完毕，起到结束 ASP 文档运行的作用。

4. Response. Clear 方法

Response. Clear 方法用来清除缓冲区内所有的 HTML 输出。

8. 4. 2 Request 对象

Request 对象的作用是接受客户端 Web 页向 Web 服务器递交的数据。使用 Request 对象可以访问任何通过 HTTP 请求传递的信息，包括从 HTML 表格用 Post 方法或 Get 方法传递的参数、Cookie 和用户认证。HTTP 请求包含当前用户的有关信息、在请求前输入的任何数据、以及告诉 Web 服务器如何处理和响应请求的参数。

Request 对象的语法如下：

Request[. 集合|属性|方法](变量)

可以使用 Request 对象的集合来访问 Form 集合和 QueryString 集合。下文以 QueryString 集合为例分析。

在 Web 页面上，客户端的信息传送除了使用 form 之外，另一种常见方式为 QueryString。当一个请求通过 GET 方法传递时，获取在一个 URL 中附加的参数值。

QueryString 集合检索 HTTP 查询字符串中变量的值，HTTP 查询字符串由问号(?)后的值指定。如：

<A HREF="example. asp? string=this is a sample"sample</A>

生成值为"this is a sample"的变量名字符串。

通过发送表格或由用户在其浏览器的地址框中键入查询也可以生成查询字符串。

接受参数语法格式如下：

Request. QueryString(" * ")

例 8. 23 表单数据录用及传输，数据接收并与数据库交互的代码如 11. asp 和 12. asp 文件所示。

11. asp 文件内容：

```
<form action="12. asp"method="get"name="frmPass">
<center>用户名:<input name="user"size="10"></p>
<p align="center">
<center>口 令:<input type="password"name="passwd"size="8">
<p align="center">
<input type="button"value="登录"onclick="datacheck">input type="reset"value
="重设"></p>
```

12. asp 文件内容：

```
<html>
<head><title>密码响应</title>
<%
d1=request("user")
d2=request("passwd")
if d1="admin"and d2="123456"then
response. write"登录成功! 欢迎访问"
else
  Response. Write("密码错误!")
  end if  %>
<html>
<body bgcolor="#FFFFFF">
<form method="get"action="9-12. asp">
英文姓名:<input type="text"name="Ename"> <br>
中文姓名:<input type="text"name="Cname"><br>
性别: <select name="gender">
<option>男</option>
<option>女</option>
</select> <br>
<input type="submit"name="Submit"value="提交">
<input type="reset"name="Submit2"value="Reset">
</form>
</body>
</html>
```

例 8.24　处理相应单一值的 Query 字段，这里的链接中包含了一个 Query 字段“choice”。

html 内容如下：

```
<html>
<body>
<p><font size="5">您需要的服务是:</font></p>
<p><a href="3-13. asp? choice=1">硬件服务</a></p>
<p><a href="3-13. asp? choice=2">软件服务</a></p>
<p><a href="3-13. asp? choice=3">其他服务</a></p>
</body>
</html>
```

asp 内容如下：

```
<html>
<body>
<% select case request("choice")
    case"1"
      response. Write("你选择了硬件服务")
    case"2"
      response. Write("你选择了软件服务")
    case"3"
      response. Write("你选择了其他服务")
    end select
%>
</body>
</html>
```

8.4.3 Session 对象

Session 对象与 Application 对象类似，其主要差别是：Session 对象为每个来访者提供独立的对象响应，而 Application 对象则为所有来访者提供共享的对象响应。Session(即会话)的含义是指访问者从登上某个特定主页到离开为止的期间。

```
Session 对象用户自定义属性：
  Session("变量名")=变量名
  Set session("对象实例名")=对象实例名
还原：
  变量名=Session("变量名")
  Set 对象实例名=Session("对象实例名")
```

8.5　数据库访问技术

Web 数据库集 Web 技术与数据库技术的优点于一身：无须开发专门的客户端界面程序，可以大大节省用户的培训时间和费用；通过 Web 方式访问数据库的标准统一；可供用户随时随地访问，并不受所用计算机平台的限制；可以动态更新 Web 信息系统内容；可以利用数据库管理系统的强大搜索功能，来帮助 Web 用户搜寻所需的信息；可以轻松实现各种网络应用。

主流 Web 数据库有 Oracle、foxpro、Informix、Sybase、SQL Server、MySQL 和 Access。

访问 Web 数据库的几种技术有利用 CGI 访问 Web 数据库、利用 IDC 访问 Web 数据库、利用 ADC 访问 Web 数据库和利用 ASP 与 ADO 访问 Web 数据库。

综合各数据库访问技术，ADO 应用较为广泛，下文着重阐述 ADO 技术。

ADO（ActiveX Data Object）是 ASP 内置的、用于访问 Web 数据库的 ActiveX 服务器组件。应用程序开发者可以将它与 ASP 结合起来，编写提供后台数据库信息的动态网页，并在客户浏览器端实现对 Web 数据库的查询、插入、更新和删除数据的操作。

1. ADO 对象

（1）Connection 对象：负责创建一个 ASP 脚本与指定数据库的连接。在对某个数据库进行各种操作之前，首先需要与该数据库建立连接。

（2）Command 对象：负责对数据库提出操作请求，通常是传递和执行指定的 SQL 命令。该对象的执行结果将返回一个 Recordset 记录集。

（3）Parameter 对象与 Parameters 集合：负责传递 Command 对象在执行时所需的 SQL 命令参数。

（4）Recordset 对象：用来保存和表示从数据库中取得的记录集合，并允许访问者进一步对其中的记录和字段进行各种操作。

（5）Field 对象与 Fields 集合：表示 Recordset 对象指定的数据字段，每个 Field 对象对应于 Recordset 对象中的一列。

（6）Property 对象与 Properties 集合：提供有关的属性值，供 Connection 对象、Command 对象、Recordset 对象或 Field 对象使用。

（7）Error 对象与 Errors 集合：提供连接或访问数据库时发生的错误信息。

（8）Connection 对象：负责与数据库实际的连接动作，创建此对象实例的语句格式为：

```
Set conn=Server.CreateObject("ADODB.Connection")
```

Connection 对象的方法如下：

①Open 方法：负责与具体数据源的连接，其语法如下：

```
Connection. Open ConnectionString,UserID,Password,Options
```

②Execute 方法：负责执行指定的 SQL 语句或存储过程，其语法如下：

```
Connection. Execute CommandText,RecordsAffected,Options
```

(9)Recordset 对象：负责从数据库中取得所需的记录数据并创建一个记录集合，创建 Recordset 对象实例的语句格式为：

```
Set rs=Server. CreateObject("ADODB. Recordset")
```

Recordset 对象的其他常用方法见表 8.7。

表 8.7 Recordset 对象的其他常用方法

方　法	说　明
Close	关闭所指定的 Recordset 对象
MoveFirst	将记录指针移到 Recordset 记录集的第一条记录
MoveLast	将记录指针移到 Recordset 记录集的最后一条记录
MoveNext	将记录指针移到 Recordset 记录集当前记录的下一条记录
MovePrevious	将记录指针移到 Recordset 记录集当前记录的上一条记录
Move	将记录指针移到 Recordset 记录集中第 *n* 条记录
AddNew	在 Recordset 记录集的最后添加一条新记录
Delete	在 Recordset 记录集中删除一条当前记录
Update	将修改后的记录内容保存回数据库中

2. Recordset 对象的属性

(1)BOF 属性：文件的开始，begin of file；

(2)EOF 属性：文件的末尾，end of file；

(3)RecordCount 属性：记录的数目；

(4)MaxRecords 属性：最大记录数；

(5)PageSize 属性：页面的大小，一个页面显示记录的最大量；

(6)PageCount 属性：页面数。

8.6 Web 系统数据库常用操作

8.6.1 数据查询命令

数据查询命令的语法如下：

```
SELECT <输出项列表>
FROM <表名>
[WHERE  <筛选条件>]
[ORDER BY <排序关键字> [ASC|DESC]]
```

8.6.2　插入记录命令

插入记录命令的语法如下：

```
INSERT INTO <表名> [(<字段名 1>[,<字段名 2>,…])]
VALUES(<表达式 1>[,<表达式 2>,…])
```

(在 asp 程序设计中,另有插入新记录的语句)

8.6.3　更新数据命令

更新记录命令的语法如下：

```
UPDATE <表名>
SET <字段名 1>=<表达式 1> [,<字段名 2>=<表达式 2>…]
[WHERE <更新条件>]
```

8.6.4　删除记录命令

删除记录命令的语法如下：

```
DELETE  FROM  <表名>  [WHERE <删除条件>]
```

8.6.5　Web 数据库访问实例

1. 连接数据库

```
<%
Set Conn=Server. CreateObject("ADODB. Connection")——连接数据库
DBPath=Server. MapPath(“xxxxxx. mdb")——数据库地址
conn. Open"driver={Microsoft Access Driver( * . mdb)};dbq="& DBPath
%>——用数据库连接打开指定的数据库
```

2. 定义 SQL 语句

```
sql="select * from goods where dw like ‘”%&a&%”'order by price desc“
```

——从 goods 表里模糊检索 a 传递的参数数据,并按照 price 倒序排列。

3. 执行 SQL，返回结果集

```
set rs=conn. execute(sql)
```

执行 SQL 语句,并将结果返回存储在 rs 记录集中。

4. 列出表头字段

```
<%
for i=0 to rs. fields. count-1 response. write
"<td>"& rs(i). name &"</td>"
next
%>
```

5. 显示结果

光标的移动。

```
<% rs. MoveNext %>
<% rs. MovePrevious %>
<% rs. MoveFirst %>
<% rs. MoveLast %>
```

如果 rs. EOF 的值为真，表示到达记录集末尾；如果 rs. BOF 的值为真，表示已到达记录集的开头。

例 8.25 查询所有记录的完整程序如下：

```
<%
dim conn,rs,sql
Set Conn=Server. CreateObject("ADODB. Connection")
  DBPath=Server. MapPath("asp1. mdb")
  conn. Open"driver={Microsoft Access Driver( * . mdb)};dbq="& DBPath
  sql="select * from asp1 order by price desc"
set rs=conn. execute(sql)%>
If Not rs. EOF then
  <table border=1>
<tr>
  <%
  for i=0 to rs. fields. count-1
  response. write"<td>"& rs(i). name &"</td>"
  next
  %>
</tr>
      <%
      rs. movefirst
      while not rs. eof
      %>
      <tr>
      <%
```

```
        for i=0 to rs.fields.count-1
        %>
<td><% =rs(i)%></td>
<% next%></tr>
<% rs.movenext
Wend %>
</table>
else
        Response.write "结果为空"
      endif
Rs.close()
Conn.close()
```

复习思考题

1. 简述 ASP 的工作原理并列出其特点及应用。
2. 简述 ASP 处理步骤及文件的创建与运行步骤。
3. 写出 VB Script 的程序流程控制内容及其对应的语句与格式。
4. 简述 Web 数据库及其优点。
5. 简述 Web 数据库访问的基本步骤。

第 9 章　轨道交通信息系统开发实例

通过前 8 章从数据库基础理论、系统分析、系统设计、系统界面设计等方面的详细阐述，本章将前述基础理论综合起来，以轨道交通中实际数据处理需求为目标，详细阐述开发轨道交通相关信息系统的过程。本章内容丰富，案例阐述清晰，对系统开发人员具有较好的指导作用。

9.1　系统总体要求

系统开发之前，需要对信息系统的需求作总体分析，包括数据库设计、系统功能模块设计、控制程序设计及详细设计。

上海轨道交通培训中心自 2005 年开始进行实训基地建设规划研究，如今已经形成了系统完备和具备真实场景条件的“二站一区间”实训基地。地铁运营培训一般包括 13 个关键岗位，即：控制中心人员（包括行车调度员、电力调度员、环控调度员）、票务中心人员、车站站务人员（包括车站站长、车站行车值班员、车站机电设备值班员、站务员以及安全保卫人员）、列车驾驶员（包括列车驾驶员、工程车驾驶员）、车辆段/停车场信号控制室人员、运营职能管理部门人员等。

上海轨道交通培训中心自 2005 年开始进行实训基地建设规划研究。目前地铁运营培训包括 13 个关键岗位，如图 9.1 所示。

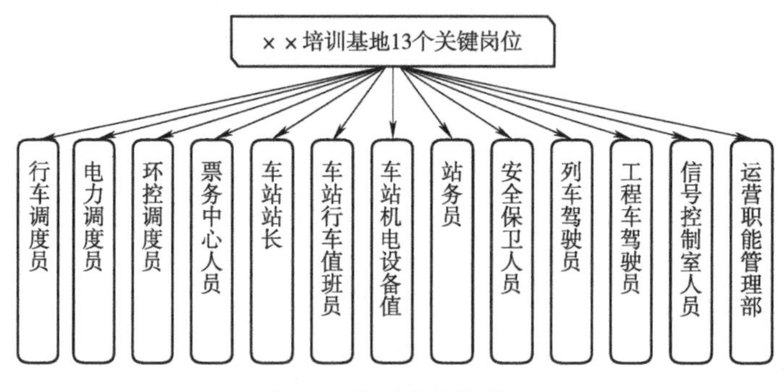

图 9.1　培训岗位结构图

对上述 13 个关键培训岗位在学员组织、培训现场安排、培训后期等环节上通过调查、访谈，对已有数据进行数据挖掘、建立模型等手段详细分析各岗位的隐患和危险源,形成每个岗位有针对性的处理措施。

轨道交通培训中心的培训基地环境与地铁运营生产现场环境相似,而参加实习培训的学员与地铁运营企业的实际生产一线员工的专业技能差距较大。随着培训基地大规模的培训活动的开展,其中的安全隐患和危险源的管理控制问题必将日益凸显,应该引起足够的重视,一旦发生重大事故,后果不堪设想。因此,开发一套基于培训现场的危险源综合管理信息系统是非常有必要的,可以实现危险源的辨识和预警工作,以及事故发生后的应急处置等,确保各项培训工作的顺利开展,××培训基地危险源管理信息系统的主要模块结构如图9.2所示。

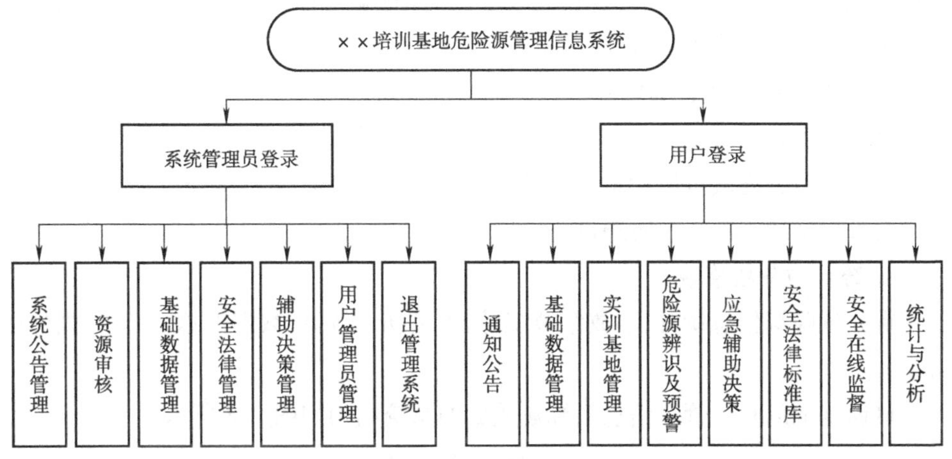

图9.2　××培训基地危险源管理信息系统的主要模块结构

9.2　系统功能系统结构

危险源综合管理系统上线运行以后,主要包括如下8大核心功能。

1. 培训基地通知公告信息发布与管理

培训基地的新闻通知可以通过管理员及时在系统内部发布,进行信息的快速传递与出行。加强了系统内部信息的沟通。充分提高了对以后信息的检索与利用效率。

2. 实训基地管理模块

本模块主要实现对实训基地的资源申报,并进行安全检查,减少资源使用的冲突。

3. 危险源的综合管理

重大危险源登记,资料数据管理,基础数据库,日常维护等。

4. 危险源查询模块

相关场所的地图检索、危险源定位等。

5. 重大危险源辨识与分级

主要包括轨道交通行业安全数据参数接口，危险源阈值比对识别模块，危险源分级管理。

6. 应急处置决策辅助模块

预案录入、预案查询、事故处置辅助、应急资源调配。应充分考虑培训基地的特点，适度考虑危险源整改的监督和改进情况，危险源的实时跟踪可考虑采用危险源的图像对比等手段来完成。

7. 安全相关法律管理模块

该模块可以及时将国家和省最新发布的相关法律及条例录入信息系统，相关职能部门在电脑终端可以检索相关条例(已经集成了部分相关法律文件，后续系统上线后可以持续添加)，及时跟进。

8. 统计与分析模块

重大危险源信息统计、事故细节统计、人员伤亡统计、数据汇总、系统数据外接口等。

培训基地危险源管理信息系统建成后的系统结构如图 9.3 所示。

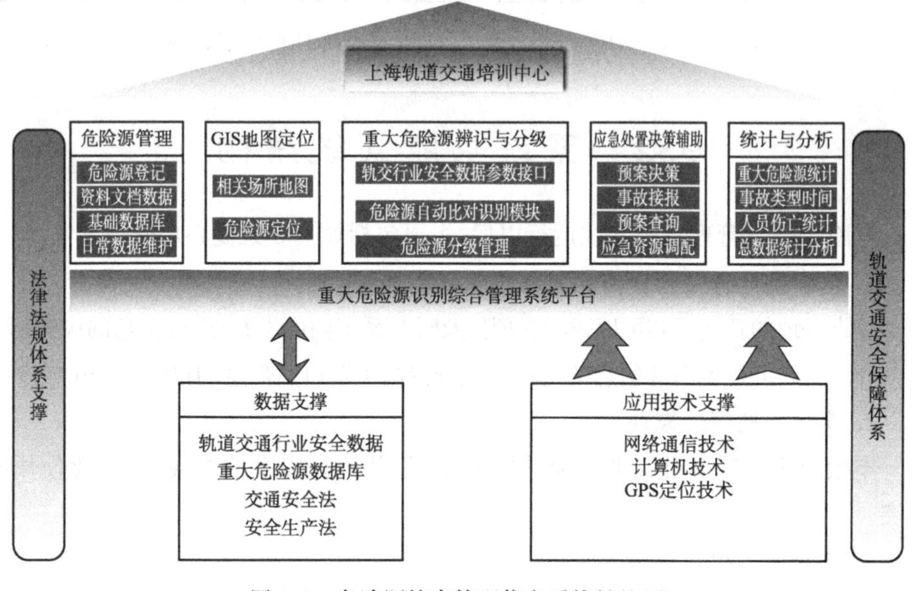

图 9.3 危险源综合管理信息系统结构图

9.3　用户主要模块

9.3.1　通知公告模块

通知公告模块是培训基地危险源管理信息系统的基本模块，可以在系统中发布各项通知事项，同时具备通知公告搜索功能，可以按照通知公告主题进行搜索，实现通知公告信息管理。

通知公告的功能展示如图9.4所示。

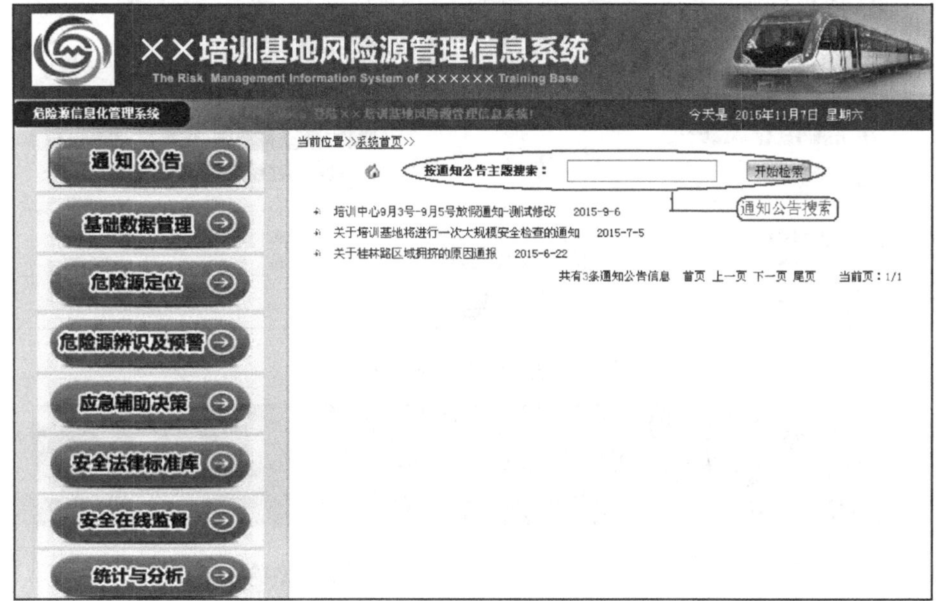

图9.4　通知公告功能界面图

9.3.2　基础数据管理模块

当原始危险源数据录入到基础数据管理模块当中时，就可以利用该软件对数据信息进行分析和利用。选择危险源关键词，再点击右边的“开始检索”就可以查看该数据库系统中的危险源数据。如选择“屏蔽门”后，显示的相应危险源搜索结果如图9.5所示。

9.3.3　实训基地管理

实训基地管理主要包括资源管理和安全监管两个模块，从资源申报到安全检查表的填写，如图 9.6、图 9.7、图 9.8 所示，与之对应的有后台管理员的资源申报审核功能，如图 9.9、图 9.10 所示。

1. 用户身份登录进行的主要操作

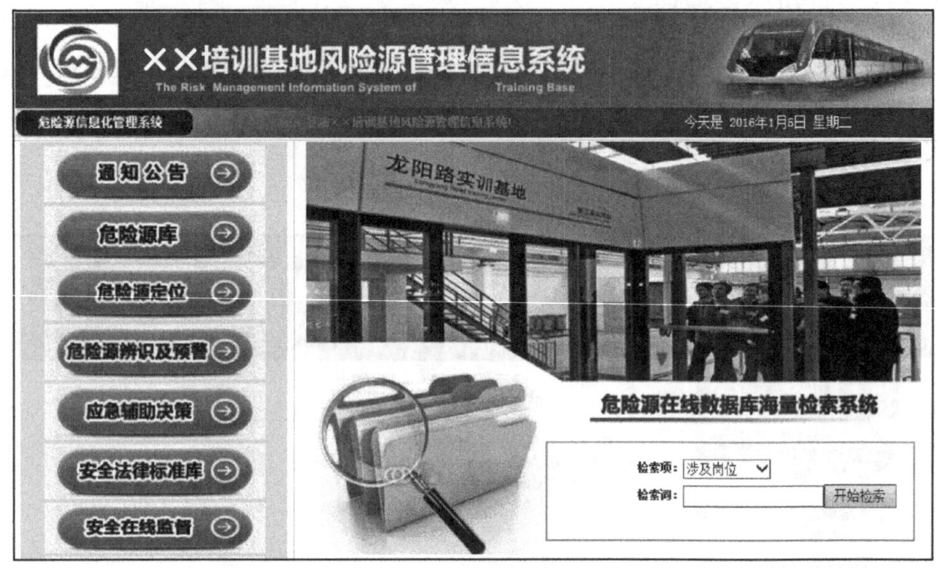

图 9.5　基础数据管理显示界面

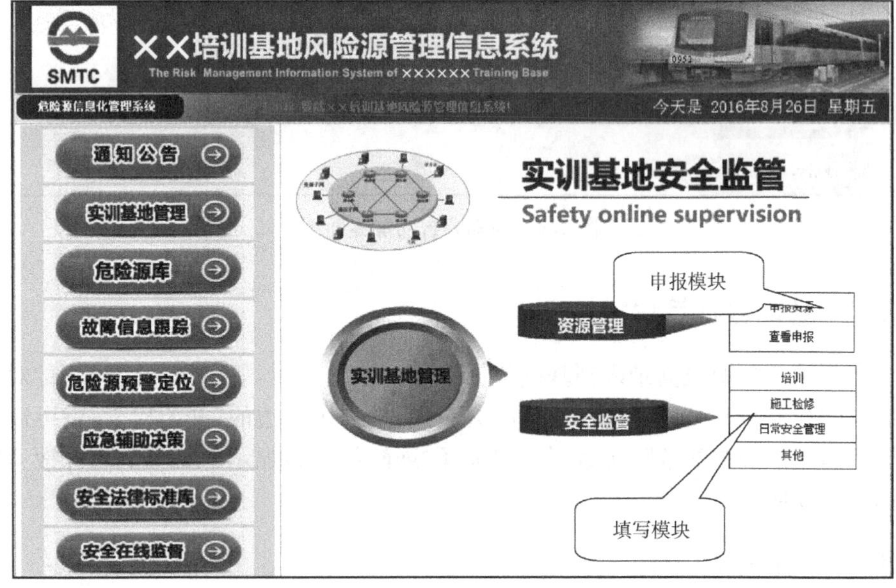

图 9.6　安全监管显示界面

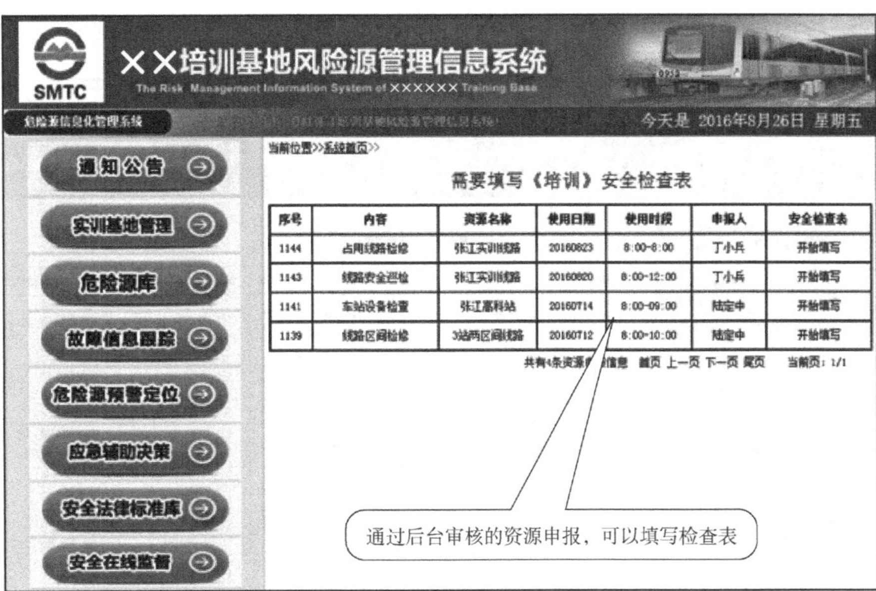

图 9.7　资源申报界面

图 9.8　培训申报界面

2. 管理员身份进入进行的主要操作

图 9.9　资源审核界面

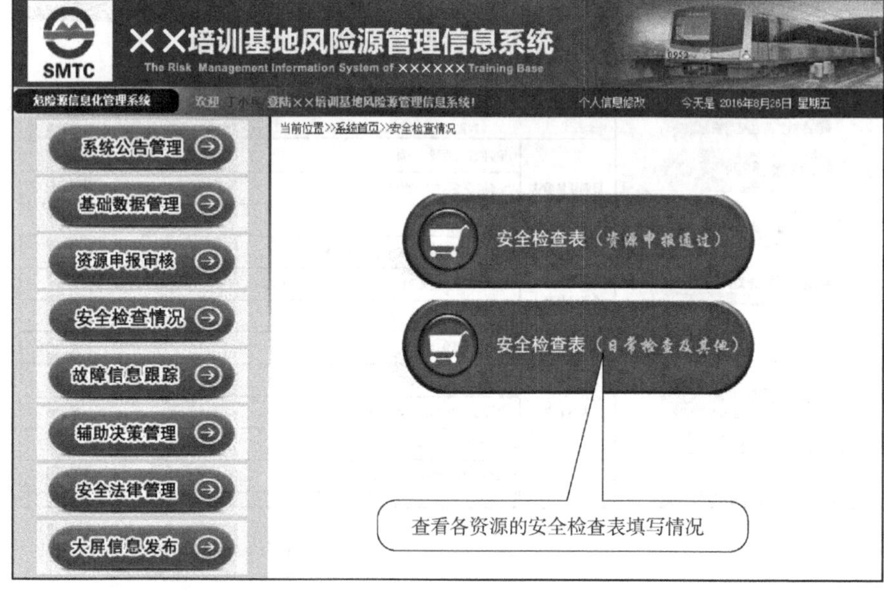

图 9.10　培训审核界面

9.3.4　危险源定位模块

构建培训中心地址位置匹配的相关地图图层，并根据地图查询危险源功能。通过危险源、防护目标、应急救援力量三者任意之一或组合定位的危险源地理位置，进而快速处置，达到降低风险提高安全性的目的。危险源定位模块的主要界面如图 9.11 所示。

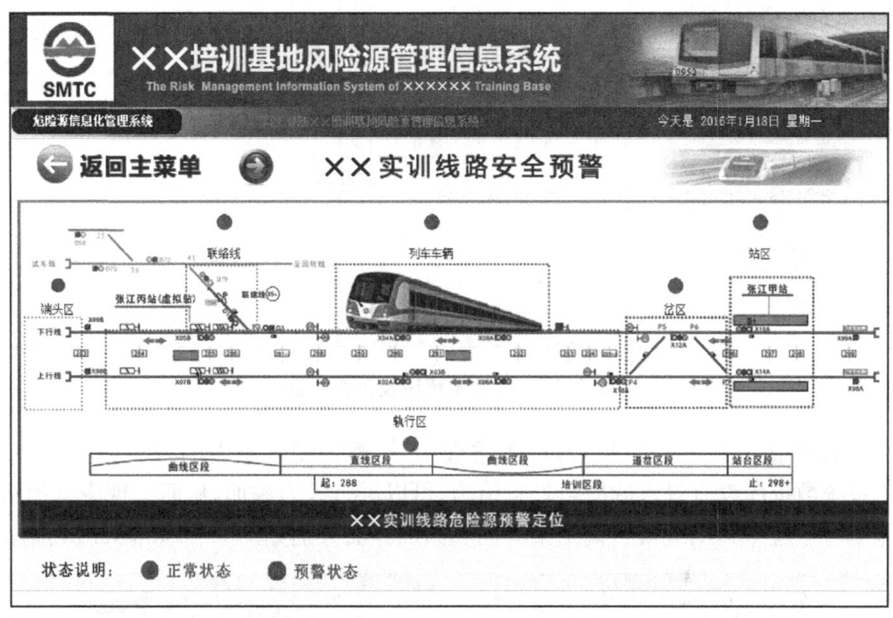

图 9.11　危险源定位模块主要界面

9.3.5　危险源辨识及预警模块

根据轨道交通行业规定的技术参数自动进行重大危险源的辨识，并按相关技术标准对重大危险源进行分级管理。按照××实训基地培训岗位，区域给予危险源辨识预警提示。危险源辨识及预警模块界面如图 9.12 所示。

9.3.6　应急辅助决策模块

面对重大安全生产事故，可以在前期处置过程中做到处事有预案，能及时；在事故信息辅助决策方面可以做到判断准确、控制得住；在事故的处理阶段对于应急救援物资、预案、专家、救援队伍做到查得到、调得动。

针对不同等级的不同事故进行模拟，并提供应急救援指挥辅助决策。该功能还

图 9.12　危险源辨识及预警界面

包括事故接报处理、相关数据查询、预案查询、指挥调度区域内的各类应急资源等。对于系统数据库没有录入的应急处置措施，可以进行人为添加，从而实现应急预案的智能学习。应急辅助决策查询结果界面和添加界面分别如图 9.13 和图 9.14 所示。

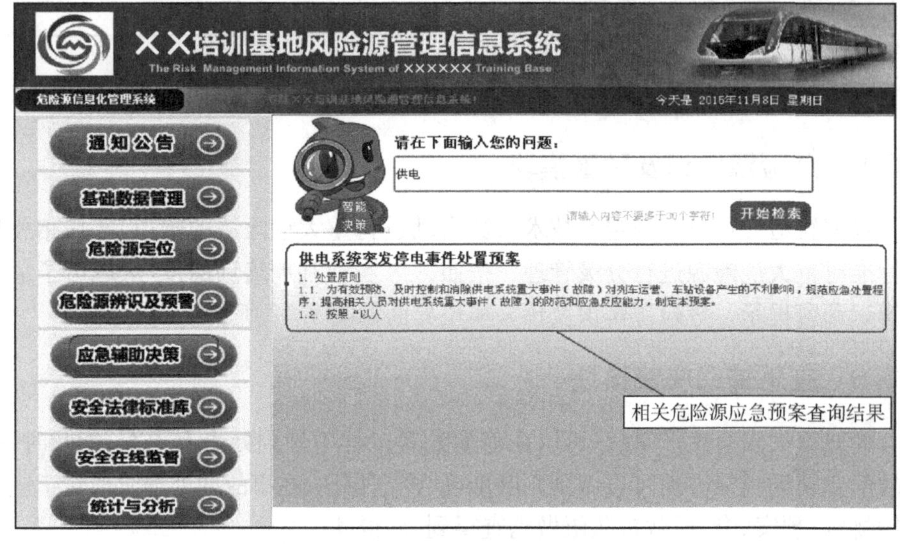

图 9.13　应急辅助决策查询界面

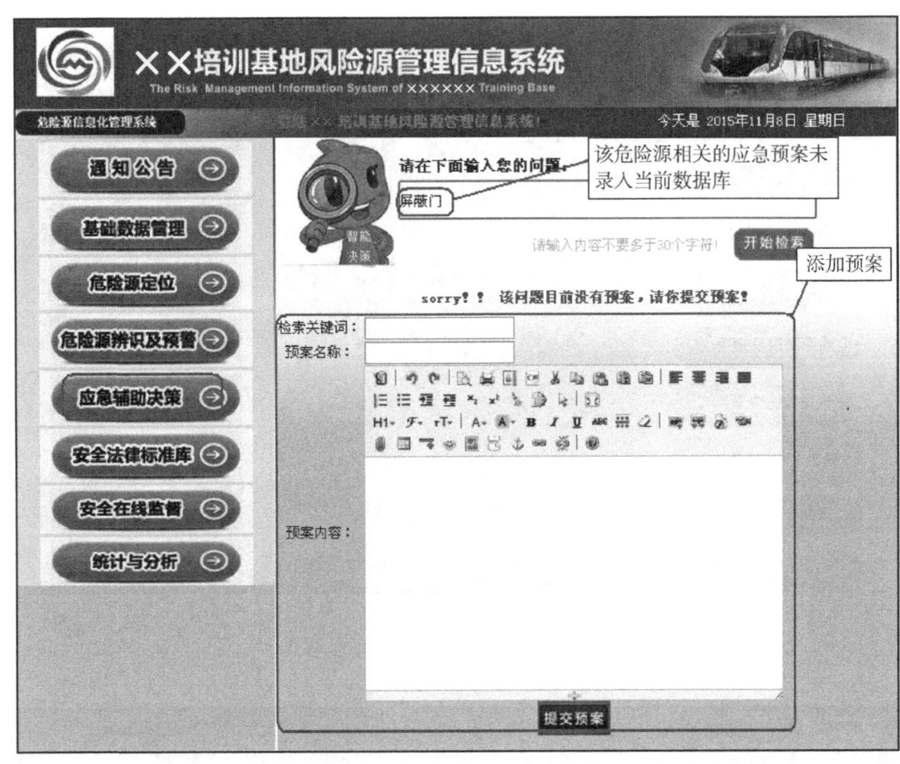

图 9.14　应急辅助决策添加界面

9.3.7　安全法律标准库模块

安全法律法规检索(包含法规名称、标号、类别、颁发时期、实施日期)，法律法规维护(新增、导出、打印、快速检索等)。安全法律标准库界面如图 9.15 所示。

9.3.8　安全在线监督模块

相关安全责任人(如质安部)可在办公室通过鼠标操作，检查责任区内的危险源情况，填写安全检查表，形成汇总表。其基本数据来自一线的员工通过终端输入系统，危险源数据库是一个动态更新的主体(最低每 2 日更新一次)，保证随时记录系统内的危险源。相关安全负责人可以通过网络客户端远程监督各部门的安全状况。安全在线监督界面如图 9.16 所示。

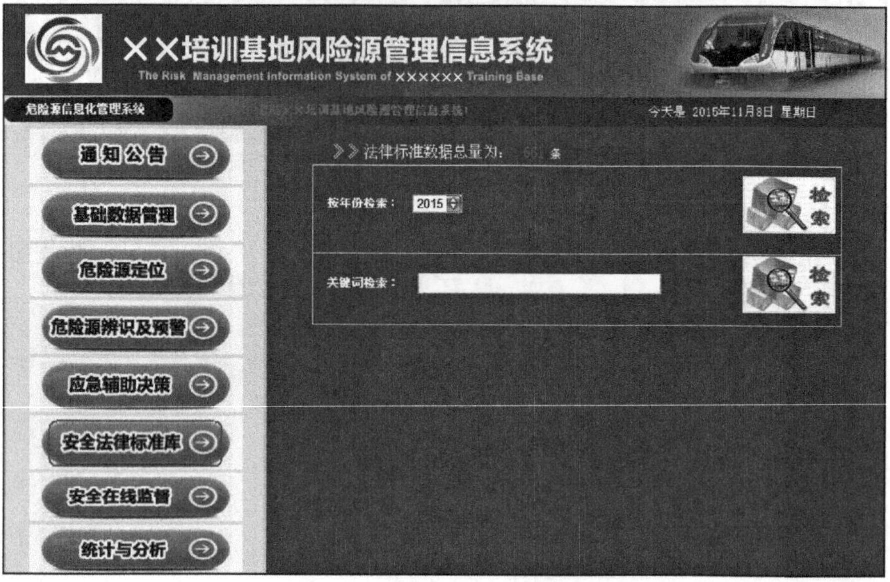

××培训基地风险源管理信息系统
The Risk Management Information System of ×××××× Training Base
危险源信息化管理系统
今天是 2015年11月8日 星期日
通知公告
基础数据管理
危险源定位
危险源辨识及预警
应急辅助决策
安全法律标准库
安全在线监督
统计与分析
》》法律标准数据总量为：
按年份检索： 2015
检索
关键词检索：
检索

图 9.15 安全法律标准库界面

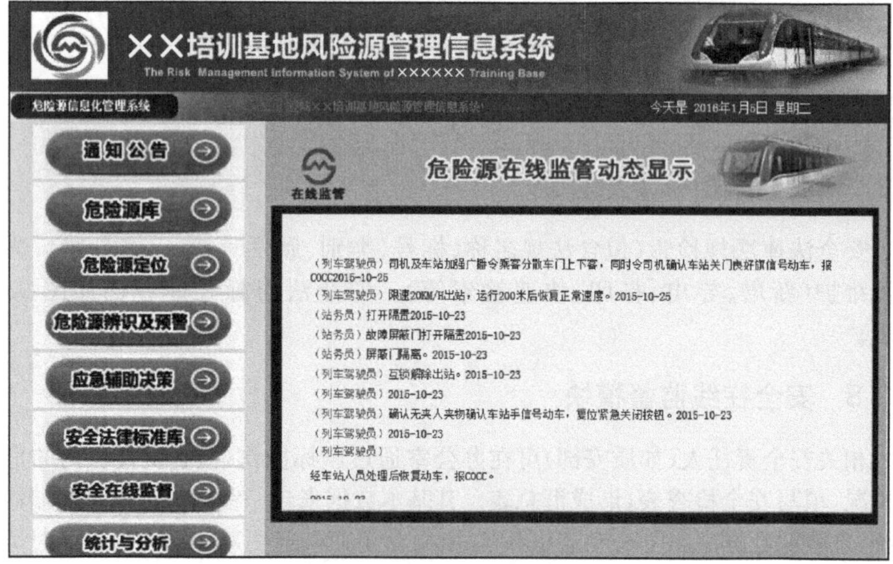

图 9.16 安全在线监督界面

9.4　系统管理员登录模块

9.4.1　系统公告管理

系统公告管理为系统管理员提供了通知公告的检索、修改、删除以及发布功能，其中通知公告发布通过“新增信息”菜单实现。系统公告管理的功能界面如图 9.17 所示，通知公告的发布功能界面如图 9.18 所示。

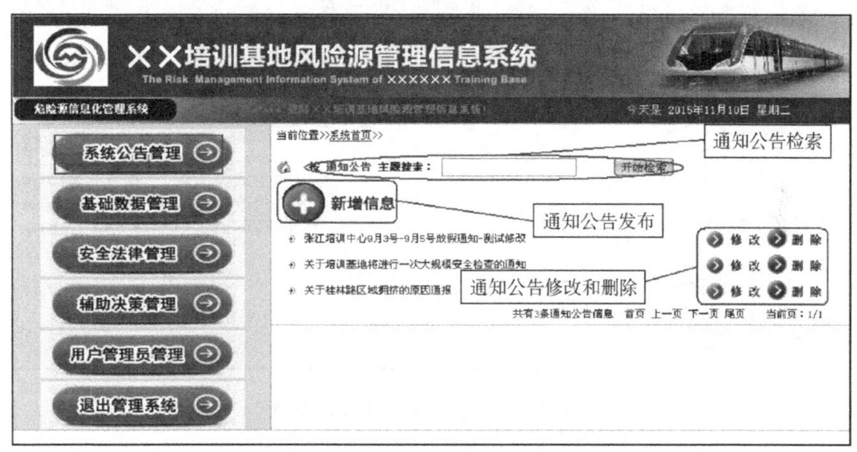

图 9.17　系统公告管理的功能界面

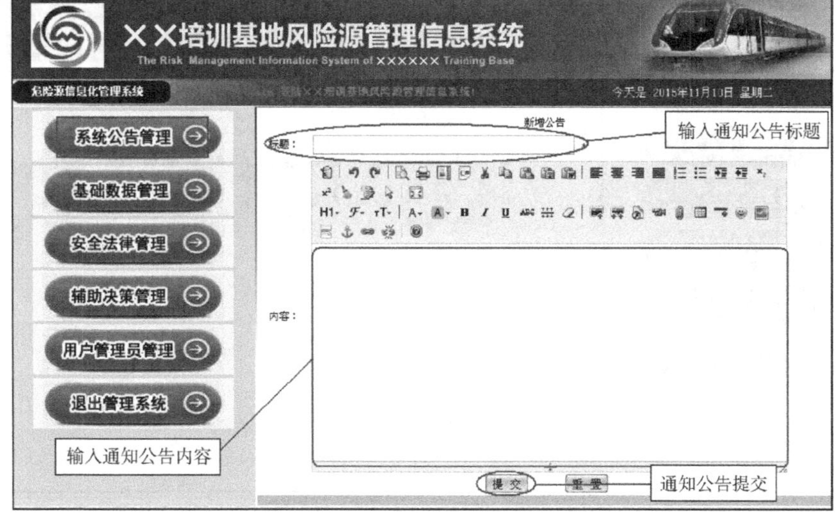

图 9.18　通知公告发布的功能界面

9.4.2 安全法律管理

安全法律管理可以实现相关法律法规的检索、修改、删除和发布功能，其中法律法规的发布通过菜单“新增信息”实现。安全法律管理功能界面和安全法律新增功能界面分别如图 9.19、图 9.20 所示。

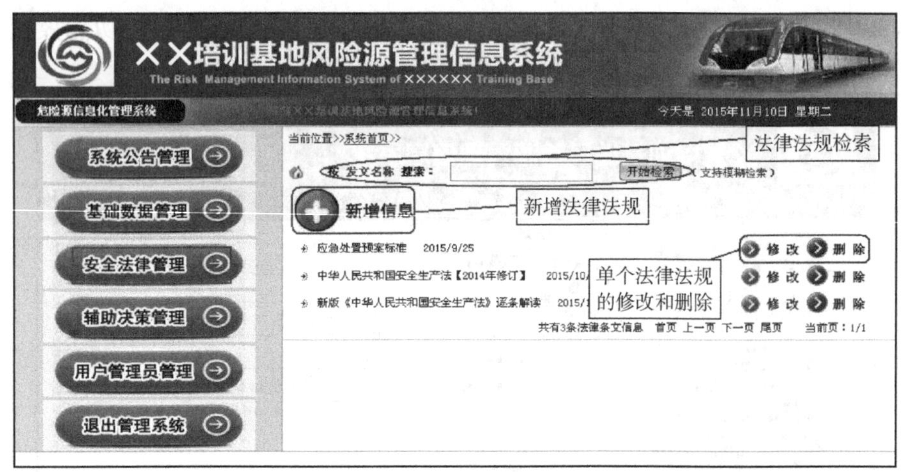

图 9.19 安全法律管理功能界面

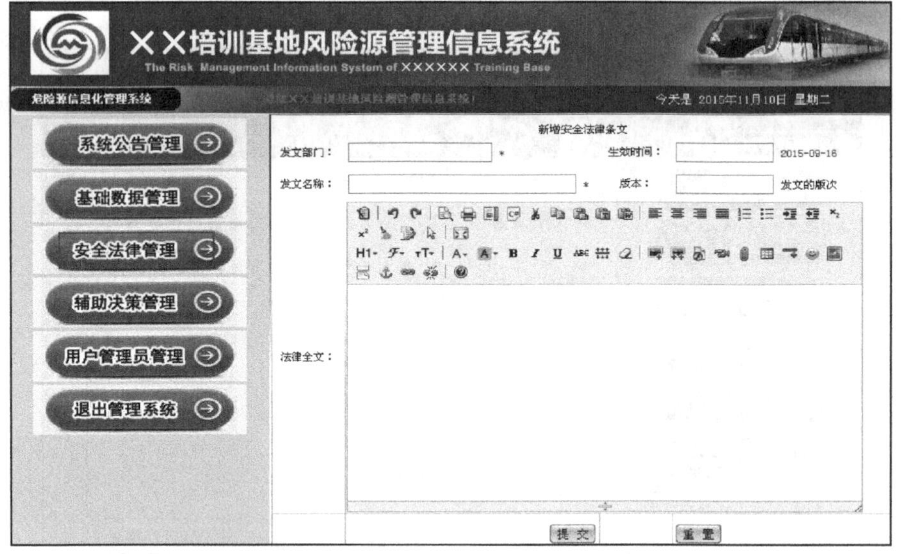

图 9.20 安全法律新增功能界面

9.4.3　基础数据管理

危险源原始数据的录入方式是将既有的危险源数据标准化格式后直接导入到该系统命名为“vodxinfo”的 mdb 文件(位于 data 文件夹)中。

用户需要每次录入数据后点击提交,每次提交生成一条记录,从而实现对培训基地危险源的管理。基础数据库管理功能界面和基础数据库新增功能界面分别如图 9.21、图 9.22 所示。

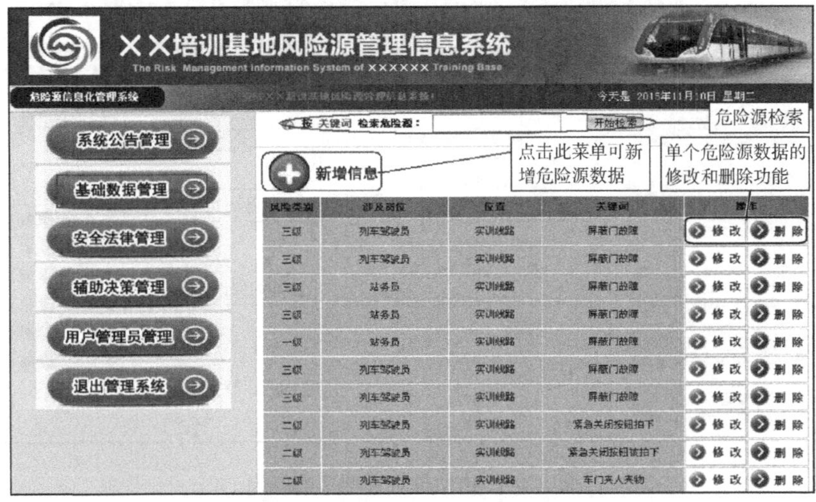

图 9.21　基础数据库管理功能界面

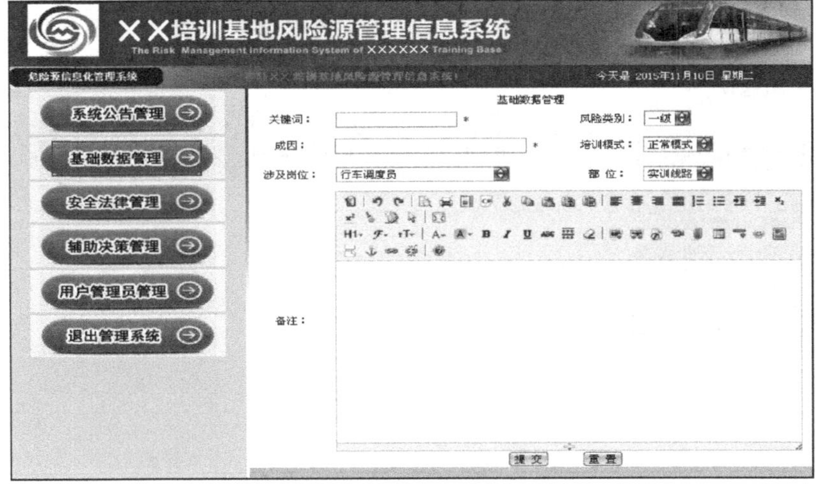

图 9.22　基础数据库新增功能界面

9.4.4 辅助决策管理

针对不同等级的不同事故进行模拟，并提供应急救援指挥提供辅助决策。该功能还包括事故接报处理、相关数据查询、预案查询、指挥调度区域内的各类应急资源等。辅助决策管理的功能界面和辅助决策的新增界面分别如图 9.23 和图 9.24 所示。

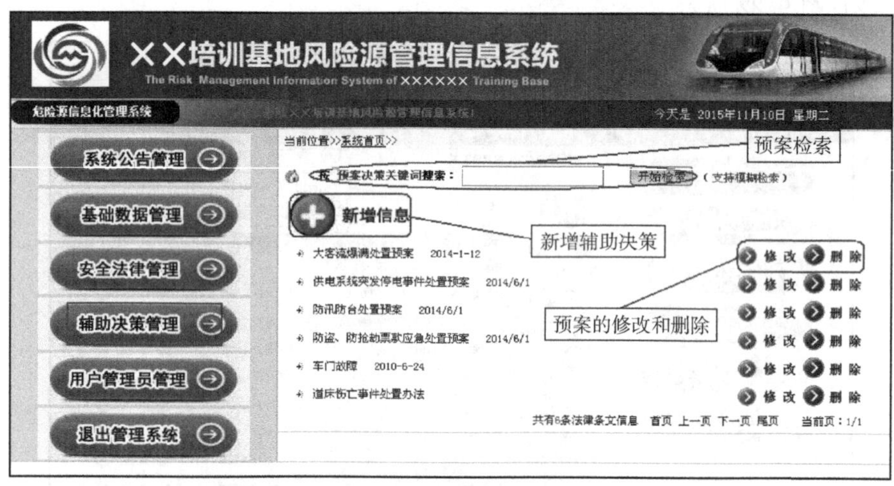

图 9.23 辅助决策管理功能界面

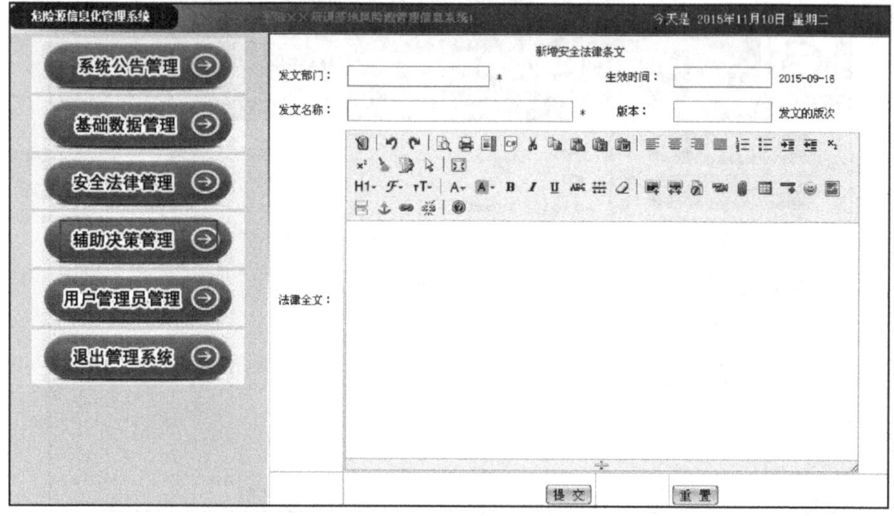

图 9.24 辅助决策新增功能界面

9.4.5 用户管理员管理

用户管理员管理可以实现对用户和系统管理员的检索、删除和新增功能，其中新增用户及管理员通过单击菜单“新增用户及管理员”实现。用户管理员管理功能界面和用户及系统管理员新增功能界面分别如图9.25、图9.26所示。

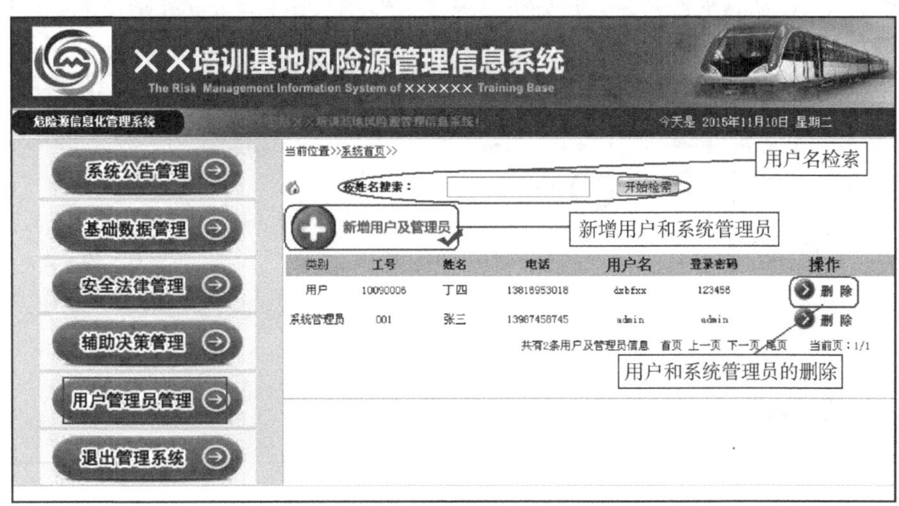

图9.25 用户管理员管理功能界面

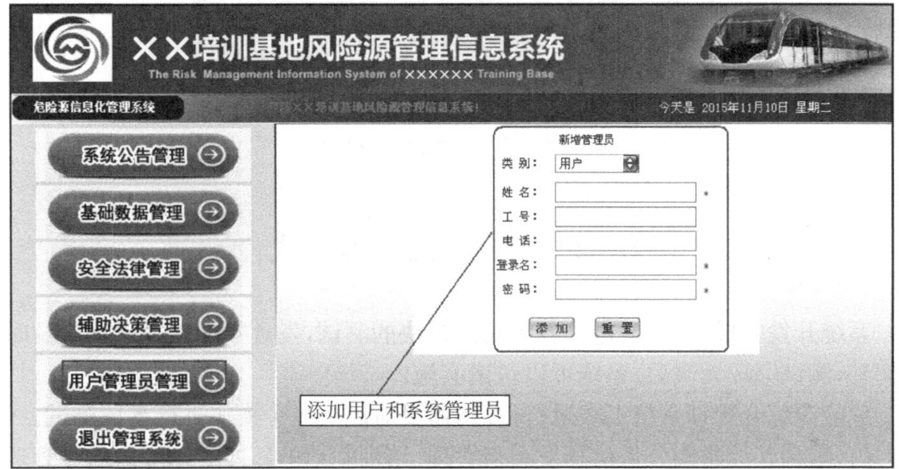

图9.26 用户管理员新增功能界面

9.4.6 退出管理系统

点击系统左下角“退出管理系统”菜单，即可安全注销登录。如图 9.27 和图 9.28 所示。

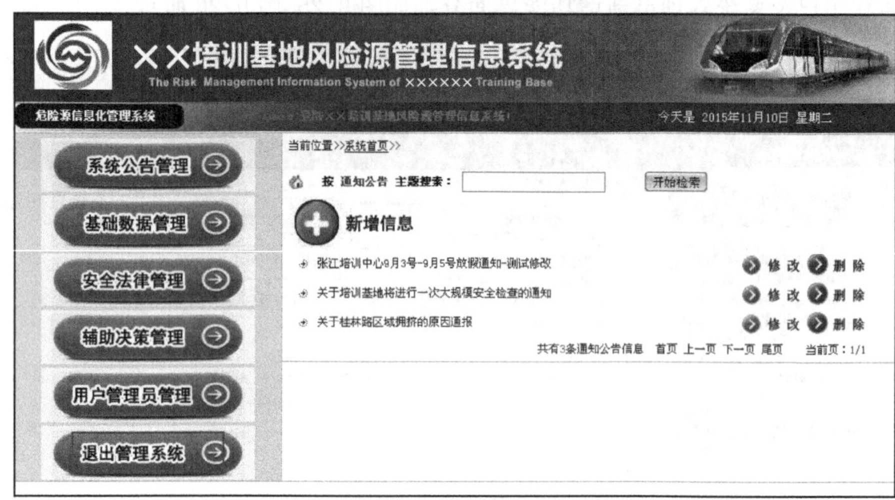

图 9.27 退出管理系统功能界面

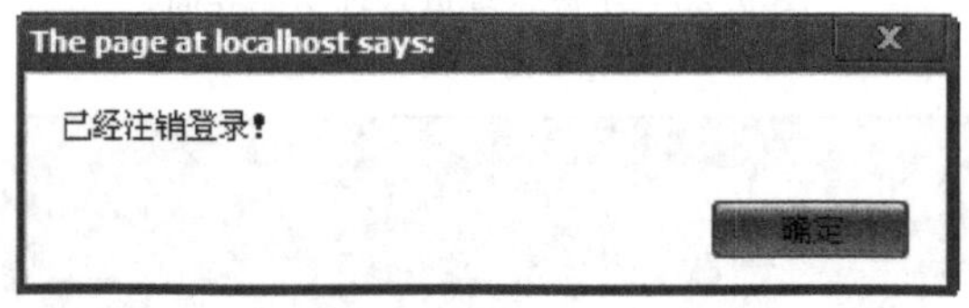

图 9.28 系统注销登录成功提示

9.5 系统测试

系统开发完成后，需要进行各个功能模块的测试，发现数据和逻辑错误及时修改完善，测试完成无误后，系统可以付诸实施。

危险源综合管理系统上线运行以后，需要对以下 8 个模块进行系统测试。

(1)培训基地通知公告信息发布与管理：培训基地的新闻通知可以通过管理员及时在系统内部发布，进行信息的快速传递。主要输入部分不合规范的数据，测试系统的运行情况，及时发现系统的漏洞。

(2)实训基地管理模块：本模块主要实现对实训基地的资源申报，并进行安全检查,减少资源使用的冲突,该部分的数据测试极其重要,主要涉及到资源的优先申请和调配,需要进行精细化的数据漏洞测试,防止产生较大的失误。

(3)危险源的综合管理:重大危险源登记、资料数据管理、基础数据库、日常维护等,该部分的数据测试,需要对数据的合法性进行测试,如时间日期型的、数字型的数据。在用户输入文字型数据时,能否自动识别出数据非法,并终止录入等情况。

(4)危险源查询模块:相关场所的地图检索、危险源定位等,在该模块可以测试无效数据的录入与检索,并仔细检查查询结果的显示是否正常,格式是否正确等。

(5)重大危险源辨识与分级:主要包括轨道交通行业安全数据参数接口、危险源阈值比对识别模块、危险源分级管理。该模块主要测试数据的接口是否连通正常,分级的结果是否准确显示等。

(6)应急处置决策辅助模块:预案录入、预案查询、事故处置辅助、应急资源调配。应充分考虑培训基地的特点,适度考虑危险源整改的监督和改进情况,危险源的实时跟踪可考虑采用危险源的图像对比等手段,系统测试工作较为繁琐,也较为重要,需要认真落实。

(7)安全相关法律管理模块:该模块可以及时将国家和省最新发布的相关法律及条例录入信息系统,相关职能部门在电脑终端可以检索相关条例,在进行系统测试时,主要进行系统的信息自动采集是否能够实现,该测试主要保证系统数据的实时性。

(8)统计与分析模块:重大危险源信息统计、事故细节统计、人员伤亡统计、数据汇总、系统数据外接口等。该模块主要测试系统中列出的统计对象的结果准确性、数据的小数位数、显示格式的正确性等,以确保系统的正常使用。

复习思考题

1. 轨道交通主要有哪些与数据处理相关的信息系统?
2. 轨道交通信息系统开发具有哪些特殊性?
3. 阐述轨道交通信息系统开发中的难点和注意事项。

第 10 章　系统开发上机实训

《轨道交通信息系统与数据处理》课程是一门理论与实践相结合的课程，仅有理论知识是达不到教学指标要求的。在本门课的理论基础学完后，上机实际操作是必不可少的环节，通过本章设计的实验可以将理论知识与实际操作结合起来，学以致用。

实验一　编程环境的搭建

实验名称：搭建 Asp 程序运行环境

1. 实验目的

(1)学会使用 Macromedia Dreamweaver 软件，了解并掌握该软件的各种功能，为以后的网页设计打下基础。

(2)重点学习使用“页面创建”和“设置服务器信息”功能。

2. 实验要求

按照 Macromedia Dreamweaver MX 软件使用说明，练习使用 Macromedia Dreamweaver MX 软件。

3. 实验主要步骤

(1)起始页的打开和关闭：

①运行 Dreamweaver，将显示起始页，单击“不再显示”。

②打开菜单栏“编辑”选项→“首选参数”→“常规”选项。

(2)工作区布局常用两种：编码模式和设计模式。

①运行 Dreamweaver，可以进行编码器或设计器的选择。

②打开菜单栏“窗口”选项→“工作区布局”进行选择。

(3)在本地站点中浏览网页的快捷键是 F12。

(4)创建本地站点：

①可以使用“站点定义向导”设置 Dreamweaver 站点，该向导会引领用户完成设置过程。

②也可以使用“站点定义”的“高级”设置，根据需要分别设置本地文件夹、远程文件夹和测试文件夹。

(5)安装 IIS 服务器：

①选择“开始”→“设置”→“控制面板”→“添加或删除程序”，或者选择“开始”→“控制面板”→“添加或删除程序”。

②选择“添加/删除 Windows 组件”。

③选择“Internet 信息服务(IIS)”，然后单击“下一步”。

④按照安装说明进行操作。

(6)配置 IIS 服务器：

①启动 ASP 的父路径。

②配置 IIS 的站点。

③设置网站端口。

④设置网站默认文档。

(7)发布站点：

①设置远程文件夹：远程文件夹通常具有与本地文件夹相同的名称，因为远程站点通常完全就是本地站点的副本。

a. 在用户的远程服务器上，在服务器的 Web 根文件夹中创建一个空文件夹。将新的空文件夹命名为 cafe_townsend(与本地根文件夹的名称相同)。

b. 在 Dreamweaver 中，选择“站点”→“管理站点”。

c. 在“管理站点”对话框中，选择“Cafe Townsend 站点”。

d. 单击“编辑”。

e. 在“站点定义”对话框中，如果未显示“高级”设置，请单击“高级”选项卡。

f. 从左侧的“类别”列表中选择“远程信息”。

g. 选择一个“访问”选项。

h. 单击“确定”。

i. Dreamweaver 创建到远程文件夹的连接。

j. 单击“完成”关闭“管理站点”对话框。

②上传本地文件：要使公众可以访问您的网页，必须将它们上传到 Web 服务器，即使 Web 服务器运行在用户的本地计算机上也必须进行上传。

a. 在“文件”面板(“窗口”→“文件”)中，选择站点的本地根文件夹(cafe_townsend)。

b. 单击“文件”面板工具栏上的“上传文件”蓝色箭头图标。

c. 当 Dreamweaver 询问用户是否要上传整个站点时，单击“确定”。

d. 在浏览器中打开用户的远程站点以确保正确上传了所有文件。

实验二 信息系统的界面设计

实验名称:系统界面设计

1. 实验目的

(1)使学生掌握Photoshop的基本操作,能够进行图像基本处理,主要包括:图像的格式设置、羽化、抠图、图像上增添文字、图像的切割等。

(2)通过图像处理软件的操作,实现信息系统的界面设计,以使开发的系统具有用户友好性。

(3)将设计好的界面效果图切割,布局到Dreamweaver上。

2. 实验要求

(1)按照图像处理要求操作,达到预期的设计效果。

(2)图像布局到Dreamweaver后,图像的效果与Photoshop一致。

3. 实验主要步骤

(1)导入图像原素材到Photoshop中,切换设置图像的模式(RGB模式,索引模式等)。

(2)通过Photoshop软件练习图像的格式设置、羽化、抠图、图像上增添文字、图像的切割等功能。

(3)Dreamweaver的使用(文字、超链接、表格、图片、表单)。

实验三 ASP数据库设计

实验名称:ASP数据库设计

1. 实验目的

(1)使学生具备根据轨道交通信息系统功能需求设计数据库的能力。

(2)掌握数据库的SQL语句的运用。

(3)集中掌握SELECT的模糊查询和精确查询的筛选。

(4)精通通过SQL语句实现数据的基本处理,并应用到实际中去。

2. 实验要求

(1)数据库设计应完全符合系统的功能,兼顾编程的实现。

(2)SQL语句的编写要严格按照语法格式规范地编写。

(3)将SQL语句与系统功能模块紧密结合。

3. 实验主要步骤

(1)根据项目要求设计对应的数据库表,包括字段、字段类型、字符长度等。

(2)录入部分模拟数据至数据库,并测试数据的合理性。

(3)练习通过SQL语句(select,delete,update,insert)对数据库记录的操作。

(4)练习基于筛选条件的模糊查询语法。

实验四 ASP内置对象的使用

实验名称:内置对象的应用

1. 实验目的

(1)掌握ASP内置对象的属性和方法。

(2)使学生掌握根据轨道交通信息系统功能需求设计表单的能力。

(3)掌握利用ASP的内置对象访问数据库,并能够实现数据库的基本操作。

(4)集中掌握ASP不同表单间的数据传递。

(5)精通ASP内置对象的使用,并应用到实际中去。

2. 实验要求

(1)表单的设计应完全符合系统的功能,兼顾编程的实现。

(2)ASP内置对象语句的编写要严格按照语法格式规范地编写。

(3)编程完成后,需对各模块进行测试,发现数据和逻辑错误及时修改完善。

3. 实验主要步骤

(1)根据项目要求设计一个登录界面的表单,涉及对文本域、单选按钮、复选框、列表/菜单及按钮的使用。

(2)利用ASP连接数据库,实现数据的查询、添加删除、分页及排序。

(3)利用登录界面表单建立登录用户验证行为,实现数据传递。

实验五 ASP程序的流程控制

实验名称:程序流程控制

1. 实验目的

掌握程序的选择、循环、判断流程的设计。

(1)掌握嵌套if-else语句与if的比较。

(2)掌握for语句与while语句的比较。

(3)掌握在设计条件型循环结构时,如何正确地设定循环条件,以及如何正确地控制计数型循环结构的次数。

(4)熟悉用 while 语句,do-while 语句和 for 语句实现循环的方法。

(5)掌握选择结构与循环结构的嵌套。

2. 实验要求

(1)具备基本的 VB Script 程序编写能力。

(2)要严格按照语法格式规范地编写 VB Script 程序。

(3)理解程序的结构和语法。

(4)编程完成后,需运行程序,发现运行错误及时修改完善。

3. 实验主要步骤

(1)在静态页面中嵌入 VB Script 脚本,在页面中显示图形化的当前日期。包括年、月、日、星期几(可用 Photoshop 制作 0~9 之间的数字图形)。

(2)定义一个二维数组,用来存放学生的相关信息,如:代码、姓名、班级、爱好,试用 VB Script 编写学生查找函数 search,利用表单输入要查找的学生名单,然后通过调用 search 函数,显示查找结果。

(3)利用 VB Script 的数组,结合编程实现在页面中输出 100 个随机键位的大写字母,要求每行显示 20 个字母,各个字母间用一个空格分割。

实验六　系统的初步创建

实验名称:系统的初步创建

1. 实验目的

(1)复习、巩固 ASP、Photoshop 等基础知识,进一步加深对 ASP、Photoshop 技术的理解和掌握。

(2)掌握系统创建的基本流程。

(3)掌握根据轨道交通信息系统功能需求设计系统的能力。

(4)集中掌握系统测试、系统优化及系统维护方法。

2. 实验要求

(1)具备基本的系统创建能力。

(2)系统界面简易、美观。

(3)理解系统各模块功能及内部结构。

(4)能够对系统运行中的错误做出判断并及时处理。

3. 实验主要步骤

(1)通过程序数据修改、删除；

(2)综合运用前面所学知识,创建自己的系统；

(3)连编整个系统；

(4)系统测试；

(5)指导学生完成系统；

(6)好的系统推荐参加比赛。

参 考 文 献

[1] 黄梯云. 管理信息系统[M]. 北京:高等教育出版社,2009.

[2] 张培良. 哈尔滨铁路局物资管理信息系统的设计与实现[D]. 上海:上海交通大学,2012.

[3] 廉洪军. 哈尔滨铁路局工务信息管理系统设计方案[D]. 长春:吉林大学,2017.

[4] 肯尼斯 C. 劳顿(Kenneth C. Laudon). 管理信息系统[M]. 北京:机械工业出版社,2015.

[5] 谭志彬,柳纯录,周立新,等. 信息系统项目管理师教程[M]. 北京:清华大学出版社,2017.

[6] 薛华成. 管理信息系统(第 6 版)[M]. 北京:清华大学出版社,2012.

[7] 叶强. 管理信息系统(第六版)习题集[M]. 北京:高等教育出版社,2012.

[8] 王焕杰,田成,兰翔,等. ASP 动态网页设计与应用[M]. 北京:电子工业出版社,2014.

[9] 何国民,仲治国. ASP 动态网站 68 个典型模块精解[M]. 北京:科学出版社,2009.

[10] 蔡宇,蔡婷,霍敏霞,等. Web 应用程序设计[M]. 西安:西安电子科技大学出版社,2016.

[11] 钟雁. 管理信息系统[M]. 北京:北京交通大学出版社,2013.

[12] 修德,邓卫东,李用,等. 基于物联网的铁路施工安全综合防护系统设计及应用[J]. 铁路计算机应用,2017,26(11):36-40.

[13] 曾娜,许昆,李军,等. 轨道交通乘客信息系统的设计[J]. 自动化与仪表,2011,26(6):12-15.

[14] 刘永淞. DP 法工期优化[J]. 湘潭大学自然科学学报,2002,24(1):107.

[15] Loebbaka, Jon Kevin. Factors defining the relationships between safety management strategies and safety performance[J]. Mendeley, 2008. 434-601.

[16] 陈晓兵,陈大庆. 基于 Web 的交通工程管理系统设计与实现[J]. 计算机与数字工程,2006,(9):25-31.

[17] Rhindress, Mindy The end of the line: The relationship between New York City's subway system and residential class structure [D]. Dissertations & Theses-Gradworks, 2007.

[18] 王强. 城市轨道交通建设工程质量检查检测标准化研究[D]. 北京:北京交通大学,2006.